ÉTUDES DE PHILOSOPHIE MÉDIÉVALE

Collection fondée par Étienne Gilson

Dirigée par

Joël Biard
Olivier Boulnois
Marta Cristiani
Alain De Libera

MAÎTRE ECKHART
LECTEUR D'ORIGÈNE

DERNIERS OUVRAGES PARUS DANS LA MÊME COLLECTION

TREGO K., *L'impuissance du possible. Émergence et développement du possible, d'Aristote à l'aube des temps modernes*, 368 p., 2019.

CALVET A., *L'alchimie au Moyen Âge, XXII e-XV e siècles*, 282 p., 2018.

Miroir de l'amitié. Mélanges offerts à Joël Biard, éd. Ch. GRELLARD, 568 p., 2017.

MANGIN É., *La nuit de l'âme. L'intellect et ses actes chez Maître Eckhart*, 256 p., 2017.

ROQUES M., *L'essentialisme de Guillaume d'Ockham*, 228 p., 2016.

TREGO K., *La liberté en actes. Éthique et métaphysique d'Alexandre d'Aphrodise à Jean Duns Scot*, 384 p., 2015.

Marguerite Porete et le Miroir des simples âmes, dir. S. L. FIELD, R. E. LERNER et S. PIRON, 368 p., 2014.

KALUZA Z., *Études doctrinales sur le XIV e siècle. Théologie, Logique, Philosophie*, 392 p., 2013.

JOLIVET J., *Medievalia et arabica*, 364 p., 2012.

BIARD J., *Science et nature. La théorie buridanienne du savoir*, 404 p., 2012.

STANCATO G., *Le concept de désir dans l'œuvre de Thomas d'Aquin. Analyse lexicographique et conceptuelle du « desiderium »*, 176 p., 2011.

TREGO K., *L'essence de la liberté. La refondation de l'éthique dans l'œuvre de saint Anselme de Cantorbéry*, 304 p., 2010.

DI MARTINO C., Ratio particularis. *Doctrines des sens internes d'Avicenne à Thomas d'Aquin*, 192 p., 2008.

BERMON P., *L'assentiment et son objet chez Grégoire de Rimini*, 432 p., 2007.

Exempla docent. *Les exemples des philosophes de l'Antiquité à la Renaissance*, éd. Th. RICKLIN, 432 p., 2007.

CASTEIGT J., *Connaissance et vérité chez Maître Eckhart. Seul le juste connaît la justice*, 480 p., 2006.

JOLIVET J., *Perspectives médiévales et arabes*, 320 p., 2006.

VIAL M., *Jean Gerson, théoricien de la théologie mystique*, 256 p., 2006.

GRELLARD C., *Croire et savoir. Les principes de la connaissance selon Nicolas d'Autrécourt*, 340 p., 2005.

KÖNIG-PRALONG C., *Avènement de l'aristotélisme en terre chrétienne*, 288 p., 2005.

CAIAZZO I., *Lectures médiévales de Macrobe. Les* Glosae colonienses super Macrobium, 352 p., 2003.

Les méthodes de travail de Gersonide et le maniement du savoir chez les scolastiques, éd. C. SIRAT, S. KLEIN-BRASLAVY et O. WEIJERS, 392 p., 2003.

SUAREZ-NANI T., *Connaissance et langage des anges selon Thomas d'Aquin et Gilles de Rome*, 272 p., 2003.

CÔTÉ A., *L'infinité divine dans la théologie médiévale (1220-1255)*, 272 p., 2002.

SUAREZ-NANI T., *Les anges et la philosophie. Subjectivité et fonction cosmologique des substances séparées à la fin du XIII e siècle*, 208 p., 2002.

FALQUE E., *Saint Bonaventure et l'entrée de Dieu en théologie*, 224 p., 2001.

COUNET J.-M., *Mathématique et dialectique chez Nicolas de Cues*, 456 p., 2000.

ÉTUDES DE PHILOSOPHIE MÉDIÉVALE

CIX

MAÎTRE ECKHART LECTEUR D'ORIGÈNE

SOURCES, EXÉGÈSE, ANTHROPOLOGIE, THÉOGÉNÉSIE

par
Élisabeth Boncour

Préface
d'Olivier Boulnois

Ouvrage publié avec le soutien du Centre national du livre

PARIS
LIBRAIRIE PHILOSOPHIQUE J. VRIN
6 place de la Sorbonne, V[e]

2019

Imprimé en France

ISSN 0249-7921
ISBN 978-2-7116-2891-9

www.vrin.fr

À Édouard-Henri Wéber

ABRÉVIATIONS

ŒUVRES D'ECKHART

DW Meister Eckhart, *Die deutschen Werke,* hrsg. im Auftrage der Deutschen Forschungsgemeinschaft, Stuttgart-Berlin, Kohlhammer, 1936-.

LW Magistri Echardi, *Die lateinischen Werke*, hrsg. im Auftrage der Deutschen Forschungsgemeinschaft, Stuttgart-Berlin, Kohlhammer, 1936-.

E.S. *Die Rede der unterscheidunge* (Entretiens spirituels), *DW* V.

In Eccl. *Sermones et Lectionnes super Ecclesiastici*, *LW* II

In Ex. *Expositio Libri Exodi*, *LW* II

In Gen. I *Expositio Libri Genesis*, *LW* I

In Gen. II *Liber parabolarum Genesis* (Livre des Paraboles de la Genèse), *LW* I.

In Ioh. *Expositio sancti Evangelii secundum Iohannem*, (Commentaire de l'Évangile de Jean), *LW* III.

In Sap. *Expositio Libri Sapientiae* (Commentaire du Livre de la Sagesse), *LW* II.

PGOT *Prologus generalis in Opus Tripartitum* (Prologue général à l'Œuvre tripartite), *LW* I.

Q.P *Quaestiones parisienses* (Questions parisiennes), *LW* V.

S *Sermones* suivis d'un chiffre romain (Sermons latins) *LW* IV.

S *Predigten*, suivis d'un chiffre arabe (Sermons allemands) *DW* I-IV.

LCD *Daz buoch der gôtlichen troestunge* (Livre de la consolation divine), *DW* V.

THN *Von dem edeln Menschen* (De l'homme noble), *DW* V.

Traductions françaises

OLME *L'Œuvre latine de Maître Eckhart*, Paris, Cerf (*OLME* 1 : Prologues, Commentaire de la Genèse, 1984 ; *OLME* 6 : Commentaire sur le Prologue de Jean, 1989).

A.-H. J. Ancelet-Hustache, *Sermons*, Paris, Seuil, t. 1 : 1974 ; t. 2 : 1978 ; t. 3 : 1979.

Brunner F. Brunner, *Sermons et Leçons sur l'Ecclésiastique*, Genève, Ad Solem, 2002.

Libera A. de Libera, *Traités et Sermons,* Paris, GF-Flammarion, 1995.

Mangin — É. Mangin, *La mesure de l'amour. Sermons Parisiens*, Paris, Seuil, 2009.
Le silence et le Verbe. Sermons 87-105, Paris, Seuil, 2012.

Gire — P. Gire, *Commentaire du livre de l'Exode*, Lyon, Association des facultés catholiques de Lyon, 1980.

ŒUVRES D'ORIGÈNE

CCels — *Contre Celse* (t. 1, livres I et II, Paris, Cerf, SC 132, 1967 ; t. 2, livres III et IV, Paris, Cerf, SC 136, 1968 ; t. 3, livres V et VI, Paris, Cerf, SC 147, 1969 ; t. 4, livres VII et VIII, Paris, Cerf, SC 150, 1969.

ComCt — *Commentaire sur le Cantique des cantiques* (t. 1, Paris, Cerf, SC 375,1991 ; t.2, Paris, Cerf, SC 376, 1992)

ComJn — *Commentaire sur l'Évangile de Jean* (t. 1, livres I-V Paris, Cerf, SC 120, 1966 ; t. 2, livres VI-X, Paris, Cerf, SC 157, 1970 ; t. 3, livre XIII, Paris, Cerf, SC 222, 1975 ; t. 4, livres XIX-XX, Paris, Cerf, SC 290, 1982)

HomEx — *Homélies sur l'Exode*, Paris, Cerf, SC 321, 1985.

HomEz — *Homélies sur Ezéchiel*, Paris, Cerf, SC 352, 1989.

HomGn — *Homélies sur la Genèse* (édition bilingue), Paris, Cerf, SC 7 bis, 1976.

HomIs — *Homélies sur Isaïe*, *PG* XIII, col. 219-254.

HomJr — *Homélies sur Jérémie* Paris, Cerf, SC 238, 1977.

HomLc — *Homélies sur Luc*, Paris, Cerf, SC 87, 1962.

HomLev — *Homélies sur le Lévitique* (t. 1, Homélies I-VII., Paris, Cerf, SC 286, 1981 ; t. 2, Homélies VIII-XVI., Paris, Cerf, SC 287, 1981).

HomNb — *Homélies sur les Nombres*, Cerf, SC 29, 1951.

PArch — *Peri Archôn* (Traité des Principes : t. 1, livres I et II, Paris, Cerf, SC 252, 1978 ; t. 3, Livres III et IV, , Paris, Cerf, SC 268, 1980).

OUVRAGES FRÉQUEMMENT CITÉS

Augustin, *Conf.* — *Confessions* (Livres I-VII, Paris, BA 13, 1998 ; Livres VIII-XII, Paris, BA 14, 1996)

De Trin. — *De Trinitate* (La Trinité ; Livres I-VII, Paris, Desclée de Brouwer, BA 15, 1955 ; Livres VIII-XV, Paris, Desclée de Brouwer, BA 16, 1955).

Thomas d'Aquin, *ST* — *Summa Theologiae* (Somme Théologique), Paris, Cerf, 1984-1986.

ScG — *Summa contra Gentiles* (Somme contre les Gentils), Paris, GF-Flammarion, 1999.

Maïmonide, *GdE* — *Guide des Égarés*, Paris, Verdier, 1979.

AUTRES ABRÉVIATIONS

BA	Bibliothèque augustinienne, Paris, Études augustiniennes, 1936-.
CCCM	*Corpus Christianorum, continuatio mediaevalis*, Turnhout, 1966-.
CSEL	*Corpus scriptorum ecclesiasticorum Latinorum*, Vienne, 1866-.
PG	*Patrologiae cursus completus, Series Graeca*, éd. J.-P. Migne, Paris, 1857-1866.
PL	*Patrologiae Cursus Completus, Series Latina*, éd. J.-P. Migne, Paris, 1841-1864
SC	Sources chrétiennes, Paris, Cerf, 1942-.

PRÉFACE

LA NAISSANCE ET L'ÉVÈNEMENT

Selon Bergson, les systèmes philosophiques les plus compliqués naissent d'une intuition unique et simple. Nous pourrions appliquer cette remarque à la pensée de maître Eckhart, à condition de remplacer le terme mal élucidé d'« intuition » par le concept médiéval de « thèse » (*positio*), et d'admettre qu'il fonde celle-ci rationnellement et la soutient par un dialogue avec les grandes autorités. En effet, malgré sa grande souplesse, toute la pensée d'Eckhart gravite autour d'une *thèse* spéculative : la naissance de Dieu dans l'âme.

Or cette position a d'abord été soutenue par l'un des principaux Pères de l'Église, Origène. C'est pourquoi je veux exprimer ici toute ma gratitude à É. Boncour pour avoir analysé la relation entre ces deux auteurs. Il ne s'agit pas dans cet ouvrage de retracer une vague influence générale. Son objet est de montrer comment la thèse principale d'Eckhart se nourrit de la réflexion d'Origène : « À quoi me sert que le Christ soit venu pour le monde si je ne l'ai pas ? », dit Origène (*Homélies sur Jérémie* IX, 1). Comparons avec le *Sermon 101* de Maître Eckhart : « Que cette naissance se produise toujours, mais qu'elle ne se produise pas en moi, à quoi cela peut-il bien m'aider ? En revanche, qu'elle ait lieu en moi, cela a beaucoup d'importance ». Ainsi, étudier Maître Eckhart lecteur d'Origène, ce n'est pas tenter de superposer toute l'œuvre de l'un à toute l'œuvre de l'autre, opération aussi vaine qu'impossible, c'est relier la fine pointe de la pensée d'Eckhart avec le sommet de la pensée origénienne.

Sur ce chemin de pensée, É. Boncour a choisi une méthode philologique rigoureuse, la seule qui soit indiscutable : la recension des citations explicites et implicites d'Origène chez Eckhart. Les citations *explicites* ne posent pas de problème de méthode, même s'il faut encore les recenser et les analyser. La difficulté est d'identifier des citations *implicites*. Le rôle de l'interprète était précisément de faire ce travail de rapprochement doctrinal qu'aucune méthode informatique ne remplace.

Il fallait aussi indiquer par quelles voies Eckhart connaît Origène. Sans exclure pour certains textes une lecture directe, É. Boncour signale des médiations indirectes, des manuels et des outils de travail, notamment les extraits transmis par la *Glose ordinaire* qui encadre la lecture de la Bible, mais aussi par le grand manuel de théologie, les *Sentences* de Pierre Lombard, ou par le *Commentaire de l'Évangile de Jean* par Thomas d'Aquin. Cette relation est d'ailleurs complexe, car il arrive à Eckhart d'attribuer à Augustin une citation d'Origène.

Enfin, É. Boncour insiste sur les références à Origène invoquées par Eckhart pour sa défense lors du procès dont il a fait l'objet. Celui-ci apparaît alors comme une autorité qui légitime les thèses les plus audacieuses d'Eckhart. Le procès révèle en outre qu'Origène est souvent harmonisé avec Sénèque et Cicéron, donc avec une certaine lecture stoïcienne de l'éthique.

Sous l'angle spéculatif, É. Boncour montre comment la question s'enracine dans un débat scolastique élaboré par Pierre Lombard : doit-on dire que le Fils « est toujours né » – au passé (*semper natus est*), ou bien qu'il « naît toujours » – au présent (*semper nascitur*) ? Le Lombard oppose ainsi Origène, pour qui le Fils « naît toujours », ici et maintenant, à Augustin, pour qui « il est toujours né », définitivement et dans l'éternité; pour lui-même, il tranche en faveur d'Augustin. Mais Eckhart choisit de privilégier Origène contre Augustin, c'est-à-dire qu'il ranime la position rejetée par Pierre Lombard : « Dieu le Père n'aurait aucunement engendré le Fils, si avoir engendré n'était pas engendrer (*nisi genuisse esset generare*) ». Dans la grande polyphonie des autorités médiévales, Origène fait ainsi figure de voix mineure de la scolastique, longtemps couverte par d'autres voix, mais redevenue majeure chez Eckhart; cette voix renoue avec celle de saint Bernard et de la théologie monastique, elle aussi nourrie d'Origène. Elle met l'accent sur l'évènement de la naissance du Fils.

É. Boncour dégage ainsi trois thèses majeures, trois énoncés où Eckhart s'appuie sur l'Alexandrin : 1) « Personne ne peut avoir d'intelligence spirituelle des Écritures s'il ne possède l'Esprit saint »; 2) « Il y a une semence divine imprimée dans l'âme humaine »; 3) « Dieu naît éternellement et continûment en l'âme ». Trois domaines sont donc atteints par cette correspondance : l'exégèse, la psychologie et la mystique. Loin d'entamer la cohérence de la pensée d'Eckhart, ces trois dimensions la renforcent : l'exégèse spirituelle de l'Écriture permet de l'actualiser dans l'âme du lecteur, et de préparer ainsi l'avènement de Dieu dans l'âme; la semence divine déposée dans la nature de l'âme sera réactivée lors de l'avènement du Christ, qui réalise dans l'âme l'union entre la divinité et l'humanité.

É. Boncour dégage ainsi trois nœuds problématiques, qui deviennent les trois parties principales de son ouvrage :

1) *L'exégèse.* É. Boncour montre que, pour Eckhart, l'Écriture sainte est en elle-même une philosophie, ce qui est sans doute une manière de prendre acte de la crise de la théologie au début du XIVe siècle. Le maître de Thuringe peut ainsi emprunter à Origène l'idée (reprise déjà par Augustin) d'une *philosophia christiana* qui serait une *philosophia vera*. Mais après la nouvelle réception d'Aristote, la répétition n'est pas une simple reprise : chez Eckhart, cette thèse devient l'idée que « l'Évangile contemple l'être en tant qu'être ». La concorde de toutes les rationalités pénètre au plus loin et va au plus audacieux !

Pour opérer cette concorde, l'exégèse spirituelle joue donc un rôle clé. Eckhart n'aperçoit qu'une différence de degré (et non de nature), entre le sens littéral et le sens mystique. Car le déchiffrement du texte, à même la lettre, conduit au sens spirituel : la métaphore est un acte, un « mécanisme », qui nous fait passer à l'allégorie. Ainsi, Maître Eckhart revient à une situation très ancienne, antérieure à la séparation entre théologie et philosophie : chez lui, l'opposition entre l'exégèse et la théologie systématique s'efface. L'exégèse est déjà une dogmatique et une spiritualité. Si l'on se souvient que l'exégèse va jusqu'à dégager une *sententia* (une pensée spéculative), Eckhart est de part en part exégète, en particulier dans les *Sermons allemands*. Mais il ne l'est pas moins lorqu'il dispute ou enseigne les *Sentences* de Pierre Lombard.

Ainsi, au lieu d'opposer deux sciences du divin, l'une philosophique, l'autre théologique, Eckhart se rapproche d'Origène, pour qui il n'y a aucune différence essentielle entre ces deux disciplines. Cela permet de comprendre son chiasme herméneutique célèbre : « expliquer l'Écriture par les raisons naturelles des philosophes », et réciproquement, « montrer comment les propriétés des choses sont clairement indiquées dans l'Écriture » (*Commentaire sur l'Évangile de Jean*, § 2). Ou encore cette affirmation extraordinaire : « Moïse, le Christ et le philosophe enseignent la même chose » (*ibid.*, § 185). Comme le montre É. Boncour, le mystère n'est pas le contraire de la pensée, mais son objet le plus haut.

2) *L'anthropologie.* É. Boncour établit qu'Eckhart doit à Origène sa réflexion sur la permanence de l'image de Dieu en l'homme. Ce point délicat repose sur une analyse très précise. Beaucoup plus nettement qu'Augustin, Origène distingue l'image, une attitude pratique qui est naturelle, et qui est le Fils divin, de l'être à l'image, que l'on peut perdre historiquement, et qui est un être à l'image du Fils. Cette dualité permet de distinguer la sphère de l'Image, c'est-à-dire du Verbe, qui contient tout ce qui est incréé, et les créatures, comme l'homme, qui sont *à l'image*, mais qui peuvent tendanciellement et à chaque instant, recevoir *l'image* divine. Cette articulation est centrale dans la pensée d'Eckhart, et d'ailleurs invoquée dans sa défense au procès de Cologne. Comme dit É. Boncour, le chemin de l'homme « consiste à cheminer de l'*ad imaginem* à celui d'*imago* », à l'égal du Verbe divin.

3) La *mystique*. É. Boncour expose pourquoi le Verbe peut naître dans l'âme, faisant de l'homme un fils de Dieu. C'est ce qu'on appelle habituellement la « mystique », une attitude pratique qui naît du sens mystique de l'Écriture. L'incarnation du Verbe nous reconduit à notre véritable essence de fils de Dieu. La béatitude consiste à toujours naître de Dieu. É. Boncour met au cœur de son analyse la coexistence de l'engendrement éternel du Fils en Dieu (« il est toujours né », *Commentaires sur l'Évangile de Jean*, § 8) et de l'engendrement instantané du Fils dans l'âme (« il naît toujours »). Dès lors, la mystique d'Eckhart n'est pas seulement une « mystique de Noël » : pour que Dieu naisse en l'âme, il faut que l'homme meure à lui-même, ce qui est une conformation à la passion du Christ, donc au mystèrepascal. Comme dit É. Boncour, « la kénose ne s'arrête pas à Noël : la Passion est son second moment nécessaire ». En inscrivant la prédication d'Eckhart dans le cycle annuel des grandes fêtes chrétiennes, le nouveau classement liturgique des *Sermons* confirme tout à fait cette interprétation.

Il revient à la liberté du lecteur d'évaluer pour lui-même en quoi le beau livre d'É. Boncour contribue à sa propre réflexion philosophique. Mais il lui faut pour cela apprendre à se décentrer de lui-même. Car si nous partons d'une problématique moderne (comme celle de la conscience), nous risquons d'en manquer l'originalité. Mais si nous acceptons de devenir les ethnologues de notre propre histoire, une pensée aussi radicale, aussi différente, mais en même temps aussi fraternelle que celle de maître Eckhart a beaucoup à nous apporter. Et ce livre, qui expose, avec toute la rigueur nécessaire, ce que signifie l'avènement de Dieu dans l'âme, nous permet d'approfondir une remarquable expérience de pensée.

Une fois encore, le Moyen Age nous aide à penser autrement.

Olivier BOULNOIS

INTRODUCTION

La présence d'Origène au Moyen Âge est une donnée historique et historiographique incontestable. Dans son immense travail de recherche, *Exégèse médiévale. Les quatre sens de l'Écriture*[1], Henri de Lubac pointe, en l'analysant, l'influence d'Origène qui se déploie dans tout le Moyen Âge occidental. Dès le Ve siècle, Origène est, sans conteste, l'un des Pères et théologiens dont la réception suscite des sentiments contradictoires, allant de l'engouement et de la reprise quasi littérale de ses commentaires à une méfiance extrême qui l'envisage dans ses aspects tenus pour hérétiques.

Si ce n'est pas tant Origène lui-même qui a été condamné, mais ce que l'on a appelé, dès les IVe-Ve siècles, l'« origénisme », il n'en demeure pas moins que le nom d'Origène reste associé à des thèses jugées hérétiques et condamnées en 553 au deuxième concile de Constantinople : la préexistence des âmes et leur chute dans la matière, l'apocatastase ou restauration de toutes choses en leur état initial. Ainsi, tout exégète ou théologien qui entendait au Moyen-Âge citer ou reprendre certains développements origéniens, ne pouvait le faire qu'avec précaution et distance critique. En même temps, chacun avait la conscience aiguë que les commentaires et homélies d'Origène sur l'Écriture, davantage d'ailleurs que ses traités doctrinaux tels le *Traité des Principes* ou le *Contre Celse*, ne pouvaient être ignorés sans que soient alors négligés la méthode interprétative mise en place, les développements qui en résultaient, mais aussi des thèses philosophiques et théologiques que la tradition n'aura de cesse de discuter et de mettre au point.

Le XIIe siècle est imprégné des commentaires d'Origène ; Bernard de Clairvaux et Guillaume de Saint-Thierry s'inspirent largement du *Commentaire sur le Cantique des cantiques* pour leurs propres exposés et homélies[2]. L'influence de l'Alexandrin va aller grandissante jusqu'au XIIIe siècle. Dans son

1. H. de Lubac, *Exégèse médiévale, Les quatre sens de l'Écriture*, Paris, Aubier, 4 vol., 1959-1964.

2. *Cf.* J. Leclercq, « Origène au XIIe siècle », *Irenikon*, t. XXIV, 1951, p. 425-439.

travail recensant les citations d'Origène dans l'œuvre d'Eckhart, Elisa Rubino[1] établit en même temps une étude comparative : elle précise en effet le rapport à Origène de trois prédécesseurs d'Eckhart – Pierre Lombard, Albert le Grand et Thomas d'Aquin – afin de mieux déterminer et circonscrire la spécificité de l'usage fait par Eckhart de certaines thèses origéniennes : ainsi, le Lombard cite 5 fois Origène, Albert le Grand 30 et Thomas 168 fois. Ces recensions si intéressantes soient-elles d'un point de vue quantitatif indiquent surtout la nature de l'usage fait d'Origène. Ces auteurs n'ont pas recours à lui pour ses thèses théologiques et philosophiques, si ce n'est pour mettre l'accent sur leur caractère hérétique. C'est surtout comme autorité exégétique qu'il est mentionné : on retient ses interprétations de l'Écriture sainte et sa méthode allégorique.

Eckhart a une position véritablement singulière et une démarche autre. Dans toute son œuvre, le maître cite 51 fois explicitement Origène. C'est aussi sur Origène qu'il s'appuie à trois reprises lors de sa défense à Cologne, pour réaffirmer l'idée de la présence en l'âme d'une semence divine en laquelle le Verbe prend éternellement naissance. Quantitativement, ces 51 citations sont minimes par rapport à celles d'Augustin, auteur le plus cité après l'Écriture sainte[2] et de Thomas, cité quant à lui 232 fois. Ce rapport pourrait conduire à penser qu'Eckhart *n'est pas vraiment* un lecteur d'Origène. Néanmoins, Eckhart puise directement à la source origénienne pour développer deux de ses idées centrales : la présence naturelle et inamissible de l'image de Dieu en l'homme et la naissance éternelle du Verbe en l'âme. Le caractère hérétique ou hétérodoxe des thèses d'Origène sur l'eschatologie n'est pas le problème d'Eckhart. Ce n'est donc pas tant la quantité qui ici importe et peut faire sens, mais l'aspect qualitatif de ces citations à partir desquelles Eckhart peut développer les points nodaux de sa pensée. Origène n'est-il pas pour lui non pas simplement « ein meister » mais « ein grôz meister » ?

Parmi toutes les copieuses transcriptions d'Origène auxquelles il avait accès *via* la *Glose ordinaire* de Laon et la *Catena aurea* de Thomas, Eckhart ne se fonde pourtant dans toute son œuvre que sur quelques passages précis d'Origène qu'il exploite et développe jusque dans ses aboutissements ultimes. Les *mêmes* textes servent à développer les *mêmes* thèmes, de l'image de Dieu en l'âme et de la naissance du Verbe. Ils constituent le noyau de la pensée d'Eckhart.

Ce fil conducteur allant d'Origène à Eckhart a été relevé par de nombreux commentateurs, mais de façon ponctuelle. Qu'est-ce qui, essentiellement, relie Origène l'Alexandrin et Eckhart le Rhénan ? Bien sûr, et cela peut être séduisant, une similitude de destinée est visible : il s'agit de deux réprouvés qui ont exercé chacun à leur endroit fascination et passion de leurs épigones. Mais, outre ce point

1. E. Rubino, « "ein grôz meister" Eckhart e Origene », *in* L. Sturlese (ed.), *Studi sulle fonti di Meister Eckhart*, vol. II, Fribourg, Academic Press Fribourg, 2012, p. 141-165.

2. *Cf.* G. Pellegrino, « …"alsô ist hie sant Augustînus gelîchet einem guldîgen vazze » : Il *De Trinitate* di Agostino nell'opera di Meister Eckhart », *in* L. Sturlese (ed.), *Studi sulle fonti …, op. cit.*, vol. I, p. 39-70.

philosophiquement anecdotique, qu'est-ce qui, encore une fois, peut relier en substance ces deux penseurs, que séparent onze siècles, quatre mille kilomètres et un décalage culturel entre l'Égypte et la Rhénanie, le grec des Alexandrins et le latin des scolastiques ?

La vie d'Origène est assez bien connue grâce au livre VI de l'*Histoire ecclésiastique* d'Eusèbe de Césarée, l'un de ses fidèles disciples[1] et son zélé défenseur. Né à Alexandrie vers 185, Origène fait preuve de précoce ferveur à tel point qu'il tente de rejoindre son père Léonide dans le martyre par décapitation en 202. Retenu par sa mère, il continue son apprentissage des lettres et de la grammaire. Il enseigne par la suite ces disciplines pour subvenir aux besoins de sa famille, puis, à la demande de l'évêque Démétrios, la catéchèse. Passionné par la lecture de l'Écriture sainte, il suit les cours d'Ammonios Saccas afin de répondre aux diverses objections des païens et hérétiques. C'est ainsi qu'il rédigera les *Hexaples*, travail critique présentant l'ancien Testament en six colonnes : l'hébreu dans le texte, puis phonétisé et transcrit en caractères grecs, et quatre versions grecques, Aquila, Symmaque, la Septante et Théodotion. Entre 215 et 222, il rencontre Ambroise, qu'il convertit de la gnose valentinienne au christianisme. Se dessine dès cette époque l'orientation de sa pensée, dédiée au combat contre les hérésies gnostiques et la philosophie païenne. Entre 230 et 233, Origène se rend à Césarée, où il est ordonné prêtre. À son retour d'Alexandrie, en raison de sa supposée auto-castration, il est banni d'Égypte à la suite d'un synode réuni par Démétrios. Retiré à Césarée, il commence à enseigner. Travailleur infatigable, ascète intransigeant, Origène fait de nombreux voyages en vue de défendre la foi chrétienne. En 252, sous le règne de Dèce, il est persécuté, torturé, emprisonné. Il meurt en 253 des suites de ces sévices[2].

La vie d'Eckhart est moins bien connue. Elle transparaît surtout au fil circonstancié de ses séjours – Erfurt, Paris, Strasbourg, Cologne – et des œuvres qui y font suite[3]. Eckhart est né vers 1260 à Tambach, dans une famille thuringienne de Hocheim. Il entre chez les dominicains d'Erfurt aux environs de 1274. De ces premières années de vie conventuelle et de formation, nous ne savons à peu près rien. Le premier document nous donnant un renseignement exact est le *Sermon pascal* du 18 avril 1294, rédigé par « fratres Eckhardus, lector sententiarum ». Dans les années 1293-1294, Eckhart commente les *Sentences* du Lombard à Paris. Il revient de ce premier séjour parisien en Rhénanie où l'Ordre lui confie rapidement des responsabilités : de 1294 à 1298, il est prieur d'Erfurt et

1. *Cf.* Eusèbe de Césarée, *Histoire ecclésiastique*, VI, I-XXX, trad. fr. G. Bardy, SC 41, Paris, Cerf, 1955, p. 82-133 ; Pamphile, Eusèbe de Césarée, *Apologie pour Origène*, trad.fr. R. Amacker et E. Junod, SC 464, Paris, Cerf, 2002.

2. Pour une étude complète de la vie d'Origène, *cf.* P. Nautin, *Origène. Sa vie et son œuvre*, Paris, Beauchesne, 1977.

3. *Cf.* T. O'Meara, « An Eckhart bibliography », *The Thomist*, 42, 1978, p. 313-336 ; N. Largier, *Bibliographie zu Meister Eckhart*, Fribourg, Éditions Universitaires, 1989 ; « Meister Eckhart, Perspektiven der Forschung, 1980-1993 », *Zeitschrift für deutsche Philologie*, 114/1, 1995, p. 29-98 ; L. Sturlese, « Acta et regesta vitam magistri Eckhardi illustrantia », *LW* V, p. 149-193.

vicaire de Thuringe. Pendant cette période, il rédige les *Entretiens spirituels*. Entre 1303 et 1311, il est élu prieur de la province de Saxe. En 1307, il est de surcroît nommé vicaire général de Bohème : cette fonction lui donne la mission de visiter et de réformer les couvents de la région. Enfin, dans les années 1323-1324, Eckhart est nommé théologien du *studium generale* de Cologne où il prêche en allemand.

Ces charges en Rhénanie sont entrecoupées de deux séjours parisiens : en 1302-1303, maître à l'université de Paris, Eckhart rédige ses trois premières *Questions Parisiennes*, dans lesquelles il débat avec le franciscain Gonzalve d'Espagne. Une dizaine d'années plus tard, de 1311 à 1313, il effectue son second magistère parisien où il rédige les *Questions parisiennes* IV et V et met en chantier l'*Opus Tripartitum*. Seul Thomas d'Aquin avait pu bénéficier d'une telle charge honorifique. Et Marguerite Porète vient d'être consumée sur le bûcher, le 1er juin 1310, en place de Grève...

Eckhart ne retourne pas à Cologne, mais est appelé à Strasbourg en tant que Vicaire général où on lui confie le rôle de directeur spirituel des moniales des Ordre et Tiers-Ordre dominicain et de béguines. Le béguinage s'épanouit à un point tel que Strasbourg en compte 85, au moment même où l'évêque, en août 1317, entame une action contre cette forme inédite de vie communautaire. Eckhart par son verbe, y trouve un succès qui se révèlera tragique.

L'époque du procès commence dès 1325. Sur la dénonciation de deux collègues du maître, Hermann de Summo et Guillaume de Nidecke, Nicolas de Strasbourg, fidèle ami d'Eckhart ouvre le 1er août une enquête disciplinaire contre Eckhart en même temps qu'une action est entamée contre le *Livre de la consolation divine*. Ces années marquent la dernière période de sa vie. C'est peut-être, funeste fortune, la période la plus connue de la vie du maître. Elle est contemporaine à la condamnation des béguines et bégards à Cologne et se déroule 15 ans après la mort de Marguerite Porète. Un tel climat délétère a certainement nuit au maître, soupçonné d'hétérodoxie et reproché d'enseigner au vulgaire ignorant et crédule ce qu'il ne saurait entendre. Eckhart rédige un *Tractatus « Requisitus »*, par la suite attaqué.

En 1326, Henri de Virnebourg rédige une liste de 49 propositions jugées condamnables auxquelles le maître répond. Le 26 septembre 1326, Eckhart comparaît devant deux commissaires épiscopaux chargés de son inquisition à la suite d'une deuxième liste de 59 propositions. Une troisième liste ne tardera pas à suivre. Le 24 janvier 1327, Eckhart comparaît dans la salle du chapitre de la cathédrale de Cologne. Son secrétaire, Conrad de Halberstadt fait appel en son nom au pape tandis qu'Eckhart proteste publiquement de son innocence par un sermon prononcé en la cathédrale colonaise. Le 22 février 1327, l'appel d'Eckhart est rejeté. Il quitte Cologne pour aller en Avignon porter son propre dossier au pape Jean XXII. Le *Votum Avenionense*, résultat de la commission pontificale, condamne 28 propositions eckhartiennes. De ces 28 propositions, « les quinze premiers articles mentionnés et aussi les deux derniers, tant par les termes employés que par l'enchaînement des idées, contiennent des erreurs et son entachés d'hérésie », tandis que les onze autres sont déclarés « malsonnants, très téméraires et suspects d'hérésie »[1]. Eckhart meurt, sur le chemin du retour, ignorant ce verdict.

Voici deux vies éprouvées, deux pensées singulières et de haut vol qui ont été, en leur temps, mal comprises ou hâtivement suspectées. Les thèses d'Origène et d'Eckhart n'ont pas été condamnées pour les mêmes motifs. Cependant, c'est le cœur de la pensée eckhartienne qui a été condamné, notamment l'idée d'une étincelle divine incréée en l'âme et celle de sa divinisation, et dans ce cœur, nous retrouvons les propos d'Origène. De fait, de nombreux commentateurs ont référé la célèbre doctrine eckhartienne de la « naissance du Verbe dans l'âme » à ses sources origéniennes. L'étude la plus conséquente et sans cesse citée concernant ce sujet a sans doute été effectuée par Hugo Rahner[2], qui retrace la généalogie et l'histoire du théologoumène de la « naissance de Dieu dans l'âme » à partir de ses premières formulations chez l'Alexandrin, le premier à énoncer cette magistrale et exigeante formule : « À quoi me sert que le Christ soit venu pour le monde si je ne l'ai pas ? »[3]. L'étude de Rahner retrace l'histoire de la naissance de Dieu dans l'âme jusqu'à Eckhart *via* les intermédiaires historiques : Hippolyte en Grèce, puis Ambroise et Augustin chez les latins, en insistant particulièrement sur le rétrécissement conceptuel que ce thème subit avec les latins : ceux-ci envisagent la naissance de Dieu dans l'âme d'un point de vue de plus en plus moral et ecclésial, mettant l'accent sur la pratique de l'ascèse et de la piété, et de moins en moins sur sa dimension ontologique. Cela est manifeste tant chez Grégoire le Grand et Bède, que chez Richard de Saint-Victor et Bernard de Clairvaux. Par rapport à tous ces auteurs, Eckhart semble renouer avec le christianisme des origines en envisageant le thème de la naissance de Dieu dans la dimension qui était celle d'Origène : cette naissance est *notre* naissance, celle de notre être intérieur véritable constitué par l'image de Dieu. Ce n'est qu'à partir de son déploiement qu'une anthropologie et une ontologie de la création peuvent être pensées.

Ce lien intime entre Origène et Eckhart n'a pas échappé aux spécialistes de la pensée eckhartienne. Pourtant, hormis la recension d'Elisa Rubino qui jette les bases d'un travail de recherche possible, ils ont plus mentionné qu'étudié une forme de filiation entre Origène et Eckhart. Bernard McGinn[4] relève l'héritage origénien dans le Moyen Âge occidental, et consacre à Eckhart quelques lignes,

1. *In Agro dominico*, *LW* V, p. 600; Libera, p. 414.

2. H. Rahner, « Die Gottesgeburt. Die Lehre der Kirchenväter von der Geburt Christi im Herzen der Gläubigen », *Zeitschrift für Katholische Theologie*, 59, 1935, p. 338-418, repris dans *Symbole der Kirche. Die Ekklesiologie der Väter*, Salzburg, O. Müller Verlag, 1964, p. 11-87. Nous renvoyons à cette 2e édition.

3. *HomJer.*, IX, 1, SC 232, p. 378-379.

4. B. McGinn, « The spiritual Heritage of Origen in the West. Aspects of Origen's Influence in the Middle Ages », *in* L. F. Pizzolato, M. Rizzi (ed.), *Origene, maestro spirituale*, Milano, Vita e Pensiero, 2001, p. 263-289.

qu'il étaye davantage dans l'article «Origène» de l'*Encyclopédie des mystiques rhénans* :

> il serait exagéré de dire qu'Eckhart développe sa pensée à partir d'Origène, mais il est évident qu'il a trouvé chez Origène une source et une justification importante pour deux thèmes essentiels de son message spirituel : la petite étincelle de l'âme, «le château fort», la grande noblesse de l'âme, ainsi que la naissance du Verbe dans le juste [1].

Des remarques similaires sont faites par d'autres commentateurs. Émilie Zum Brunn et Alain de Libera mentionnent la présence d'Origène, et, plus largement, des Pères grecs dans la formulation eckhartienne de la naissance du Verbe[2]. Alain de Libera souligne à deux reprises ce lien : dans l'Introduction à sa traduction des *Traités et Sermons* du Maître, il met en tête de liste de la prédication eckhartienne la «théogénésie» ou la «déification du chrétien» qui fait d'Eckhart un véritable enfant de la patristique grecque[3]. Ce même héritage est noté dès les premières pages de l'édition française du Prologue au *Commentaire de Jean,* qui rappelle que le paragraphe central (§ 106) est directement repris d'Origène[4]. De même, Wolfgang Wackernagel mentionne la présence cachée de la semence divine en l'homme en indiquant son origine philosophique, à partir d'un passage du *Traité de l'homme noble*, dont la source directe est Origène[5].

L'étude de Hans Hof, *Scintilla animae. Eine Studie zu einem Grundbegriff in Meister Eckharts Philosophie mit besonderer Berücksichtigung des Verhältnisses der eckhartschen Philosophie zu neuplatonischen und thomistischen Anschauung,* se révèle extrêmement précieuse par la richesse des sources et des analyses du thème de l'«étincelle de l'âme». Conjuguée à celle d'Endre von Ivanka[6], elle nous permet de comprendre le sens spécifique qu'il prendra chez Eckhart. Dans la même optique, Katharina Comoth consacre cinq pages à la reprise eckhartienne du concept d'«hégémonikon»[7].

Tous les chercheurs, commentateurs, spécialistes s'accordent donc à dire qu'Origène est présent dans le cœur constitutif de la pensée d'Eckhart. Reste à donner une vue d'ensemble, mais surtout à rechercher un axe de pensée qui puisse unifier ces données et renouveler ces thèmes centraux d'image et de naissance du

1. B. McGinn, «Origène», dans *Encyclopédie des mystiques rhénans d'Eckhart à Nicolas de Cues et leur réception,* Paris, Cerf, 2011, p. 904.

2. *Cf.* É. Zum Brunn, A. de Libera, *Métaphysique du Verbe et théologie négative*, Paris, Beauchesne, 1984, p. 60.

3. *Cf.* Introduction, Maître Eckhart, *Traités et Sermons*, Paris, GF-Flammarion, 1993, p. 25.

4. Cf. *OLME* 6, p. 8.

5. *Cf.* W. Wackernagel, *Ymagine denudari. Éthique de l'image et métaphysique de l'abstraction chez Maître Eckhart*, Paris, Vrin, 1991, p. 69-70.

6. E. von Ivanka, *Plato Christianus, La réception critique du platonisme chez les Pères de l'Église*, Paris, P.U.F., 1990.

7. K. Comoth, «Hégémonikon. Meister Eckharts Rückgriff auf Origenes», *in* L. Lies (Hrsg.), *Origeniana Quarta, Die Referate des 4. Internationalen Origeneskongresses (Innsbruck, 2-6 September 1985)*, Innsbruck-Wien, Tyrolia-Verlag, 1987, p. 265-269.

Dieu-Verbe. Quel lien en effet peut-on établir entre la pensée eckhartienne de la création de l'homme à l'image de Dieu et la théogénésie? Quelle cohérence y a-t-il entre les deux? En quoi cette recherche des sources origéniennes permet-elle de renouveler l'approche de ces concepts, et, plus généralement, de la pensée du maître?

La pensée d'Eckhart est tout entière habitée par la destinée qu'il assigne à l'homme : la divinisation. Or, la mise en exergue des sources origéniennes permet d'établir une continuité certaine entre les conceptions eckhartiennes de l'exégèse, de l'image et de la théogénésie. En effet, Origène n'est jamais convoqué seulement comme une autorité, mais comme l'instigateur de problèmes philosophiques et théologiques essentiels. Comme l'Alexandrin, Eckhart se nourrit des sources scripturaires et fonde sur elles des propos philosophiques qui le conduisent à des thèses métaphysiques, ontologiques et anthropologiques fondamentales. Le rapport eckhartien à l'Écriture sainte, l'usage philosophique et théologique qu'il en fait est d'inspiration origénienne. En elle, nos deux auteurs puisent un sens spirituel sur lequel ils sont légitimés à fonder une conception de l'homme destiné à la divinisation. L'appui sur Origène permet à Eckhart de penser ce lien d'essence entre la thèse d'une image inamissible de Dieu en l'âme et celle de la naissance du Verbe.

Le fondement de toute l'œuvre d'Eckhart est sa lecture interprétative de l'Écriture sainte. C'est à partir de l'exégèse qu'il est amené à construire une anthropologie et une conception de la divinisation. Ce parcours intellectuel prend appui sur des textes et des assertions origéniens. Eckhart a lu Origène soit directement, soit *via* diverses médiations : la *Glose ordinaire* de Laon, les *Sentences* de Pierre Lombard et le *Commentaire de l'Évangile de Jean* de Thomas d'Aquin. Étonnamment, il ne puise pas à la *Catena aurea* de Thomas.

En novembre 2014, Loris Sturlese présente pour la première fois 64 sermons allemands d'Eckhart selon l'ordre liturgique[1]. Une cohérence nouvelle des sermons se fait jour. Nous bénéficions depuis octobre 2015, grâce au travail d'Éric Mangin[2], de la réédition de l'ensemble des 109 sermons d'Eckhart selon ce même ordre.

Nous renvoyons donc aux deux éditions, la première suivant l'ordre des éditions Kolhammer, la deuxième l'ordre liturgique, mis entre crochets [...].

1. L. Sturlese, *Meister Eckhart, Le 64 prediche sul tempo liturgico*, Milano, Bompiani, 2014.
2. É. Mangin, Maître Eckhart, *Sermons, traités, poème. Les écrits allemands*, Paris, Seuil, 2015.

Que Monsieur le Professeur Olivier Boulnois soit ici vivement remercié pour ses lumières philosophiques, son aide, sa présence, son soutien. Les membres de mon jury m'ont aidée à préciser et resserer des passages incomplets : ainsi suis-je reconnaissante envers Gilles Berceville, Gaetano Lettieri, Alain de Libera, Dominique Poirel.

Je ne peux oublier mes collègues, tout particulièrement Éric Mangin et Pierre Gire, aujourd'hui décédé, ainsi qu'Irène Catach.

Émilie d'Arvieux, Michel Mallèvre, Jean-Christophe de Nadaï, Agathe Tréhard ont été d'une aide précieuse, chacun à leur endroit.

PREMIÈRE PARTIE

RECENSION DES SOURCES ORIGÉNIENNES

L'étude des citations explicites d'Origène révèle qu'Eckhart s'est appuyé sur l'Alexandrin pour développer trois de ses thèses majeures, qui ressortissent à la fois à la philosophie et à la théologie.

– Personne ne peut avoir d'intelligence spirituelle de l'Écriture s'il ne possède l'Esprit-Saint : si l'Esprit-Saint parle par les prophètes et les inspire dans leurs écrits, la compréhension de l'Écriture ne peut avoir lieu sans la présence en l'âme de l'Esprit. La lecture la plus approfondie est celle qui dégage l'esprit derrière la lettre.

– Il y a une « semence divine » (*semen divinum*) imprimée en l'âme humaine, image de Dieu en laquelle se trouvent les semences divines des sciences (*semen divinum scientiarum*).

– Dieu naît éternellement et continument en l'âme : en l'homme juste, Dieu naît toujours (*semper*) et non pas une seule fois (*semel*). Le corrélatif de cette affirmation est le lien entre l'Incarnation et la naissance du Fils en l'âme du fidèle : il ne sert à rien que le Verbe soit né en l'âme de Jésus et soit venu au monde, s'il ne naît pas continuellement en moi.

Ces trois thèmes ne suivent pas l'ordre livresque et chronologique des écrits eckhartiens mais un « ordre des raisons » qui, partant de l'exégèse spirituelle de la Bible, conduit à la *théosis*, la naissance du Verbe dans l'âme.

CHAPITRE PREMIER

L'EXÉGÈSE ENTRE LA LETTRE ET L'ESPRIT

PRISE EN COMPTE DE LA LETTRE ?

Lorsqu'Eckhart énonce les principes de son exégèse, dans le Prologue au *Livre des Paraboles de la Genèse*, aucune mention n'est faite d'Origène. Pourtant, le premier paragraphe reprend l'élément premier et fondamental de l'exégèse origénienne : la distinction du sens littéral (ou manifeste) et du sens caché (ou latent) : il s'agit de « découvrir, mieux et plus richement (*meliora et uberius*), [...] les choses cachées (*latentia*) sous les figures et la superficie de la lettre »[1]. Le même principe est énoncé au § 211 du *Commentaire sur l'Exode* : « Il faut savoir en premier lieu que l'Écriture sainte, le plus souvent, raconte des histoires, qu'elle contient et introduit des mystères (*tenet et innuit mysteria*) »[2]. Néanmoins, Eckhart n'ignore pas l'existence du sens littéral et répète, à la suite d'Augustin : « Tout sens qui est vrai est sens littéral »[3].

> Donc, puisque aussi le « sens », « littéral, que l'auteur des Écritures vise, tandis Dieu est l'auteur des Saintes Écritures », comme il a été dit, chaque sens qui est vrai est sens littéral. Il est évident en effet que tout ce qui est vrai l'est par cette vérité, est inclue en elle, dérive d'elle et y tend. Augustin au livre XII des Confessions donne l'exemple de la source et de la rivière qui descend d'elle ou en découle[4].

Il y a dans ce passage d'Eckhart un montage de citations : à l'aide de Thomas[5], il montre que le sens littéral est celui intentionnellement voulu par Dieu. Il en tire cette conclusion, avec appui sur Augustin : si le sens littéral est celui voulu par Dieu, Dieu étant la vérité même, tout sens vrai ne peut être que littéral. Mais ces

1. *In Gen. II*, § 1, *LW* I, p. 447. Notre traduction, ainsi que pour les autres passages de cette œuvre.
2. *In Ex.* § 211, *LW* II, p. 178 ; Gire, p. 95.
3. *In Gen. II*, § 2, *LW* I, p. 449.
4. *In Gen. II*, § 2, *LW* I, p. 449.
5. Cf. *ST*, I q. 1 art. 10.

affirmations nouant un lien épistémologique d'inhérence entre sens littéral et sens vrai établissent une tension avec la pratique exégétique qu'Eckhart met en place, directement puisée à l'origine de la méthode allégorique d'Origène. Or, Eckhart connaît l'importance donnée à la lettre. Un exemple, repris d'Origène, le montre.

De fait, nous trouvons dans le premier *Commentaire sur la Genèse* une explication littérale de Gn 6, 15 concernant les dimensions de l'arche de Noé: *Trecentorum cubitorum erit longitudo arcae*, qu'Augustin avait-lui-même emprunté à Origène :

> Augustin demande au livre des Questions sur la Genèse, chap. 4, comment l'arche « put contenir tous les animaux qui sont dits y être entrés, ainsi que leur nourriture », et il répond que, selon Origène, Moïse parlait de la « coudée géométrique » qui équivaut à six de nos coudées. Il faut noter là qu'Origène et Augustin, ainsi que Jérôme dans la Glose sur le chap. 47 de Jérémie, ont considéré la coudée comme un terme neutre. Et peut-être, la coudée au masculin (*cubitus*) est-elle une partie du bras: le coude, tandis que la coudée, (*cubitum*), est employée au neutre pour signifie la mesure ci-dessus mentionnée [1].

Eckhart cite Origène, dans la première partie du texte, par l'intermédiaire d'Augustin. Il ajoute dans la deuxième partie la *Glose ordinaire* où il aurait trouvé la distinction éclairante pour l'exégèse du texte entre la coudée comme partie du bras (*cubitus*), et la coudée comme mesure géométrique (*cubitum*) [2].

En s'appuyant sur Origène, Augustin sauve la littéralité et la véracité du récit par un argument historiquement recevable: Moïse, élevé en terre égyptienne, connaissait l'art des constructions monumentales fondé sur une science des rapports géométriques. Cela suppose aussi une bonne compréhension de la lettre même du texte qui empêche toute confusion entre une coudée empirique déterminée à partir du corps humain et la coudée géométrique. Ce texte renvoie aux *Homélies sur la Genèse* d'Origène :

> Les anciens disaient donc que Moïse, qui, comme l'atteste l'Écriture, « avait été instruit dans toute la sagesse égyptienne », a établi ici le nombre des coudées comme on fait en géométrie, science dans laquelle les Égyptiens excellent tout particulièrement. Les géomètres en effet, ont une manière de compter qu'ils appellent « la puissance », selon laquelle, pour un solide et un carré, une coudée représente six coudées en vertu d'une réduction générale ou trois cents en vertu d'une réduction très poussée. Si l'on prend cette manière de compter, on trouvera que l'arche avait en longueur et en largeur des dimensions suffisantes pour contenir vraiment les germes de ce qui reconstituerait dans le monde entier et les êtres qui seraient au principe d'où rejaillirait la vie de tous les êtres animés.

1. *In Gen. I*, § 225, *LW* I, p. 368; *OLME* 1, p. 541.

2. Cf. *Quaestiones in heuptateuchum*, I, q. 4, *PL* 34, col. 549; *Cité de Dieu*, XV, XXVIII, trad. fr. G. Combès, BA 36, Paris, Desclée de Brouwer, 1960, p. 162-165.

Voilà ce que nous avions à dire, du point de vue littéral, contre ceux qui cherchent à attaquer les Écritures de l'Ancien Testament en prétextant qu'elles contiennent des choses impossibles et déraisonnables [1].

Le texte de la *Glose ordinaire* sur Gn 6, 15 reprend presque mot à mot le texte origénien [2]. La même idée se trouve aussi dans les *Commentaires du Livre d'Ezéchiel de Jérôme* [3]. Origène répond à une objection d'Appelles, disciple de Marcion, qui tenait les Écritures juives pour un mythe. Ici en particulier, Appelles affirme que l'espace de l'Arche ne pouvait contenir tous les couples d'animaux. Afin de défendre la vérité historique de l'Ancien Testament en montrant la vérité de son sens littéral, Origène recourt à la géométrie. Noé s'est servi d'une coudée égyptienne ou géométrique, 6 ou 30 fois plus large que la coudée naturelle (à peu près 45 centimètres). On obtient ainsi 1800 ou 9000 coudées naturelles de long, 300 ou 1500 de large, 1800 ou 900 de haut.

Tous ces textes et autorités indiquent combien Eckhart connaissait les exégèses des Pères : il les cite soit directement, soit par des médiations. Mais pourquoi Eckhart retient-t-il ce passage, tenant au sens littéral, parmi tous ceux auxquels il avait accès, indirectement ou directement ? Il cite directement des passages des *Homélies sur la Genèse* dans le *Livre de Paraboles de la Genèse*, ce qui permet de penser qu'il possédait, si ce n'est le livre entier, du moins de larges extraits. De même, la *Glose ordinaire de Laon* sur la Genèse compte 85 extraits des *Homélies sur la Genèse* qu'Eckhart ne garde pas [4]. Les *Homélies sur la Genèse* offrent le plus souvent une explication des péricopes selon la tripartition des sens établie par Origène lui-même : sens littéral, sens moral, sens spirituel [5]. En aucun endroit Eckhart ne se réfère aux explications littérales des *Homélies sur la Genèse*. Ce genre d'explication, qui cherche à montrer la vérité et la cohérence de la lettre, n'est absolument pas courant chez Eckhart [6]. N'ayant pour seule vertu que de rendre le récit vraisemblable, cette démarche n'est pas celle du maître. Eckhart ne cherche pas à « sauver » la littéralité ou l'historicité de la Révélation : il emprunte à Origène ses analyses du sens spirituel de certains passages de l'Écriture, qu'il inscrit lui-même, au sein de ses exégèses, dans un propos qui ne prend appui sur la lettre que pour mieux sonder la profondeur de l'esprit.

1. *HomGn*, II, 2, SC 7 bis, p. 86-89.
2. Cf. *Glossa ordinaria*, in Nicolaus de Lyra, t. 1, col. 145, Basel, 1498.
3. *In Ezechielem Commentariorum*, XII, 40, *PL* 25, col. 378.
4. *Glossa ordinaria*, *in* Nicolaus de Lyra, *op. cit.*, t. 1, col. 3-480.
5. *Cf.* H. de Lubac, *Histoire et Esprit. L'intelligence de l'Écriture d'après Origène*, Paris, Aubier, 1950.
6. *Cf.* E. Winkler, *Exegetische Methoden bei Meister Eckhart*, Tübingen, J.C.B Mohr, 1965, p. 76 : Maître Eckhart n'utilise l'expression « sens littéral » que neuf fois : dans *In Gen. II*, § 2 et § 136 (deux fois), *LW* I, p. 449 et 602-603 ; *In Sap.*, § 159 et § 277, *LW* II, p. 496 et 609 ; *In Ioh.*, § 152, § 195 et § 525, *LW* III, p. 126, 163 et 456.

C'est aussi la raison pour laquelle sa déclaration : « tout sens qui est vrai est sens littéral /omnis sensus qui verus est sensus litteralis est »[1] est elle-même étrange. Eckhart en effet fait peu de cas du sens littéral, et lorsqu'il déclare dans le *Livre des Paraboles de la Genèse* que la première édition du commentaire de la Genèse a dégagé « un sens plus manifeste (*sensum apertiorem*) »[2], le lecteur est étonné de constater un tel écart entre ses déclarations programmatiques et sa pratique exégétique réelle. Maître Eckhart fonde certes son affirmation sur les *Confessions* d'Augustin, mais les frontières entre sens littéral et sens spirituel sont, chez lui, peu clairement dessinées. Le premier verset de la Genèse par exemple n'est expliqué littéralement ni dans le premier commentaire de la Genèse, ni dans le second[3]. Les interprétations données par Eckhart dans chacun des livres se recoupent et jamais il ne cherche à justifier l'histoire ou le récit. La différence réside donc plus dans la nature des énoncés théoriques d'Eckhart : le *Livre des Paraboles de la Genèse* donne certes des interprétations congruentes avec le premier commentaire, mais il en donne aussi une théorisation et une justification.

La tension entre la lettre et l'esprit est néanmoins constitutive de l'exégèse chrétienne, qu'elle soit patristique ou médiévale. Origène lui-même, avec la constitution des Hexaples, fut à l'initiative de progrès importants dans l'exégèse littérale de la Bible. Pour un chrétien, il ne peut y avoir d'exégèse confessante, c'est-à-dire allégorique sans un travail érudit de la lettre. En se concentrant sur l'exégèse spirituelle, Eckhart ne s'attarde pas sur le sens littéral parce que l'exégèse littérale se trouvait déjà élaborée. L'intérêt eckhartien pour l'exégèse spirituelle résulte du partage entre divers auteurs, d'une forme de fonds commun permettant l'élaboration d'une pensée personnelle. Ainsi, lorsqu'il écrit : « Premièrement, toujours exposer le texte lui-même de manière littérale »[4], Eckhart se réfère-t-il non pas tant à sa propre activité qu'à celle de ses prédécesseurs en tenant pour acquises leurs analyses.

1. *In Gen. II*, § 2, *LW* I, p. 449.
2. *In Gen. II*, § 1, *LW* I, p. 447.
3. Cf. *In Gen. I*, *LW* I, § 1-28, p. 185-206 ; *In Gen. II*, *LW* I, § 8-40, p. 479-507.
4. *In Gen. II*, § 7, *LW* I, p. 456.

L'ESPRIT-SAINT, AUTEUR DES ÉCRITURES ET INSPIRATEUR DE SA LECTURE

Ce principe est énoncé plusieurs fois par Eckhart et constitue l'un des fondements de sa méthode exégétique. S'il n'est pas propre à Eckhart, celui-ci s'appuie sur lui pour déployer certaines de ses thèses. Le maître a recours à Origène qui, le premier, à la suite de saint Paul, a énoncé l'importance de ce principe.

Dans les deux textes d'Eckhart qui reprennent les propos d'Origène, il n'est pas fait mention directement de l'Alexandrin, ni de ses œuvres, mais d'un passage d'une glose (*ein glôze*) dans le premier, et de la *Glose sur l'Épître aux Romains* (*Glossa super ad Romanos*) dans le second. On peut lire dans le *Livre de la consolation divine* :

> Saint Augustin dit que celui-là comprend le mieux l'Écriture sainte qui, dépouillé de tout esprit, cherche le sens et la vérité de l'Écriture en elle-même, c'est-à-dire dans l'Esprit en lequel elle a été dite et énoncée : l'Esprit de Dieu. Saint Pierre dit que tous les prophètes ont parlé dans l'Esprit de Dieu. Saint Paul dit : « Personne ne peut connaître et savoir ce qui est dans l'homme, si ce n'est l'Esprit qui est dans l'homme, et personne ne peut savoir ce qu'est l'Esprit de Dieu et qui est en Dieu ». C'est pourquoi une glose (*ein glôze*) dit fort justement quelque part que personne ne peut comprendre ni enseigner les écrits de saint Paul, à moins d'avoir l'Esprit dans lequel saint Paul a parlé et écrit. Et ce dont je me plains toujours, c'est que des gens grossiers (*daz grobe liute*), qui sont vides de l'Esprit de Dieu et n'en possèdent rien, se permettent de juger d'après leur gros bon sens humain (*groben menschlîchen*) ce qu'ils entendent ou lisent dans les saintes Écritures, dites et écrites par l'Esprit-Saint et dans l'Esprit-Saint, et ne réfléchissent pas à ce qui est écrit : « Ce qui est impossible aux hommes est possible à Dieu ». Et de même en général et dans le domaine naturel, ce qui est impossible à une nature inférieure, cela est habituel et naturel à la nature supérieure [1].

L'Écriture sainte est inspirée par l'Esprit qui parle aux prophètes, apôtres et autres auteurs humains de l'Écriture : ceux-ci sont les médiateurs, des moyens de commensuration entre l'Esprit de Dieu et le nôtre. Cette médiation se matérialise dans la lettre du texte, à laquelle s'arrêtent ceux imbus de leur propre pensée. L'intelligibilité de l'esprit du texte ne se donne qu'à celui qui, possédant l'Esprit, saisit l'esprit particulier du texte dans lequel il a pris forme. Eckhart s'appuie sur deux références du Nouveau Testament. La source de saint Pierre dit, en 2 P 1, 21 : *Non enim voluntate humana adlata est aliquando prophetia sed Spiritu Sancto inspirati locuti sunt sancti Dei homines*, et celle de saint Paul en 1 Co 2, 11 : *Quis enim scit hominum quae sint hominis nisi spiritus hominis qui in ipso est ita et quae Dei sunt nemo cognovit nisi Spiritus Dei*. Chez Eckhart, la différence entre la lettre et l'esprit se transmue en une différence ontologique entre deux natures,

1. *LCD*, *DW* V, p. 42-43 ; Libera, p. 155.

qui ne renvoie pas, comme le ferait un gnostique, à des natures humaines d'essence différente, mais au monde supérieur incréé divin et au monde inférieur créé. La conséquence en est que celui qui comprend la signification voulue par l'Esprit-Saint est en chemin vers la nature supérieure. L'Esprit-Saint nous possède plus que nous ne le possédons et sa présence en l'âme spiritualise celle-ci au point de la rendre à un semblable niveau d'incognoscibilité.

La référence à Augustin sert de point d'appui pour énoncer cette thèse. Nous pouvons en effet lire dans *La doctrine chrétienne* :

> [...] celui qui scrute les divins oracles doit s'efforcer (*conante*) de parvenir à la pensée de l'auteur par l'intermédiaire de qui le saint Esprit a rédigé cette Écriture. Soit qu'il y parvienne, soit qu'il tire de ces mots une pensée différente de la sienne, mais non incompatible avec la vérité de la foi, il a pour lui le témoignage de n'importe quel autre passage des divins oracles. Il se peut fort bien, du reste, que cet auteur ait eu, dans ces mêmes mots que nous voulons comprendre, juste la pensée que nous y trouvons. À coup sûr, le saint Esprit dont il a été l'instrument a prévu que cette pensée même se présenterait à l'esprit du lecteur ou de l'auditeur. Bien plus, il a veillé à ce qu'elle se présentât, car elle a son appui même dans la vérité. Au fait, peut-il y avoir une preuve plus riche et plus grande de la Providence divine que d'interpréter les mêmes mots de diverses manières, rendues acceptables par l'attestation concordante d'autres passages, non moins divins [1] ?

Pour Augustin, il s'agit néanmoins de s'efforcer (*conante*) d'être en accord avec la pensée de l'auteur, intermédiaire (*per quem, per eum*) de l'Esprit-Saint. Le lecteur doit donc tirer une pensée (*sententia*) en accord avec l'Esprit-Saint, ou, plus précisément, avec l'Esprit tel qu'il s'est manifesté à l'auteur de l'Écriture. Mais il ne dit à aucun endroit de ce passage que l'on doit se « dépouiller de tout esprit ». Simplement : l'Esprit-Saint, tel qu'il s'est donné à l'écrivain biblique, a pu prévoir telle ou telle pensée chez le lecteur. La nécessité d'être « dépouillé de tout esprit » est, ici, un ajout d'Eckhart, de même que l'idée que l'Esprit-Saint est, en lui-même, inconnaissable et rend tout aussi inconnaissable l'esprit auquel il se donne. Là où Eckhart parle de « dépouillement », Augustin parle plutôt d'effort intellectuel.

Ce dépouillement correspond à ce qu'Eckhart enseigne au sujet de la véritable pauvreté. Qui lit ce passage ne peut s'empêcher de faire le lien avec ce que dit le maître de la véritable pauvreté dans le sermon 52, commentant Mt 5, 3 : *Beati pauperes spiritu quoniam ipsorum est regnum caelorum* :

> Tous les anges et tous les saints et tout ce qui naquit jamais tout doit se taire quand parle la sagesse du Père ; car toute la sagesse des anges et de toutes les créatures est pure folie devant l'insondable sagesse de Dieu. Et cette sagesse a dit que « les pauvres sont bienheureux » [...] [2].

1. *La doctrine chrétienne*, III, XXVII, 38, trad. fr. M. Moreau, BA 11/2, Paris, Institut d'Études Augustiniennes, 1997, p. 286-287.

2. *S* 52, *DW* II, p. 486-488 ; Libera, p. 348-349, [*S*. 108].

La saisie de l'esprit du texte biblique suppose le silence de soi, une dépossession de sa personnalité, en tant qu'individualité egoïque, une pauvreté radicale quant au corps et à l'esprit, qui fait de la lecture du texte une véritable *lectio divina* : la compréhension du sens spirituel est le résultat d'une démarche de détachement (*Abegescheidenheit*) et de délaissement de soi (*Gelassenheit*). Une thèse majeure se dégage ici : on doit recevoir et s'assimiler l'Esprit, au-delà de toute cognition d'ordre naturel, pour connaître et comprendre l'Esprit. Le seul recours aux facultés naturelles n'est donc pas suffisant. Plus : il constitue la limite de l'intelligibilité elle-même. C'est au contraire en se dépossédant de tout esprit particulier, de toutes ses propres représentations que l'on peut prétendre à une compréhension spirituelle de l'Écriture. L'exégèse eckhartienne se présente d'emblée sous les auspices d'une théologie spirituelle.

Tel était l'un de thèmes majeurs de l'exégèse d'Origène. Maître Eckhart renvoie à une glose : il ne s'agit pas de la Glose ordinaire, mais d'une référence muette à un passage de l'*Homélie sur Ezéchiel* d'Origène dans lequel il affirme explicitement cette idée :

> Au sens simple, certains des prophètes, parlant d'après l'Esprit divin ont parlé, non d'après leur cœur, mais d'après la pensée de Dieu. [...] Ce que le Seigneur a conçu et dit, si on le dit au passage où il a parlé lui-même, lui qui enseigna, on dit non d'après son cœur, mais d'après l'Esprit-Saint, les paroles de Jésus Fils de Dieu. Être d'accord avec l'intention du saint Esprit, lui qui a parlé dans les apôtres, c'est parler non d'après son cœur propre, mais d'après le cœur de l'Esprit-Saint qui a parlé en Paul, parlé en Pierre, parlé encore dans tous les autres apôtres [1].

Davantage qu'Augustin, Origène insiste sur cette nécessité de se détourner de son cœur, siège des pensées personnelles, afin d'accueillir l'Esprit-Saint. Le cœur humain doit se taire pour laisser parler l'Esprit. Comme chez Eckhart, on retrouve la référence – implicite – à 2 P 1, 21. Origène affirme clairement que l'Esprit est clé du chiffrement et du déchiffrement de l'Écriture. L'intelligence vient d'un cœur éclairé par l'Esprit, qui se sera au préalable détaché de son propre esprit qui ne peut qu'introduire du fini et du particulier là où se révèle l'absolu. C'est ce que précise ce passage du *Commentaire sur le Livre de la Sagesse* :

> Il faut noter, comme ci-dessus à la fin du chapitre huit : de même que personne ne peut être juste sans la justice, de même, personne ne peut connaître la justice si ce n'est par la justice et dans la justice elle-même. Il en est ainsi universellement : de même que chaque chose dans la nature a l'être par la seule espèce, par exemple l'homme par l'humanité, de même chaque chose est connue dans sa seule espèce dans l'âme connaissante, par exemple, comme auparavant, l'homme est connu par la seule humanité. D'où cet adage, que « le semblable est connu par le semblable », et comme il est dit ci-dessus, que personne ne connaît la justice si ce n'est le juste, « ni le Père » « si ce n'est le Fils ». C'est cela même que dit Aristote : c'est à partir de ce que la chose est que le discours est vrai ; et de plus : de même que les choses se rapportent à l'être, de même elles se rapportent à la vérité et à la connaissance.

1. *HomEz*, II, 2, *SC* 352, p. 102-106.

> Ainsi donc personne ne peut connaître la pensée de Dieu si ce n'est par l'esprit et dans l'esprit de Dieu. Et c'est ce qui est dit communément, et c'est la parole dans la Glose sur l'Épître aux Romains, à savoir, que personne ne peut connaître Paul s'il n'a pas l'esprit de Paul, et que c'est par le même esprit qu'ont parlé les prophètes, que sont expliqués les prophètes. Sur ceci est 1Cor 2, 11 : « quel homme sait ce que sont les hommes, si ce n'est l'esprit de l'homme qui est en lui? De même, ce qui appartient à Dieu, personne ne l'a connu si ce n'est l'esprit de Dieu ». Et c'est ce qui est dit ici : Mais qui connaîtra ta pensée, si tu ne lui donnes pas? « Dans ta lumière nous verrons ta lumière » Ps 35, 10 [1].

L'idée de la nécessité de la réception de l'Esprit est courante au Moyen Âge. On la trouve dans la *Lettre aux Frères du Mont-Dieu* de Guillaume de Saint-Thierry [2] et dans le *Commentaire sur l'Épître aux Romains* de Thomas [3].

La voie eckhartienne, en comparaison, apparaît dans son originalité. Eckhart ajoute au corpus des références canoniques, patristiques et théologiques l'autorité philosophique d'Aristote : à des prémisses scripturaires et patristiques sont rajoutées des thèses métaphysiques et noétiques d'origine aristotélicienne, qui donnent au commentaire d'Eckhart sa tonalité et sa complexité propres. Eckhart est indissociablement exégète, théologien et philosophe. En effet, on peut expliquer la thèse théologique selon laquelle seul celui qui a l'Esprit peut saisir l'Esprit par le principe aristotélicien que « seul le semblable connaît le semblable » corrélé à celui-ci : l'identité des lois de l'être et du connaître. Il est énoncé en *Métaphysique* B, 4, 1000b 6 : « or, il n'y a connaissance que du semblable par le semblable » et *Métaphysique* α, 1, 993b 31 : « autant une chose a d'être, autant elle a de vérité » [4]. Une des conséquences de cette insertion de l'autorité d'Aristote est la fondation de la véracité de l'Écriture : aucun jugement, aucune interprétation de l'Écriture ne peuvent être vrais s'ils ne considèrent pas l'Écriture comme ce qui a l'être, ce qui est l'être. Maître Eckhart le dit ailleurs : l'Évangile contemple l' « ens inquantum ens » [5].

La thèse selon laquelle « personne ne peut connaître la justice si ce n'est par la justice et dans la justice elle-même » s'unit à la théorie, issue d'Aristote, de l'espèce intelligible forme de l'intellect, et fait écho à ce que le *Livre de la Consolation divine* affirmait : de même qu'il faut être « dépouillé de tout esprit » pour recevoir l'Esprit, de même, l'intellect n'est rien en acte pour être apte à recevoir les formes intelligibles qui l'actuent [6]. Eckhart n'hésite pas à convoquer, pour l'interprétation d'un verset de l'Écriture un Père de l'Église, Origène, et un

1. *In Sap.*, § 209, *LW* II, p. 543-545, Notre traduction, ainsi que pour les autres passages de cette œuvre.

2. *Lettre aux Frères du Mont-Dieu (Lettre d'or)*, *Lettre* 121, trad. fr. J. Déchanet, SC 223, Paris, Cerf, 1985, p. 238-239.

3. *Super epistolam ad romanos lectura*, c. 12, lect. 2, n. 978, Taurini-Romae, 8e éd. R. Cai révisée, Marietti, 1953, vol. 1, p. 182, trad.fr. J.-É. de Saint-Éloy, Paris, Cerf, 1999, p. 430.

4. Aristote, *Métaphysique*, trad. fr. J. Tricot, Paris, Vrin, 1991, t. 1, p. 152 et p. 110.

5. *In Ioh.*, § 444, *LW* III, p. 380.

6. Aristote, *Traité de l'âme*, III, 4, 429a 18-24, trad. fr. J. Tricot, Paris, Vrin, 1934, p. 174.

philosophe païen, Aristote : son commentaire de l'Écriture se caractérise donc comme une exégèse philosophique et spirituelle. La pratique de détachement et de l'abandon qui fait de l'homme un homme pauvre se fonde philosophiquement sur la théorie noétique de l'intellect nu et réceptif. Les deux versants doivent être maintenus ensemble si l'on veut comprendre la portée de la pensée eckhartienne [1].

Il ne saurait néanmoins y avoir de confusion entre l'acte de connaissance qui suppose la réception de la forme intelligible par l'intellect nu et passif et la question de la grâce divinisatrice, puisqu'il y a entre les deux processus un saut ontologique qui est celui de la nature à la surnature. Eckhart cependant comprend le processus de justification ou d'union à Dieu sur le mode analogique de la forme intelligible venant actuer l'intellect. C'est précisément grâce à ce relais entre les mises au point philosophiques et les affirmations théologiques, celles des missions divines notamment, qu'Eckhart pourra rendre compte, en des termes philosophiques, d'un problème théologique, mais surtout, d'une donnée théologale.

C'est à ce titre que la différence entre Guillaume de Saint-Thierry et Eckhart est nette [2] : là où Guillaume exhorte à l'ascèse du cœur à l'aide de renvois muets à l'Écriture, Eckhart solidifie cette injonction en la développant par des concepts philosophiques : c'est à ce titre que la notion de pauvreté (*armen*) de l'œuvre allemande n'est pas simplement une idée « mystique », mais une notion philosophiquement pensée.

D'autres passages de l'œuvre eckhartienne, dans lesquels Origène n'est pas cité, réitèrent ce rôle attribué à l'Esprit-Saint : il est à la fois celui qui provoque et conserve la mémoire, et celui qui instruit. Mais Eckhart fait davantage que répéter une leçon origénienne. Il étend le rôle de l'Esprit-Saint à tous les ordres de la connaissance : il n'enseigne pas seulement la vérité des Écritures, mais la vérité principielle et originelle de toutes choses. Dans l'explication de Jn 14, 26 : *Paracletus autem Spiritus Sanctus quem mittet Pater in nomine meo ille vos docebit omnia et suggeret vobis omnia quaecumque dixero vobis*, le § 619 du *Commentaire sur l'Évangile selon saint Jean*, établit que :

> Car, de ce que quelque chose est, est vrai ce qui est dit, et ainsi les choses se tiennent dans la vérité comme elles se tiennent dans l'être, comme le dit le philosophe en un autre endroit, et identiques sont les principes de l'être et du connaître. Et l'Esprit-Saint, à savoir Dieu lui-même, – « L'esprit est Dieu » et est la cause de tout l'être. Il est donc la cause de toute vérité et de toute doctrine vraie. Et c'est ce qui est dit ici : « il vous enseignera toutes choses » et ci-dessous : « l'esprit de vérité vous enseignera toute vérité » [3].

1. Ce point est l'objet du livre de J. Casteigt, *Connaissance et vérité chez Maître Eckhart. Seul le juste connaît la justice*, Paris, Vrin, 2006. L'auteur rend compte *philosophiquement* du processus *théologique* de la déification.

2. *Lettres…*, *op. cit.*, *Lettre* 251, SC 223, p. 344-345.

3. *In Ioh.*, § 619, *LW* III, p. 540-541. Notre traduction, ainsi que pour les autres passages de cette œuvre à l'exception du Prologue.

En reprenant les thèses aristotélicienne et thomasienne de l'identité des lois de l'être et du connaître et de la vérité comme adéquation de l'intellect et de la chose, Eckhart fait de l'Esprit-Saint, la mesure et la cause ultimes de toute vérité : il est cause de l'être et de la vérité du connaître. C'est la raison pour laquelle, toute vérité, quelle qu'elle soit et d'où qu'elle provienne, vient de Dieu et prend sa source en lui.

LA REPRISE ECKHARTIENNE DES INTERPRÉTATIONS SPIRITUELLES D'ORIGÈNE

Dans les § 189-203 du *Livre des Paraboles de la Genèse*, commentaire de la Genèse qui, selon la déclaration du premier paragraphe, recherche le sens caché sous la lettre, Eckhart s'appuie essentiellement sur l'exégèse origénienne du verset de Gn 25, 23 : [...] *Duae gentes in utero tuo sunt et duo populi ex ventre tuo dividentur populusque populum superabit et maior minori serviet.*

Les paragraphes 189 et 190 énoncent :

> Il faut noter que derrière ces paroles cinq [vérités] sont signifiées paraboliquement. Elles tirent leur origine de la même racine et peuvent être tirées des paroles d'Origène dans les *Homélies sur la Genèse* XII et XIII.
> Premièrement : les mariages des patriarches ou des anciens pères figuraient l'union de l'âme avec Dieu ou la sagesse divine. Cette fécondité de l'âme avec Dieu est plus grande que n'importe quelle fécondité de la chair.
> Deuxièmement : en l'âme de n'importe quel homme est naturellement imprimée l'image de Dieu, qui est céleste, et l'image du terrestre, qui est animale [1].
>
> Troisièmement : il y a en nous une volonté bonne et une volonté mauvaise, qui sont dès lors les racines respectives de nos opérations bonnes et [de nos opérations] mauvaises.
> Quatrièmement : il y a dans la nature humaine et pour l'intégrité de celle-ci deux [puissances], à savoir la partie sensible et la partie rationnelle.
> Cinquièmement : ces deux peuples sont en nous les vertus et les vices, les formes naturelles et leurs privations, la science et l'ignorance, ainsi que les semences ou les racines des choses susdites, par exemple le foyer de péché, [la syndérèse et] l'intellect des principes [2].

Ces deux paragraphes annoncent que cinq vérités sont contenues dans les paraboles : elles proviennent des paroles d'Origène. Eckhart annonce donc une reprise des cinq exégèses de la parabole faîtes par Origène. Celles-ci sont tirées des homélies XII et XIII sur la Genèse sans que soit ne mentionné un quelconque intermédiaire. On peut donc supposer qu'Eckhart avait accès à la traduction latine de Rufin. À ces homélies mentionnées par Eckhart, il faut aussi rajouter les homélies X et XI.

1. *In Gen. II*, § 189, *LW* I, p. 661-662.
2. *In Gen. II*, § 190, *LW* I, p. 662.

Dans ces paragraphes, Eckhart formule une thèse théologique à partir d'une exégèse reprise d'Origène. Ceci est visible du *primum* au *quinto*.

1) Le *primum* correspond à deux textes de l'*Homélie sur la Genèse* X, 5 et XI, 1. Il est développé aux § 191 et 192 du *Livre des Paraboles de la Genèse*.

> Au sujet du premier point Origène s'exprime ainsi : « moi, suivant Paul, je dis qu'elles sont allégoriques, et que les mariages des saints sont l'union de l'âme avec le Verbe de Dieu ». « D'après cela, je pense, dans la loi, le célibataire et la femme stérile sont soumis aux injures » [...]. Et Origène dans la Glose sur Jérémie, 11, 9 dit que « par chaque œuvre de vertu » l'homme « naît » « fils de Dieu ». Est donc manifeste la fécondité de l'âme unie à Dieu. Et c'est ce qui est dit en Ga. 4, 27 : « réjouis-toi stérile », « car nombreux sont les enfants de l'abandonnée, plus nombreux que celles qui ont un époux » [1].

Les citations correspondent au texte d'Origène : sans reprendre les homélies dans leur intégralité, Eckhart en reprend des citations centrales. On trouve dans l'homélie sur la Genèse X, 5 : « Pour moi, à la suite de saint Paul, je dis que ces choses sont "allégoriques", et je dis que les noces des saints, c'est l'union de l'âme avec le Verbe de Dieu » [2]. Et dans l'homélie XI, 1 :

> J'imagine que c'est à cause de cela qu'il y a dans la loi une malédiction pour le célibataire et l'homme stérile. Il est dit en effet : « Maudit soit celui qui n'aura pas laissé de descendance en Israël ». Si l'on entend ces mots de la descendance charnelle, toutes les vierges de l'Église paraîtront englobées sous la malédiction. Et que dis-je, les vierges de l'Église ? Jean lui-même, « le plus grand parmi les enfants des femmes », et d'autres saints nombreux n'ont pas laissé de descendance charnelle, puisqu'on ne rapporte pas qu'ils se soient même mariés. Et pourtant il est bien certain qu'ils ont laissé une descendance spirituelle et des fils spirituels et qu'ils avaient tous la sagesse pour épouse, – tel Paul qui « engendrait des fils par l'Évangile » [3].

Les thèses essentielles d'Origène sont retenues et affirmées : ce qui était pour l'ancienne alliance une malédiction, devient, avec le Nouveau Testament et saint Paul la bénédiction de la fécondité spirituelle de l'âme unie au Verbe. Cette fécondité de l'âme, dans chaque acte de vertu, réitère la naissance *in divinis* du Fils : chaque œuvre bonne nous fait naître Fils de Dieu.

Les thèses affirmées par Eckhart sont énoncées directement avec la reprise des termes origéniens. Le § 192 adopte une stratégie identique :

> La raison est que, selon la chair, il ne naît chaque année qu'un seul enfant de la mère. Selon l'esprit aussi naît dans l'âme un enfant de l'action bonne, par chaque acte de vertu.
>
> Et il y a une autre raison, à savoir que les parents vieillissants cessent d'engendrer. [...] la génération spirituelle, au sujet de laquelle notre propos porte maintenant, ne

1. *In Gen. II*, § 191, *LW*, I, p. 662-663.
2. *HomGn*, X, 5, SC 7 bis, p. 272-273.
3. *Ibid.*, XI, 1, SC 7 bis, p. 278-281.

> fait pas défaut, mais profite bien plutôt à l'homme vieillissant. Car, comme le dit Origène : « Plus quelqu'un sera fatigué dans la chair, plus il sera plus robuste par la force de l'âme et plus apte pour les complexités de la sagesse ». Et ce qui précède : « plus grande est notre capacité à la sagesse dans nos sens, quand la mortification du Christ est transportée dans notre corps mortel ». « Aussi, cette union de l'âme avec le Verbe de Dieu » personne ne mérite de [la] recevoir à moins que, se séparant des vices, il abandonne les affections de la chair, et jette au loin les pensées animales. Cela est montré avec beauté au chapitre précédent, où il est écrit que « Rebecca, [ayant] regardé Isaac, descendit du chameau » par lequel sont signifiés les vices et les pensées animales et les affections sensuelles, comme le dit Origène. C'est donc ce qui est dit ici : deux peuples et deux races sont en ton sein, c'est-à-dire une fécondité double, à savoir charnelle et spirituelle. La fécondité selon la chair n'arrive pas à tous ni toujours, comme on l'a dit, mais la fécondité spirituelle peut arriver à tous et toujours, comme il est montré dans le Cantique des cantiques 4, 2 ; 6, 5 : « aucune n'est stérile parmi eux » ; « il n'y aura pas chez toi de personne stérile de l'un ou l'autre sexe » [1].

On retrouve de nouveau des citations des *Homélies sur la Genèse* d'Origène : dans l'homélie XI, 2 : « Pour des mariages de cette sorte et pour une descendance pareille, les jeunes gens sont moins aptes que les vieillards. Car, plus le corps est épuisé, plus la forme de l'âme sera grande et plus l'on sera propre aux embrasements de la sagesse » [2], et dans l'homélie X, 5 : « Elle (Rebecca : l'âme) saute aussi à bas de son chameau, c'est-à-dire qu'elle s'éloigne des vices, rejette les sentiments non raisonnables et s'unit à Isaac » [3].

Aucune autorité autre que celle d'Origène n'est convoquée [4]. Se remarque très nettement la reprise massive des exégèses d'Origène, dont le centre est la naissance du Verbe en l'âme.

2) Le *secundum* affirmant la présence en l'homme de l'image de Dieu et de l'homme terrestre qui la recouvre est développé au § 193 :

> De plus, deuxièmement : deux peuples et deux races sont l'image du ciel et l'image de la terre, au sujet duquel 1 Co 15, 49 : « de même que nous avons porté l'image du terrestre, nous portons aussi l'image du céleste ». À ce sujet Origène écrivait ceci : « l'image du céleste est en toi et ne vient pas de l'extérieur ». « En toi, réellement, a été mis l'image du roi céleste », suivant ceci : « Faisons l'homme à notre image et à notre ressemblance ». Elle ne peut être perçue en toi, tant que ta maison est souillée d'immondices « et des affections terrestres » ; elle ne peut se répandre ni briller, « parce que les Palestiniens l'ont recouverte de terre et ont fait en toi une image terrestre ». Cela touche [le sens] historique et figuratif, que nous trouvons dans le chapitre suivant de la Genèse. « Le Fils de Dieu est le peintre de cette image. Et parce qu'il est un peintre si grand et si immense, son image peut être obscurcie par

1. *In Gen. II*, § 192, *LW* I, p. 663-665.
2. *HomGn.*, XI, 2, SC 7 bis, p. 280-281 et p. 282-283.
3. *Ibid.*, p. 272-273.
4. N'est mentionné plus haut qu'une explication biologique de la fécondité empruntée à l'Avicenne médecin.

négligence, mais ne peut être détruite par malignité. L'image de Dieu demeure toujours « en toi », même si tu peux y surajouter « l'image terrestre. Cette image, toi-même tu la peins ». Ce sont les paroles d'Origène. Et il ajoute après ces quelques [mots] : « Tu peins toi-même cette image terrestre », par chacune des formes de malice, comme de diverses couleurs. « Tu dois prier Dieu ». Lui, « lorsqu'il aura ôté toutes ces couleurs en toi » alors resplendira en toi cette image, qui a été créée par Dieu [1].

Eckhart reprend ici toute une partie de l'homélie XIII, 4 :

> Quand Dieu fit l'homme, au commencement, « il le fit à son image et à sa ressemblance » ; il ne le plaça pas cette image à l'extérieur, mais au-dedans de lui. Elle ne pouvait pas apparaître en toi, tant que ta maison malpropre était pleine d'ordures et de plâtras. Cette source de science était en toi, mais elle ne pouvait pas couler, parce que les Philistins l'avaient remplie de terre et avait fait en toi « l'image du terrestre ». Ainsi, tu as porté, jadis, l'image du terrestre ; mais maintenant, après ce que tu viens d'entendre, débarrassé par le Verbe de Dieu de cette grande masse de terre qui t'oppressait, fais resplendir en toi « l'image du céleste ».
> Voilà donc l'image dont le Père disait au Fils : « Faisons l'homme à notre image et à notre ressemblance ». Le peintre de cette image est le Fils de Dieu. Peintre d'une telle qualité et d'une telle puissance que son image peut bien être obscurcie par la négligence, mais non détruite par la malice. L'image de Dieu subsiste toujours en toi, quand bien même tu lui superposes « l'image du terrestre ».
> [...] par chacune des espèces de malice, comme par l'assemblage de diverses couleurs, tu peins toi-même cette « image du terrestre » que Dieu n'a pas mise en toi. Aussi nous faut-il prier Celui qui dit par le prophète : « Voici que je détruis tes iniquités comme un nuage et tes péchés comme de la fumée ». Et quand il a détruit en toi toutes ces couleurs des teintes de la malice, alors resplendit en toi « l'image » que Dieu a créée [2].

Les textes d'Eckhart et d'Origène affirment des thèses métaphysiques fortes que la lecture spirituelle des Écritures permet de dégager. La nature de l'âme *ab origine* est l'œuvre du Verbe et est à ce titre pure et sans tâche. Ce sont les œuvres de l'homme qui la recouvrent d'impuretés provenant de la vie terrestre consécutive à l'incarnation. Mais la destinée surnaturelle de l'homme est de redevenir image du Verbe par l'action du Verbe. Il s'agit de laisser la grâce du Fils agir en soi afin que luise de nouveau l'éclat divin de l'âme [3]. En effet, le Verbe, métaphysiquement pensé comme Intellect contenant les formes idéelles des créatures, est aussi une Personne. En tant que telle, il se fait le médiateur pour notre salut.

1. *In Gen. II*, § 193, *LW* I, p. 665-666.

2. *HomGn*, XIII, 4, SC 7 bis, p. 326-329. Eckhart substitue au terme « philistins » celui de « palestiniens ».

3. La source d'Origène est certainement Clément d'Alexandrie en *Stromate* IV, 13, 90, 1-2, trad. fr. C. Mondésert, SC 463, Paris, Cerf, 2001, p. 81. Clément y rapporte une source gnostico-valentinienne. L'idée d'une âme pure et immatérielle, souillée par le contact avec la matière se retrouvera chez Plotin : cf. *Première Ennéade*, VI, 6, 5, trad.fr L. Brisson, F. Fronterotta, J. Laurent, L. Lavaud, A. Petit et J.-F. Pradeau, Paris, GF-Flammarion, 2002, p. 73-74.

Ce saut entre une idée et une Personne divine interdit toute réduction du révélé au philosophique.

Par rapport aux explications d'Origène, qui, prolixes et détaillées, n'hésitent pas à donner gloses et digressions, celles d'Eckhart sont concises et vont à l'essentiel : ce qui l'intéresse chez Origène n'est pas son texte dans sa narrativité et la progression fourmillante de ses exégèses, mais certains points fondamentaux qui lui servent de principes fondateurs pour sa propre démarche. En d'autres termes : Eckhart ne répète ni ne plagie, mais reprend pour lui-même des théologoumènes saillants à partir desquels il développera une pensée originale : la création à l'image, son obscurcissement – et non sa destruction – par le péché et les divers désirs terrestres, sa régénération par le Verbe.

Le paragraphe suivant du *Livre des Paraboles de la Genèse* étaye et précise ces idées, en rapportant cette image à la source divine créatrice. Eckhart insiste sur cette thèse origénienne : Dieu ne fit pas l'image à l'extérieur de lui, mais *en* lui : celle-ci n'est pas créée, mais « concréée », dans l'acte qui précède la sortie des créatures hors du Verbe, lorsque « le Père parle au Fils ». Ici encore, il ne convoque aucune référence philosophique. Seul le texte biblique lui sert de point d'appui :

> Ceci est mieux expliqué par ce qui est dit en Mt 22, 20 : « De qui est cette image et cette inscription ? ». L'image en effet est ce qui est vraiment en l'âme concréée par Dieu, et non surajoutée de l'extérieur ou inscrite par-dessus et comme implantée de l'extérieur et par un autre. Et c'est ce qui suit au même endroit : « rendez les choses qui appartiennent à César », à savoir le monde et ses règles, « à César », c'est-à-dire au monde – suivant ceci : « ne vous conformez pas au siècle présent » – « les choses qui sont à Dieu à Dieu ». Repousse en effet et jette au loin celles que le monde inscrit par-dessus, que resplendisse l'image de Dieu, comme on l'a dit, illuminant l'âme de tout son règne [1].

3) Le *tertio* explique Gn 23, 25 à l'aide d'Augustin en rapportant les deux « peuples » de la vertu et du vice respectivement à la volonté éclairée par le bien qui est amour de Dieu et celle, guidée par le mal qui est préférence et choix de soi au détriment de Dieu. En apparence, nulle mention d'Origène n'est faite, qui comprend plus la dualité de ces peuples comme une lutte entre la chair et l'esprit. Cette lutte est celle qu'Augustin exprime dans les termes, originellement théologico-politiques, de l'opposition entre la cité terrestre ou cité du diable et la cité de Dieu. Elle ne concerne pas seulement, chez Augustin, et encore moins chez Eckhart, la sphère politique et la question de la légitimité d'un *dominium* humain. Elle définit aussi une anthropologie, fondée sur deux natures distinctes – la nature originelle et la nature post-lapsaire. Elles ne sont ni étanches ni irréductibles : le détachement de l'amour de soi pour l'amour de charité permet, de manière gracieuse, le passage de la cité terrestre à la cité céleste. Avec Augustin, Eckhart répète que l'amour de soi, mépris de l'amour de Dieu, est le principe de la cité

1. *In Gen. II*, § 194, *LW* I, p. 666-667.

terrestre dans laquelle nous sommes pèlerins; l'amour de Dieu, qui rend méprisable l'amour de soi-même est celui de la cité céleste, lieu transitoire du salut du chrétien. Eckhart intériorise ces deux cités pour affirmer vigoureusement la présence de leurs principes au sein de l'homme lui-même[1] : les deux cités correspondent à deux volontés hétérogènes, qui sont respectivement mues par le diable et la charité.

> Troisièmement : les deux peuples dans le sein de Rebecca sont les deux volontés, à savoir la volonté du bien et la volonté de sa volonté [propre] et des biens particuliers. La volonté du bien elle-même est l'amour de Dieu; mais la volonté de sa volonté [propre] ou de son bien est elle-même amour de soi, à savoir de l'amant. Selon Augustin, le premier amour est le principe de tous les biens et de tous les mérites; il constitue la cité de Dieu et le paradis. Le second amour est le principe de tous les péchés; il constitue la cité du diable et l'enfer. Celles-ci sont deux arbres : « Un bon arbre donne de bons fruits, mais un mauvais arbre, de mauvais fruits » Mt 7, 17. La raison en est que la fin correspond toujours au principe (*finis semper respondet principio*) [...][2].

« La fin correspond toujours au principe »[3] : cet axiome, en raison de sa double source, permet à Eckhart de défendre deux thèses. En reprenant la thèse aristotélicienne selon laquelle les causes formelle et finale ont vocation à fusionner, elle renforce métaphysiquement, puis théologiquement, la distinction augustinienne des deux cités et des deux pôles d'action[4]. Eckhart peut distinguer deux manières d'agir qui relèvent chacune de deux mondes distincts : le terrestre et le divin. Le principe de l'action, s'il est rapporté à l'agent dans un premier moment, renvoie *in fine* à deux principes ontologiques. Eckhart transforme une réflexion morale en une affirmation d'ordre ontologique et métaphysique en surélevant la moralité au niveau d'une pensée des principes.

Mais l'axiome se trouve aussi dans le *Traité des Principes* d'Origène : « La fin est en effet toujours semblable au commencement : et c'est pourquoi, de même que la fin de toutes choses est l'unité, de même il faut comprendre que le commencement de tout est l'unité »[5]. Chez Origène, elle définit l'apocatastase, le retour de tous les êtres « à une seule fin semblable au début »[6]. Implicite chez Eckhart comme chez Thomas[7], elle viendrait confirmer l'une des pensées maîtresses du

1. *Cf.* Augustin : *La Genèse au sens littéral*, XI, XV, 20, trad. fr. P. Agaësse et A. Solignac, BA 49, Paris, Desclée de Brouwer, 1972, p. 260-262; *La cité de Dieu,* XIV, XXVIII, *op. cit.,* BA 35, p. 464-465.

2. *In Gen. II*, § 195, *LW* I, p. 667.

3. Cf. *In Ioh.*, § 429, *LW* III, p. 329.

4. Aristote, *Métaphysique, op. cit.,* H, 4, 1044a 32-1044b 2, t. 2, p. 470 : « Peut-être d'ailleurs ces deux dernières causes n'en font qu'une seule. »

5. *PArch.*, I, 6, 1-2, SC 252, p. 197.

6. *Ibid.*

7. Cf. *ScG*, II, chap. 87, n. 6; *ST* Ia, q. 90, art. 3; q. 104, a. 4; Ia-IIae, q. 1, art. 8; q. 2, art. 5; q. 5, art. 4; q. 180, art. 7; *QD de Potentia*, q. 5, art. 5.

Maître : le *reditus* par la grâce infusée dans le fond de l'âme est retour à son origine incréée, à son statut métaphysique idéel au sein du Verbe [1].

4) Le *quarto* se réfère de nouveau à Origène pour affirmer la thèse philosophique d'un dualisme entre la chair et l'esprit, que l'on trouve chez saint Paul. Ce sont deux Épîtres de Paul qui sont convoquées, l'Épître aux Romains et l'Épître aux Galates.

> Quatrièmement : les deux peuples dans le sein de Rebecca correspondent aux deux appétits en l'homme, l'appétit sensible et l'appétit rationnel. L'appétit sensible revient à la chair, le rationnel à l'esprit, qui « se combattent l'un l'autre », comme il est dit en Ga 5, 17 : « car la chair convoite contre l'esprit, et l'esprit contre la chair » ; en Romains il est dit : « car je sais que nul bien n'habite en moi, je veux dire dans ma chair » Rm 7, 18 ; et plus bas : « j'aperçois une autre loi dans mes membres qui lutte contre la loi de mon esprit et me conduit en captivité » Rm 7, 23 ; et plus bas : « par mon esprit je sers la loi de Dieu, mais par ma chair la loi du péché ». Ismaël et Isaac sont les figures de ces deux lois, au chap. 21 de la Genèse, où on lit qu'Ismaël a joué avec Isaac. Expliquant ce passage, Origène dit qu'Ismaël joue avec Isaac, quand « la chair » « amadoue l'esprit » « et agit avec lui par des tromperies séduisantes, à chaque fois qu'il le tente par des plaisirs, et l'affaiblit par des voluptés ». Ceci « offense Sara qui est la vertu », ou l'esprit ou encore la raison (*spiritus vel ratio*). « Toi donc », « si tu vis par la raison, tu agiras par l'esprit et par la vertu », il faut que tu appelles chaque espèce de vice, même si elles sont tendres et délicates et semblables à un jeu, une persécution de l'esprit parce qu'en toutes ces choses la vertu est offensée. Ce sont les paroles d'Origène [...] [2].

Le dualisme chair/esprit est d'abord pensé à la manière paulinienne en distinguant un homme charnel, hylico-psychique et un homme spirituel gracié par Dieu dans le Christ. Il prend la forme d'un combat spirituel *in via* contre les assauts de la chair peccamineuse. L'homélie VII, 3 sur la Genèse d'Origène est explicitement reprise :

> Cependant, à s'en tenir à ce qui est écrit, je ne vois pas ce qui a poussé Sara à ordonner le renvoi du fils de la servante. Celui-ci jouait avec son fils Isaac. Quel dommage ou quel tort avait-il pu lui causer en jouant ? Comme si, à cet âge, il n'aurait pas dû faire plaisir que le fils de la servante jouât avec le fils de la femme libre. Et puis je m'étonne aussi que l'Apôtre ait déclaré que ce jeu était une persécution quand il dit : « Mais de même qu'alors celui qui était né selon la chair persécutait celui qui était né selon l'esprit, ainsi en est-il encore maintenant », puisque aussi bien il n'est mentionné aucune persécution d'Ismaël contre Isaac, sauf cet unique jeu d'enfance.
>
> Mais voyons le sens que Paul a donné à ce jeu et ce qui a indigné Sara.
>
> Précédemment, au cours d'une explication spirituelle, nous avons dit que Sara représentait la vertu (*virtus*). Par conséquent, si la chair, dont Ismaël, qui est né

1. Elle montre en outre que les thèses de l'œuvre philosophique majeure d'Origène étaient connues et circulaient au Moyen Âge.

2. *In Gen. II*, § 196, *LW* I, p. 668-669.

> selon la chair, tient le rôle, enjôle l'esprit, qui est Isaac, et l'entraîne par de séduisantes tromperies, si elle l'attire par les plaisirs, si elle l'affaiblit par la volupté, un pareil jeu de la chair avec l'esprit porte surtout atteinte à Sara, qui est la vertu, et Paul juge que de très semblables flatteries sont une très pénible persécution [1].

Eckhart, en reprenant l'explication d'Origène, l'infléchit en son sens. Le texte origénien identifie Sara à la vertu (*virtus*), considérée comme principe de la vie « selon l'esprit ». Ismaël, en séduisant Isaac par ses jeux trompeurs, porte atteinte à la vie « selon l'esprit », c'est-à-dire à une vie d'accomplissement des vertus. Origène identifie très clairement vie spirituelle et vie vertueuse; son exégèse, en portant sur deux types de vies possibles – vertueuse ou vicieuse – est de nature morale. En s'appuyant sur l'exégèse origénienne, Eckhart la nuance. Sara personnifie certes la vertu, mais plus encore l'esprit ou la raison. Ici encore, l'intérêt d'Eckhart porte sur une explication métaphysique du texte biblique qui permet dans un second temps d'engager des réflexions morales.

5) Le *quinto* confirme cela. Prenant appui sur le même texte d'Origène, il en tire des conclusions de nature clairement philosophique :

> Cinquièmement: deux peuples en nous sont les vertus et les vices, les formes naturelles et leurs privations, la science et l'ignorance, et les semences ou les racines des commandements, par exemple le foyer du péché, la syndérèse et l'intellect des principes. Et c'est ce que dit Origène dans ces mots : « moi, je pense que de chacun de nous, on peut dire que deux peuples et deux races sont en nous. En effet et le peuple des vertus est en nous, et le peuple des vices ». « De notre cœur en effet procèdent les pensées mauvaises et adultères, les vols, les faux témoignages, la traîtrise, les conflits, les hérésies, les haines et toutes choses semblables. Tu vois combien le peuple des maux est en nous ». Mais « il se trouve en nous un autre peuple engendré dans l'esprit; le fruit en effet de l'esprit est la charité, la joie, la paix, la patience, la bonté, la bienveillance, la modération, la chasteté » et toutes choses semblables. Tu vois l'autre peuple, qui est lui-même en nous. Mais il est plus petit, l'autre plus grand, toujours en effet les maux sont plus nombreux que les biens et les vices en plus grand nombre que les vertus. Mais si nous sommes comme Rebecca et méritons d'engendrer un enfant d'Isaac, qui est la parole de Dieu, alors en nous-mêmes le peuple vaincra le peuple et le plus grand servira le plus petit, en effet la chair servira l'esprit, et les vices cèderont aux vertus [2].

Origène affirme la présence en l'homme de deux peuples : le peuple des vertus et celui des vices. Eckhart, en le confirmant, fonde cette présence sur des principes métaphysiques.

1. *HomGn*, VII, 3, SC 7 bis, p. 202-203.
2. *In Gen. II*, § 197, *LW* I, p. 669-670.

Eckhart emprunte à Origène les points exégétiques avec lesquels il s'accorde philosophiquement et théologiquement. Mais, à partir de son autorité et de ses intuitions centrales, il fonde sa propre pensée : en partant des données scripturaires et des interprétations de l'Alexandrin, il développe sa voie propre, celle d'une théologie nourrie de philosophie.

CHAPITRE II

L'IMAGE INDESTRUCTIBLE DE DIEU EN NOUS

Les textes cités précédemment contiennent une thèse théologique forte et centrale dans la pensée eckhartienne. À partir des textes origéniens, Eckhart mentionne qu'« en l'âme de n'importe quel homme est naturellement imprimée l'image de Dieu, qui est céleste, et l'image du terrestre, qui est animale »[1]. Le § 193 du *Livre des paraboles de la Genèse* développe cette idée avec insistance.

Gn 25, 23[2] est interprété spirituellement à l'aide de deux autres passages de l'Écriture sainte : 1 Co 15, 49[3] : nous avons porté l'image du terrestre, et, par la grâce rédimante et régénératrice du Verbe, nous porterons de nouveau l'image du céleste, à savoir l'image de Dieu en nous. C'est pourquoi Gn 1, 27[4] est naturellement convoqué par Eckhart, à la suite d'Origène. La création de l'homme à l'image de Dieu est un lieu scripturaire dont l'importance est centrale dans tous les commentaires exégétiques et théologiques depuis les Pères. Convoquer une telle référence lorsqu'il s'agit de mener une réflexion anthropologique est un lieu commun. Mais l'intérêt se porte sur l'explication qu'en donne Eckhart à la suite d'Origène :

– l'image de Dieu est en l'homme (*intra te*) et ne vient pas de l'extérieur (*non extrinsecus venit*) : Eckhart ne mentionne pas ce qu'est en l'homme cette image mais affirme simplement son intériorité (*intra te, in te*) et sa continuité avec la nature divine elle-même. L'image de Dieu dépend en son essence de l'essence de Dieu lui-même. Elle n'est pas un « ajout » à savoir : elle ne relève ni des actions humaines ni d'un don de Dieu surajouté à la nature humaine, comme la grâce créée pourrait l'être. Cette image peut être identifiée, pour le dire rapidement, à

1. *In Gen. II*, § 189, *LW* I, p. 661.

2. *Qui respondens ait duae gentes in utero tuo sunt et duo populi ex ventre tuo dividentur populusque populum superabit et maior minori serviet.*

3. *Igitur sicut portavimus imaginem terreni portemus et imaginem caelestis.*

4. *Et creavit Deus hominem ad imaginem suam ad imaginem Dei creavit illum masculum et feminam creavit eos.*

l'« homme intérieur paulinien » sur lequel Augustin insiste dans ses *Confessions*[1].

– la continuité entre Dieu et l'image de Dieu en l'homme s'explique par le Verbe[2], « peintre de cette image » (*Filius Dei pictor est huius imaginis*) : le Verbe, Fils de Dieu engendré dans le sein du Père, c'est-à-dire dans l'intimité de la nature divine, transmet aux créatures son titre de Fils engendré. La comparaison avec l'activité technique du peintre, activité transitive qui donne lieu à une fabrication *ad extra,* peut prêter à confusion. Le Verbe ne peint pas cette image à l'extérieur, mais dans sa nature divine, où il contient les idées ou raisons idéales de toutes les créatures : elles en partagent la même couleur, dans une relation univoque de modèle à image. Ici, la relation picturale n'est que formelle. La théologie utilise les termes d'*alius* et d'*aliud* pour exprimer cela : autre par la personne, (*alius*), la créature dans le Verbe n'est cependant pas autre par l'essence (*aliud*). Il y a à la fois distinction et indistinction. C'est donc dans l'intimité de la vie divine, en dehors de toute relation avec la création extérieure que l'image est « peinte » en nous par le Fils : en engendrant le Fils, le Père engendre aussi les raisons des créatures rationnelles en leur donnant la même nature que celle qu'il donne à son propre Fils. Dans le Fils, nous sommes co-engendrés. Eckhart, en citant Origène, reprend aussi une tradition patristique qui lit dans le premier verset de la Genèse la création dans le Fils des raisons idéelles de toutes choses. Le premier verset de la Genèse est alors assimilé au premier verset du prologue johannique : *In principio erat Verbum.* Nous retrouvons ces mêmes idées chez tous les Pères, Augustin notamment[3]. Le premier commentaire de la Genèse éclaire cet aspect. Avec Augustin, Eckhart interprète le *in principio* comme une création interne dans le Verbe :

> De là vient que les Pères s'accordent à expliquer que Dieu a créé le ciel et la terre dans le commencement, c'est-à-dire dans le Fils qui est le modèle et la raison idéelle de toutes choses. D'où Augustin dit : « Qui nie les idées, nie le Fils de Dieu ». C'est donc ainsi que Dieu créa toutes choses au commencement : dans la Raison et d'après une raison idéelle, je veux dire l'homme par une raison, le lion par une autre, et ainsi de chaque chose[4].

Dans le § 193 du *Livre des Paraboles de la Genèse*, c'est Origène qu'il cite comme référence. Les *Homélies sur la Genèse* explicitent cette création à l'image dans le Verbe. Commentant Gn 1, 26-27, Origène écrit :

> Je distingue dans la condition de l'homme quelque chose de plus éminent encore, que je ne trouve pas dit ailleurs : « Et Dieu fit l'homme, et il le fit à l'image de

1. *Cf.* P. Hadot, *Éloge de la philosophie antique*, Paris, Allia, 2012.

2. *Cf.* Col 1, 15 : *Qui est imago Dei invisibilis primogenitus omnis creaturae.*

3. *Cf.* Origène, *HomGn*, I, 1, SC 7 bis p. 24-25 ; Augustin, *Conf.*, XII, XX, 29, BA 14, p. 387-389 ; *De Trin.*, VI, X, 11, BA 15, p. 496-498 ; In Principio. *Interprétation des premiers versets de la Genèse,* Paris, Études augustiniennes, 1973.

4. *In Gen. I,* § 5, *LW* I, p. 188-189 ; *OLME* 1, p. 244-246.

> Dieu ». Cela ne se trouve indiqué ni pour le ciel, ni pour la terre, ni pour le soleil ou la lune.
>
> [...] Celui qui a été « fait à l'image de Dieu », c'est notre homme intérieur, invisible, incorporel, incorruptible et immortel. Car c'est à ces qualités là qu'on reconnaît plus justement l'image de Dieu [...] Il nous faut voir quelle est cette image de Dieu et chercher à la ressemblance de quelle image l'homme a été fait. Car il n'est pas dit que Dieu fit l'homme à son image ou à sa ressemblance, mais qu'« il le fit à l'image de Dieu ». Quelle est donc cette autre image de Dieu à la ressemblance de laquelle l'homme a été fait ? Ce ne peut être que notre Sauveur : il est « le premier né de toute créature » ; de Lui il est écrit qu'il est « la splendeur de la lumière éternelle et la forme visible de la substance de Dieu » ; et il dit de lui-même : « Je suis dans le Père et le Père est en moi » et « qui m'a vu, a vu aussi le Père ». En effet, celui qui voit l'image de quelqu'un voit celui que l'image représente ; ainsi, par le Verbe de Dieu, qui est l'image de Dieu, voit-on Dieu. De la sorte, sera vrai ce qu'il a dit : « Qui m'a vu, a vu aussi le Père » [1].

La différence entre toute créature et l'homme n'est pas une question de degré mais une question d'essence : toute créature est formée à l'image d'une idée contenue dans le Verbe, alors que l'homme est formé à l'image du Verbe. Pour Origène, les hommes sont à l'image de l'Image parfaite, le Fils. Eckhart reprend cette différence entre l'idée de toute créature présente dans le Verbe, et la créature intellectuelle qui a pour modèle le Verbe lui-même, notamment au § 115 du *Commentaire de la Genèse* :

> À présent il faut savoir que la créature rationnelle ou intellectuelle (*creatura rationalis sive intellectualis*) diffère de toute autre créature qui lui est inférieure en ce que l'inférieur est produit à la ressemblance de ce qui est en Dieu et n'a de correspondant en Dieu que cette Idée d'après laquelle il est dit être créé. Une Idée (de ce type) est spécifiquement déterminée et est relative à la réalité créée (infra-intellectuelle) comme à une essence spécifiquement distincte. Tandis que chaque nature intellectuelle a, comme telle, plutôt pour modèle Dieu lui-même (*ipsum deum similitudinem*) et non pas simplement une Idée divine [2].

Ce texte permettrait d'identifier ce qu'est l'image de Dieu en l'homme pour Eckhart : si l'homme a pour modèle Dieu lui-même, il s'ensuit qu'il est à l'image de l'essence divine intellective. L'intellect lui donne donc son titre d'image de Dieu. Ici aussi, la tradition théologique et philosophique est, implicitement ou explicitement, convoquée : Avicenne, Augustin, mais aussi Thomas d'Aquin pour lequel c'est l'intellect qui fait l'homme image de Dieu. C'est ce qu'étaye le § 190 du *Livre des Paraboles de la Genèse,* dans lequel les « deux peuples » sont identifiés respectivement, l'un aux « vertus », aux « formes naturelles », à la « science », aux « semences et racines des choses », à la « syndérèse » et à « l'intellect des principes », l'autre, formé par notre propre agir, aux « vices », à la « privation des formes naturelles », à l'« ignorance », au « foyer de péché »,

1. *HomGn* I, 13, SC 7 bis, p. 56-61.
2. *In Gen. I*, § 115, *LW* I, 270 ; *OLME* 1, p. 382-387.

expression paulinienne désignant la formation, par le péché, d'une inclination au mal.

Eckhart n'est pas loin ici de Thomas. Dans la *Somme Théologique*, Thomas comprend la syndérèse par analogie avec l'« intellect des principes ». L'« intellect des principes » est, suivant Aristote, le νοῦς, qui saisit les principes de la démonstration de façon intuitive, à la différence de la démonstration elle-même qui procède discursivement[1]. De même, l'intellect des principes pratiques n'est pas un acte ou une activité de la raison pratique, mais ce qui fonde les actes de la conscience morale en étant l'intuition des premiers principes de la moralité. C'est pourquoi Thomas caractérise la syndérèse comme un *habitus* naturel, qui, à la différence des *habitus* acquis par la répétition des actes, les précède en étant leur condition de possibilité par son innéité :

> Or, les premiers principes spéculatifs qui sont naturellement en nous n'appartiennent pas à une puissance spéciale, mais à un habitus spécial qui est appelé « l'intellect des principes ». De même, les principes pratiques que nous possédons par nature ne relèvent pas d'une puissance spéciale, mais d'un habitus naturel distinct, que nous nommons syndérèse. C'est pourquoi nous disons que la syndérèse incite au bien et proteste contre le mal, lorsque nous nous mettons, à l'aide des premiers principes pratiques, à la recherche de ce qu'il faut faire, et que nous jugeons ce que nous avons trouvé. Il est donc clair que la syndérèse n'est pas une puissance, mais un habitus naturel[2].

Dans la *Question disputée sur la vérité*, Thomas rapproche la syndérèse de la nature angélique; créée, la syndérèse ne serait pourtant pas touchée par le péché originel et aurait une connaissance identique à celle que peuvent avoir les anges : immédiate et intuitive[3].

Eckhart semble entendre ici le terme de syndérèse dans le sens que Thomas lui avait donné : une intuition immédiate du bien, confinant à la nature angélique, qui ne peut ni pécher, ni être détruite[4]. À ce titre, elle est ce qui en l'âme est le plus élevé ou le plus haut. Pourtant, c'est l'autorité d'Origène qu'il convoque à chaque fois qu'il est question pour lui de parler de cette partie de l'âme indestructible. Ainsi, au § 200 du *Livre des Paraboles de la Genèse* :

> Aussi, la semence des sciences est l'habitus des principes, qui sont connus naturellement par tous, par lesquels l'homme peut juger du vrai et du faux, en tant qu'intellect spéculatif, et entre le bien et le mal, en tant qu'intellect pratique. Donc, la lumière de la raison en nous, qui est une participation au divin et à la lumière suprême, est la semence aussi bien des vertus que des sciences, au sujet de laquelle

1. *Cf.* Aristote, *Éthique à Nicomaque*, VI, 6, 1141a 7, trad. fr. J. Tricot, 7e tirage, Paris, Vrin, 1990, p. 288.

2. *ST*, Ia, q. 79, art. 12, resp., trad. fr. Cerf t. 1, légèrement mod., p. 707.

3. Cf. *QD. De Veritate*, q. 16, art. 1, resp., trad. fr. A. Anniorté, Le Barroux, éd. Sainte-Madeleine, 2011, t. 2, p. 1343. La réponse de l'article 2 précisera qu'elle ne peut pécher; la réponse de l'article 3 qu'elle ne peut être détruite.

4. Cf. *In Gen. II*, § 199, *LW* I, p. 571-672.

> peut être exposé ceci : « beaucoup disent : qui nous montrera le bien ? » Ps 4, 6 ; et le Psaume répond; « Seigneur, la lumière de ta face est marquée sur nous » Ps 4, 7. Cette lumière demeure toujours et son auteur est Dieu. À cause de cela, « elle peut être obscurcie par négligence, mais ne peut être détruite par le mal » comme il a été dit plus haut à partir d'Origène. Cette « semence est le verbe de Dieu » Lc 8, 11. Au sujet de cette semence il est dit en Jn 1, 9 : « il était la vraie lumière, qui illumine tout homme », à savoir, en tant qu'intellect spéculatif dans la connaissance du vrai et en tant qu'intellect pratique dans l'opération du bien [1].

Pourquoi Eckhart cite-t-il les termes d'Origène (*semen virtutum*, *semen scientiarum*) pour décrire la syndérèse et l'« intelligence des principes » ? Le recours implicite à Thomas et à l'analyse donnée de la syndérèse infléchit le sens origénien d'un *lumen rationis* en un sens moins moral et davantage noétique; réciproquement, le recours à Origène change le sens de la notion de « syndérèse ». Les deux références associées montrent qu'Eckhart met en place la notion d'un lieu, d'un germe, qui, précédant le raisonnement spéculatif et moral humain, est de nature divine. D'autres textes mentionnent, toujours avec l'appui d'Origène, cette « semence divine » sans l'associer à la syndérèse : c'est le cas du Traité *De l'homme noble* :

> À propos de la noblesse de l'homme intérieur – l'esprit – et de l'indignité de l'homme extérieur – la chair –, les maîtres païens Cicéron et Sénèque disent aussi qu'aucune âme rationnelle n'est sans Dieu. La semence de Dieu est en nous. Si elle trouvait toujours un cultivateur bon, sage et diligent, elle croîtrait d'autant mieux et monterait vers Dieu, dont elle est la semence, et son fruit deviendrait semblable à la nature divine. La graine du poirier croît en poirier, la graine du noyer croît en noyer; la semence de Dieu croît en Dieu. Mais si la bonne semence a un cultivateur fou et méchant, l'ivraie s'y mêle, qui couvre et étouffe la bonne semence, si bien qu'elle ne peut voir la lumière ni parvenir à maturité. Origène, un grand maître nous dit : « Comme c'est Dieu lui-même qui a semé en nous cette semence, qui l'a imprimée en nous et l'a engendrée, on peut bien la couvrir et la cacher, mais jamais la détruire totalement ni l'éteindre; elle continue sans arrêt de brûler et de briller, de luire et de resplendir, et toujours elle tend vers Dieu » [...]
>
> Au sujet de cet homme intérieur, de cet homme noble, en qui est imprimée l'image de Dieu et la semence de Dieu, comment cette semence et cette image de la nature divine et de l'essence divine, le Fils de Dieu, s'y révèlent, et comment on en prend conscience; comment il arrive aussi qu'ils restent cachés, tout cela le grand maître Origène nous l'expose dans une comparaison : l'image de Dieu, le Fils de Dieu, dit-il, est au fond de l'âme comme une source d'eau vive. Quand on y jette de la terre, c'est-à-dire les désirs terrestres, elle est obstruée et recouverte au point qu'on n'en connaît ni n'aperçoit plus rien. Pourtant, en elle-même, elle reste vive; dès qu'on enlève la terre qu'on a jetée par-dessus, elle réapparaît et on l'aperçoit de nouveau. Et il dit que cette vérité se trouve indiquée au premier livre de Moïse, où il est écrit qu'Abraham avait creusé dans son champ des puits d'eau vive, mais que

1. *In Gen. II*, § 200, *LW* I, p. 672-673.

> des gens malfaisants les avaient comblés de terre; mais quand on eut rejeté la terre, les sources vives réapparurent[1].

Le texte témoigne d'un optimisme déclaré chez Origène comme chez Eckhart. La semence divine est permanente et inamissible, et il suffirait, de prime abord, de déblayer son âme de toutes les sédimentations terrestres pour l'actualiser pleinement. Hormis l'autorité d'Origène[2], Eckhart mentionne non pas celle de Thomas, mais celles des philosophes stoïciens, Sénèque et Cicéron. La question de savoir ce qu'est cette « semence divine » se précise : l'âme de l'homme étant, chez les stoïciens, intégralement rationnelle et partie du divin, il reste à déterminer s'il y a, en l'homme, une partie divine qu'Eckhart appellerait ici « semence », telles les étincelles stoïciennes du feu. Peut-on identifier ce qu'Eckhart a décrit avec Origène comme étant ce qu'il nomme ailleurs, notamment dans les sermons allemands, le « château fort de l'âme », l' « étincelle de l'âme », etc. ? Ceci semble *a priori* fort probable : dans les textes décrivant la divinisation de l'âme, Eckhart emploie ces expressions pour indiquer son lieu. Et, lorsqu'il prend appui sur Origène pour parler de la semence divine en nous, il montre qu'elle est ce en quoi le Verbe prend naissance. Ou, pour le dire autrement : le Verbe ne peut prendre naissance en l'âme que dans cette partie, émondée des vices et des péchés. C'est alors que « resplendit l'image de Dieu » en l'homme. Origène transmet à Eckhart une idée stoïcienne christianisée[3].

La deuxième partie de l'extrait du traité assimile l' « image » et la « semence ». L' « homme noble » – l' « homme pauvre » » du sermon 52 – tient-il sa noblesse d'un lien immédiat et naturel avec Dieu ou celle-ci est-elle le résultat d'un don divin ? Si elle est ajoutée à la nature de l'homme, on ne comprend plus pourquoi Eckhart affirme par ailleurs, en l'identifiant peu ou prou avec la syndérèse, son innéité et son indestructibilité.

Ce problème peut être résolu si l'on conçoit les rapports de l'âme avec Dieu non pas d'un point de vue statique, mais dans le dynamisme de la relation de la créature avec le créateur qui prendra, à certains égards, les termes de la relation entre la nature et la grâce : la suite du texte le montre, avec appui sur Augustin :

> « Quand l'âme de l'homme, dit saint Augustin[4], se tourne complètement vers l'éternité, là-haut, vers Dieu seul, l'image de Dieu paraît en elle et devient brillante, mais quand l'âme se tourne vers l'extérieur, fût-ce en des exercices extérieurs de vertu, l'image est recouverte » [...] ce qui dans l'âme s'élève vers Dieu c'est nûment l'image de Dieu, c'est la naissance de Dieu découvert, nu dans l'âme nue. De l'homme noble, image de Dieu, Fils de Dieu, semence de la nature divine, qui n'est jamais détruite en nous, bien qu'elle puisse être recouverte, le roi

1. *THN*, *DW* V, p. 111 et p. 113; Libera, p. 175 et p. 176-177. Eckhart s'appuiera sur cette même référence, identiquement associée à celles de Sénèue et Cicéron, lors de son procès. Cf. *Proc. Col I*, § 102, *LW* V, p. 285 ; *Proc. Col. II*, § 150, *LWV*, p. 353.

2. Il s'agit encore ici d'une référence à *HomGn*, XIII, 3.

3. *Cf.* H. Hof, *Scintilla animae...*, *op. cit.*

4. *De Trin.*, XII, VII, 10.

> David dit dans le psautier : Bien qu'il tombe sur l'homme beaucoup de néant, de douleur et de désolation, il demeure dans l'image de Dieu et l'image de Dieu demeure en lui. La vraie lumière brille dans les ténèbres, bien qu'on ne s'en aperçoive pas [1].

Le vocabulaire d'Augustin vient préciser et compléter celui d'Origène, et donne à Eckhart les outils pour penser ce qui, étant divin, doit cependant être actualisé par l'œuvre conjuguée du détachement et du don divin. Dieu ne peut naître que dans une âme détachée et vide d'elle-même : la naissance du Verbe est le résultat du travail intellectuel et pratique qui se passe dans le devenir, dans le temps, pendant lequel l'âme se dispose à le recevoir.

1. *THN*, *DW* V, p. 113-114 ; Libera, p. 177-178.

CHAPITRE III

LA NAISSANCE DU VERBE EN L'ÂME

Les § 191 et 192 du *Livre des Paraboles de la Genèse* étudiés plus haut sous l'angle de l'exégèse montraient qu'à l'âge de la stérilité charnelle des patriarches répondait une fécondité spirituelle. Cette fécondité, Eckhart la nomme à la suite d'Origène la « naissance du Verbe ».

Chez Origène, les noces de l'âme avec le Verbe sont largement décrites dans son *Commentaire sur le Cantique des cantiques*. Eckhart ne fait jamais référence à cette œuvre origénienne, mais notre constat ne peut être qu'un constat par défaut étant donné que nous n'avons que quelques pages de son propre *Commentaire sur le Cantique des cantiques*.

Le Verbe prend naissance dans une âme émondée des vices et de l'affectivité. Malédiction dans l'Ancien Testament, la stérilité est interprétée sous l'aune de Paul comme le seul état permettant la fécondité, celle qui, non charnelle, se fait dans et selon l'esprit. Cette métaphore de la stérilité, rapidement ennoblie au rang de virginité et de fécondité est reprise dans le sermon allemand 2, qui prend pour appui Lc 10, 38 : *Intravit Jesus in quoddam castellum et mulier quaedam excepit illum*, etc. Ce sermon constitue un lieu parallèle, le répondant allemand du texte latin. Le maître prêche :

> Celle par qui Jésus fut reçu ne pouvait qu'être vierge. « Vierge » (*Juncvrouwe*) désigne un être humain qui est aussi vide de toutes images étrangères, aussi vide qu'il l'était quand il n'était pas encore [...]
>
> Maintenant, faites bien attention et notez ceci avec zèle : si l'homme restait toujours vierge, nul fruit ne viendrait de lui. Pour devenir fécond, il faut nécessairement qu'il soit femme. « Femme » (*Wîp*) est le mot le plus noble que l'on puisse attribuer à l'âme, et il est bien plus noble que « vierge ». Que l'homme reçoive Dieu en lui, c'est bien, et dans cette réceptivité (*enpfenclicheit*) il est pur et sans tache. Mais que Dieu devienne fécond en lui, c'est mieux ; car la fécondité (*vruhtbækeit*) du don n'est rien d'autre que la gratitude du don et l'esprit devient femme, dans cette gratitude qui, en retour, engendre, et dans laquelle, en retour, il fait naître (*widergebirt*) Jésus dans le cœur paternel de Dieu [...]

> Les époux donnent rarement plus d'un fruit par année. Mais c'est une autre espèce d'époux que j'ai cette fois en vue : je parle de tous ceux qui se sont attachés aux prières, aux jeûnes, aux veilles, à toutes sortes d'exercices extérieurs et de mortifications, comme à une propriété [...]
> Mais une vierge qui est une femme est libre, elle n'est liée par aucune propriété et elle est en tout temps également proche de Dieu et d'elle-même. Elle donne beaucoup de fruits et ces fruits sont grands, ni plus ni moins que Dieu lui-même. Ces fruits et cette naissance, voilà ce que cette vierge qui est femme, produit : ce fruit elle l'enfante et le porte chaque jour cent ou mille fois, un nombre incalculable de fois, ou, pour mieux dire, du fond où le Père engendre son Verbe éternel qui la rend féconde et lui permet d'enfanter avec le Père [...]
> Je l'ai dit souvent : il est dans l'âme une puissance (*kraft in der sêle*) qui n'est touchée ni par le temps, ni par la chair, qui émane de l'esprit et reste dans l'esprit et est absolument spirituelle (*si vliuzet ûz dem geiste und blîbet in dem geiste und ist zemâle geistlich*). Dans cette puissance, Dieu se trouve totalement, il y verdoie et fleurit dans toute la joie et toute la gloire qu'Il est en lui-même. [...] Car le Père éternel engendre toujours son Fils éternel dans cette puissance, en sorte que cette puissance collabore à l'engendrement du Fils et d'elle-même en tant que ce Fils, dans l'unique puissance du Père [1].

Dans cet extrait, Eckhart parle d'une lumière qui « émane de l'esprit et reste dans l'esprit ». Plus bas, Eckhart parlera d'une « puissance dans l'esprit » (*ein kraft in dem geiste*), une « garde de l'esprit » (*ein huote des geistes*), une « lumière de l'esprit » (*ein lieht des geistes*), une « petite étincelle » (*ein vünkelin*) [2]. Savoir ce qu'est l'esprit, ce lieu où Dieu prend naissance demande de bien saisir la différence entre ce qui reçoit la naissance et la naissance elle-même, entre la disposition naturelle préparée à la naissance (l'altération) et son plein épanouissement ou entéléchie dans l'opération de la naissance (la génération). L'union du Verbe avec Dieu, annoncée par Origène, renvoie au problème de l'anthropologie eckhartienne, considérée sous l'angle de sa participation au divin.

Mais ce sermon allemand apporte aussi une précision nouvelle et décisive par rapport aux écrits d'Origène : le mariage n'est plus celui de l'homme et de la femme, mais de tous ceux qui sont attachés aux exercices extérieurs de pénitence. Eckhart interprète Origène dans sa perspective propre qui est celle du détachement et substitue au thème de la naissance du Verbe dans les actes de justice celui d'une naissance, qui nécessite tout d'abord le détachement de l'âme vis-à-vis des actes, fussent-ils pieux et bien intentionnés.

Le thème central chez Maître Eckhart de la naissance du Verbe en l'âme est affirmé plusieurs fois avec appui sur Origène : Eckhart reprend l'idée origénienne d'une naissance perpétuelle et non ponctuelle : le Verbe s'engendre en l'âme non pas une fois pour toute, mais éternellement :

1. *S.* 2, *DW* I, p. 24-32 ; Libera, p. 230-236, [*S.* 81].
2. *Ibid.*, *DW* I, p. 39 ; Libera, p. 235.

Il est donc manifeste que, de même que le divin esprit opère tout à partir de lui-même, par lui-même, en lui-même et pour lui-même, ainsi l'homme spirituel, né de l'esprit, en tant que tel, par exemple en tant le que juste opère le juste à partir de lui-même : car [il opère] à partir de la justice, qui est une avec le juste lui-même – et à partir de lui-même : en tant que juste formellement – et en raison de lui-même : c'est à cause de la justice [qui est] une avec lui-même. Pour lui, « opérer, c'est être et vivre ». « Pour moi, vivre c'est le Christ » Ph 1, 21. Vivre, pour les vivants, c'est être. En opérant, il est engendré, il est né, il vit par Dieu, « Je vis, mais non moi, le Christ vit aussi en moi » Ga 2, 20. Origène dit à propos de : « une conjuration a été trouvée » Jr 11 : heureux « celui qui toujours (*semper*) naît de Dieu ; je ne dis pas en effet que le juste est né une fois (*semel*) de Dieu, mais par chaque acte particulier de vertu il naît toujours (*semper*) de Dieu ». Et en effet, dans le divin, le Fils est toujours né (*semper natus*), il naît toujours (*semper nascitur*). C'est donc ce qui est dit ici : l'esprit spire où il veut, et tu entends sa voix, ainsi inspiré par Dieu, et tu ne sais pas d'où il vient ni où il va, parce que né de l'esprit, par exemple le juste de la justice, il n'a pas de principe ni de fin en-dehors de lui, mais en lui et à partir de lui [...] [1].

Ce § 341 du *Commentaire de Jean* débute par l'affirmation de la participation du juste à la justice, thèse qu'Eckhart revendique comme la plus essentielle de sa pensée [2] : il interprète la naissance du Verbe en l'âme dans les termes techniques de la participation à la causalité essentielle et formelle. De même que la justice est cause formelle du juste en tant que juste, de même, la naissance du Verbe *in divinis* est cause, en l'informant, de la présence perpétuelle et gracieuse de Dieu en l'âme. Eckhart part ici d'une thèse philosophique – la causalité essentielle et formelle est donatrice de l'être formel – et l'explicite à l'aide d'une thèse théologique : la naissance du Fils dans l'âme. Pour appuyer sa thèse, il cite cette déclaration d'Origène, réitérée et centrale dans son œuvre, de la naissance éternelle de Dieu en l'homme : « Heureux celui qui toujours naît de Dieu » : celle-ci est affirmée dans la sixième homélie sur Jérémie, dans la version traduite du grec par Jérôme [3], commentant Jer 11, 9 : *Et dixit Dominus ad me inventa est coniuratio in viris Iuda et in habitatoribus Hierusalem*. Il complète cependant la formule origénienne en précisant : « Et en effet, dans le divin, le Fils est toujours né (*semper natus*), il naît toujours (*semper nascitur*) ». Le Verbe, *in divinis*, naît toujours et est toujours né. Le Verbe « naît toujours » affirme Origène ; mais avec Augustin il faut dire aussi qu'il « est toujours né ». Eckhart unifie les deux conceptions. Cette naissance du Verbe dans l'intériorité de la vie divine est celle-là même qui se réitère dans l'âme du fidèle. Il ne mentionne pas ici d'intermédiaires par lesquels il a pu avoir connaissance de l'homélie origénienne, mais il a pu en prendre

1. *In Ioh.*, § 341, *LW* III, p. 289-290. La même référence se retrouve en *Proc. Col II, §* 135, *LW V*, p. 350

2. Cf. *S.* 6, *DW* I, p. 105 ; Libera, p. 260, [*S.* 103] : « Celui qui saisit la distinction entre de la justice et du juste comprend tout ce que je dis ».

3. Il s'agit en réalité, dans le texte original grec origénien, de la neuvième homélie ; cf. *HomJr* IX, 1 et 4, SC 232, p. 375-379 et p. 392-395.

connaissance dans la *Glose ordinaire* sur Jérémie. En effet, nous y trouvons ce passage les *Homélies sur Jérémie* d'Origène.

> Chaque fois donc que nous naissons du diable, nous péchons. Malheureux est celui qui est toujours engendré par le diable (*semper a diabolo generatur*), heureux celui qui naît toujours de Dieu (*semper ex deo nascitur*). Notre Sauveur est aussi une splendeur de gloire, mais une splendeur qui ne naît pas une fois (*semel*) puis s'éteint, mais chaque fois qu'est née une lumière de laquelle jaillit une splendeur, surgit aussi une splendeur de gloire. Notre Sauveur est la sagesse de Dieu, mais la sagesse est la splendeur de la lumière éternelle. Ainsi donc, notre Sauveur naît toujours (*semper*) : c'est pourquoi il dit : *Avant toutes les collines, il m'engendre*, et non *il m'a engendré*, comme certains le lisent mal. Toi, donc, à sa ressemblance, à condition que tu aies l'esprit d'adoption, tu es toujours engendré (*semper generaris*) par Dieu à chaque pensée, à chaque œuvre, et tu seras fait fils de Dieu dans le Christ Jésus [1].

L'exégèse de Pr 8, 25, « Avant toutes les collines il m'engendre » (et non « il m'a engendré ») permet à Origène d'affirmer cinq thèses :

1) La génération du Fils dans la vie divine ne peut se dire au passé puisqu'elle est éternelle et permanente. L'emploi du passé ne peut rendre compte de cette « durée » de l'éternité et pourrait donner à concevoir un Fils qui a été engendré, mais a cessé de l'être une fois la naissance achevée.

2) Cette génération, puisqu'elle est éternelle, ne concerne pas l'événement de l'Incarnation, mais le Fils en tant que Sagesse éternelle du Père.

3) Cette naissance éternelle se réitère dans l'âme du juste. La génération du Fils dans la divinité est pensée dans sa relation avec sa naissance en nous. Elle a eu lieu dans l'âme des saints de l'ancienne Alliance : elle n'est donc pas une conséquence historique de l'Incarnation, mais un événement qui est pensé à partir de l'éternité et non du temps.

4) Le Verbe est venu dans le monde pour aucune autre raison que de venir en chacune des âmes disposées à le recevoir. Le Christ en qui cette naissance a eu lieu de façon plénière est donc le modèle de toute divinisation.

5) Le Fils naît toujours et c'est la raison pour laquelle il naît, au présent, dans chacune de nos bonnes actions. Le présent divin est réitéré et manifesté dans le présent de l'engendrement de l'âme.

La thèse de la théogénésie qui se fait toujours – ou sans cesse – dans l'âme du juste, à la suite de l'engendrement éternel du Verbe, a donné lieu à une controverse que Pierre Lombard retrace dans le premier livre de ses *Sentences* et dont Eckhart est l'héritier.

1. *Glossa ordinaria*, *in* Nicolaus de Lyra t. 4, *op. cit.*, col. 653-654. *Cf.* Hieronymus, *Translatio homiliarum origenes in Jeremiam*, homilia sexta, 1 et 4, *PL* 25, col. 636-637 ; Origène, *HomJer*, IX, 1 et 4, SC 232, p. 376-379 et p. 392-395.

> Doit-on dire: «le Fils est toujours engendré» ou «a toujours été engendré» (*semper gignitur vel semper est genitus filius*)? Ici, on peut se demander, étant donné que la génération du Fils par le Père n'a ni principe ni fin, si on doit dire: le Fils est toujours engendré (*semper gignitur*), a toujours été engendré (*semper genitus est*), ou sera toujours engendré (*semper gignetur*) [1].

La controverse portée par le Lombard est lisible lexicalement à travers l'opposition de deux adverbes: *semper* et *semel* et de deux expressions: *semper natus* et *semper nascitur.* Pierre Lombard reprend dans ce chapitre les textes qui montrent l'opposition entre Origène et Augustin au sujet de la juste conception de la génération du Verbe en Dieu, puis de la naissance du Verbe en l'âme du fidèle. On trouve chez Augustin la thèse du Fils qui « est toujours né », supérieure à celle du Fils qui « naît toujours » : une naissance qui se dit au présent est contradictoire, puisque toute naissance suppose un commencement dans le temps. Pour la génération éternelle du Verbe-Fils, il faut donc exprimer la naissance au passé. La difficulté tient à la nature divine et donc éternelle de cette naissance :

> *Le Seigneur m'a dit: tu es mon Fils; moi aujourd'hui je t'ai engendré.* Sans doute peut-on voir ici désigné prophétiquement même le jour où Jésus Christ est né en tant qu'homme; toutefois, parce que *aujourd'hui* indique le présent, et que dans l'éternité rien n'est passé, comme ayant cessé d'être, ni futur, comme n'étant pas encore, mais que tout est éternel et est toujours, on comprend en fonction de cela que *moi aujourd'hui je t'ai engendré* est dit de la divinité; par là la foi catholique la plus authentique proclame la génération éternelle de la Puissance et de la Sagesse de Dieu, qui est le Fils unique [2].

Ce texte du *Commentaire du Psaume 2*, précise que l'engendrement du Fils concerne non pas l'Incarnation, qui est un événement situé dans le temps historique et humain, à partir duquel on distingue un passé et un futur, mais bien l'engendrement ou procession du Fils *in divinis.* Le problème vient du verset commenté du Psaume 2 – le verset 7 : *Dominus dixit ad me filius meus es tu ego hodie genui te :* «genui te» indique un passé, «hodie» le présent. L'adverbe permettrait de rendre compte de l'éternité de cette naissance.

Augustin recourt dans ce texte à un argument d'autorité : s'il défend la thèse de la génération éternelle, c'est en raison de son accord avec la conception catholique la divinité. Peut-être entend-il la démarquer de la conception païenne des divinités, immortelles certes, mais, qui, nées, ne sont pas éternelles. Pourtant, il ne suffit pas d'affirmer que le Fils « est né », mais préciser qu'il est « toujours »

1. Petrus Lombardus, *Sententiae in libris distinctae*, lib. I, dist. IX, cap. 4, Roma, Quarrachi, 1971, p. 106-107, trad. fr. M. Ozilou, *Les Quatres Livres des Sentences*, livre 1, Paris, Cerf, 2012, p. 222. Le Lombard fait, dans la suite du texte, dialoguer les autorités d'Augustin, de Grégoire le Grand et d'Origène.

2. *Commentaire des Psaumes*, sous la dir. de M. Dulaey, trad. fr. I. Bochet, A.-I. Bouton-Touboulic, P.-M. Hombert, É. Rébillard, BA 57/A., Paris, Institut d'Études Augustiniennes, 2009, p. 136-137.

né. Un autre texte, convoqué par Pierre Lombard, extrait des *83 Questions*, peut éclairer la préférence augustinienne pour le *semper natus* :

> 37. De celui qui est « toujours né ».
> Celui qui est « toujours né » l'emporte sur celui qui « naît toujours ». En effet, celui qui naît toujours n'est pas encore né, et il n'est jamais né ni ne le sera jamais s'il naît continuellement (*si semper nascitur*) : autre chose en effet naître (*nasci*) et autre chose être né (*natum esse*). Et par là, il n'est jamais fils s'il n'est jamais né : or, c'est parce qu'il est né (*natus*) qu'un fils est toujours fils : il est donc toujours né (*semper natus*) [1].

Il n'y a pas de fils sans le procès d'une naissance passée; or, tout lien de filiation suppose une naissance : donc le fils est né. S'agissant de la deuxième Personne du Fils, il faut rajouter à l'idée de la filiation celle d'un « toujours », qui permet de montrer l'éternité de la naissance. Le fils *est né* – le passé permet de ne pas être en contradiction logique avec l'idée de naissance et d'indiquer la perfection d'une naissance accomplie – et il est *toujours* né – l'adverbe, en renvoyant à l'idée d'éternité, permet de penser une naissance qui ne se fait pas dans le temps, et qui n'est pourtant pas une contradiction dans les termes [2].

Derrière cette argumentation logique, on discerne aussi une métaphysique de la participation d'inspiration platonicienne. Un fils est toujours fils en raison de sa naissance c'est-à-dire : l'idée de fils contient en elle celle de la naissance. Tout fils, en participant à l'idée de fils, est marqué par l'être né : tout fils, par sa naissance terrestre, participe de l'idée d'une naissance céleste et éternelle. Tout fils, dans l'ordre de la génération terrestre, participe donc de la naissance céleste du Fils : la génération du Verbe devient modèle de la génération humaine. Néanmoins, cette relation de modèle à image, indique en même temps toute la distance qui existe entre le lien divin du Père et du Fils et le lien créé et postlapsaire entre l'humain et le Verbe.

Le recours à Grégoire le Grand permet à Pierre Lombard de synthétiser la divergence entre Origène et Augustin. Dans les *Morales sur Job*, on lit en effet :

> Notre Dieu et Seigneur Jésus-Christ, en tant que puissance et sagesse de Dieu, est né du Père avant tous les temps, ou plutôt, comme sa naissance n'a ni commencement ni fin, nous dirions plus justement qu'il est toujours né (*semper natus*). Car, nous ne pouvons pas dire qu'il naît toujours (*semper nascitur*), cela semblerait lui attribuer une imperfection. Pour dire qu'il est à la fois éternel et parfait, employons donc deux mots : « toujours » et « né », le fait d'être « né » étant une perfection et le terme « toujours » marquant l'éternité. De la sorte nous exprimerons de quelque manière, avec notre langage temporel, cette essence qui

1. *Quatre-vingt-trois questions différentes en un ouvrage unique*, BA 10, *Question* 37, trad. fr. G. Bardy, J.-A. Beckaert, J. Boutet, Paris, Desclée de Brouwer et Cie, 1952, p. 112-113.

2. *Cf.* Augustin, *Homélies sur l'Évangile de saint Jean*, tract. 48, 6 trad. fr. M.-F. Berrouard, BA 73B, Paris, Études Augustiniennes, 1989, p. 176-179.

> ignore le temps; encore que ce mot de « parfait » lui-même soit loin d'être exact, puisque ce qui n'a pas été fait ne peut être dit parfait [1].

Nous ne pouvons parler de « naissance » que sur le mode du passé. Mais nous ne pouvons pas parler de « Dieu » en employant le passé. Il faut alors concilier ces deux points *a priori* contradictoires en précisant : le Fils « est né », mais il est né « toujours », c'est-à-dire dans une naissance éternelle.

Cette question, transmise par Pierre Lombard avec appui sur les Pères n'a pas été ignorée au XIIe siècle. Abélard la soulève dans le *Sic et Non*, au chapitre 16 [2] : *Quod Filius dicatur a Patre gigni, non tamen genitus, et contra.* Il confronte des témoignages confirmant qu'il vaut mieux employer soit le présent : Grégoire le Grand dans le livre XXXIII des *Morales sur Job* [3], Ambroise dans le *De fide ad Gratianum*, Jérôme, Augustin dans le *De Trinitate* V, XIII [4], soit le passé : la Question 37 des *83 questions* d'Augustin, Grégoire, au livre XXIV des *Morales sur Job*, cités par le Lombard, ou que l'un et l'autre temps séparés sont inadéquats et qu'il faut donc les employer *réunis* [5]. C'est ce qu'Abelard fait dans sa *Theologia Summi Boni* :

> En effet le Fils naît du Père sans acquérir ou recevoir de lui l'être, mais plutôt en l'ayant éternellement (*eternaliter*). Toujours il en est engendré (*semper ex ipso gignitur*) et toujours il en a été engendré (*semper ex ipso est*), parce que toujours il vient du Père et jamais il n'a commencé de venir du Père, mais il a toujours du Père un être plein et parfait [6].

Et Richard de Saint-Victor dans le *De tribus diebus* :

> Elle [la sagesse] est toujours engendrée (*gignitur*) parce qu'elle est éternelle, elle a toujours été engendrée (*semper genita*) parce qu'elle est parfaite. Elle est donc celui qui engendre et elle est celui qui est engendré. Celui qui engendre est le Père, celui qui est engendré est le Fils. Et parce que celui qui engendre engendre toujours, le Père est éternel; et parce que celui qui est engendré est toujours engendré, celui qui est engendré est le Fils; et parce que celui qui est engendré est toujours engendré (*semper genitus*), le Fils est coéternel au Père éternellement [7].

Eckhart tranche et refuse toute conciliation parce que la génération au présent fonde sa doctrine tout à la fois théologique et philosophique de la participation du juste à la justice. En effet, soit le juste participe sur un mode qui reste analogique à

1. *Morales sur Job*, XXIX, I, 1, trad. fr. par les moniales de Wisques, SC 476, Paris, Cerf, 2003, p. 174-175.

2. Petrus Abelardus, *Opera omnia*, *PL* 178, col. 1374-1375.

3. *Cf.* Grégoire le Grand, *Morales sur Job*, XXXIII, 7, SC 538, *op. cit.*, p. 32-33.

4. *De Trin*, V, XIII, 14, BA 15, p. 454-455.

5. *Cf.* Augustin, *Epistula CCXXXVIII Ad Pascentium*, *CSEL* LVII, p. 552. *Cf.* Augustin, *Epistula CCXXXVIII Ad Pascentium, CSEL* LVII, Vienne-Leipzig, F. Tempsky-G. Freytag, 1911, p. 552.

6. *Theologia Summi Boni*, III, 77, 1022-1025, CCCM XIII, Turnhout, Brepols, 1987, p. 190; trad. fr. J. Jolivet, *De l'unité et de la Trinité divines*, Paris, Vrin, 2001, p. 120.

7. *De tribus diebus*, 831 D-832 A, *CCCM* CLXXVII, éd. D. Poirel, Turnhout, Brepols, 2002, p. 53.

la vie divine, soit il devient univoquement un avec la justice, dans une divinisation parfaite dès ici-bas : l'instant de la divinisation serait de la même nature que l'éternité dans laquelle le Père engendre le Fils.

C'est ce que confirment les autres textes dans lesquels Eckhart s'appuie sur l'autorité d'Origène :

> De là vient, huitièmement, qu'en Mt 5 il est dit : « Heureux ceux qui souffrent (*patiuntur*) persécutés » ; il n'est pas dit : « ont souffert (*passi sunt*) », comme je l'ai relevé abondamment à propos du même verset de Matthieu. Il est évident qu'il en est ainsi dans les choses divines. En effet, en Dieu même, le Père n'aurait pas engendré le Fils, si avoir engendré n'était pas engendrer. C'est pourquoi Origène [dans son commentaire] sur Jérémie fait dire à la personne du Fils : « Le Seigneur m'engendre avant toutes les collines », Prov 8, et non pas « m'a engendré », selon la mauvaise leçon de certains. [Ce sont] les paroles d'Origène. C'est pourquoi notre traduction porte « j'étais enfanté », Sg 8. La raison en est qu'en Dieu et par conséquent dans les choses divines en tant qu'elles sont divines, il n'y a aucun passé ni aucun futur (*non est praeteritum quippiam nec futurum*), ni sous le rapport de la réalité ni sous celui de la connaissance. La raison en est que le passé et le futur ne tombent pas sous l'être et n'y luisent pas. C'est pourquoi il est dit en Mt 25 : « Je ne vous connais pas ». Augustin dit à ce sujet que Dieu connaît cela seul qu'il trouve et qui luit dans les règles éternelles de la vérité immuable. En effet, il en est ainsi chez nous également : par l'espèce de l'homme, nous ne connaissons rien d'autre que ce qui brille dans cette espèce et y existe. C'est pourquoi, dans l'espèce de Martin, nous ne voyons pas l'homme [qu'est] Pierre, mais le seul Martin. Donc, le passé et le futur, parce qu'ils ne brillent pas [dans l'être] et ne tombent pas sous l'être, ne sont pas connus dans l'être et par l'être, puisqu'ils n'y sont pas ; et c'est la propriété des non-étants d'être connus par non-connaissance (*nesciendo*). En effet, on connaît vraiment d'eux cela seul qu'ils ne sont pas. Car les choses passées et les choses futures sont de telle manière qu'elles ne sont pas. Être passé, en effet, c'est ne pas être. Donc, parce que le passé et le futur et les êtres privatifs de ce genre tombent en dehors de l'étant et en dehors de l'être, ils tombent par conséquent en dehors de la lumière de la vérité et de la connaissabilité, et de même en dehors de l'un et du bon. De même donc qu'ils sont par cela seul qu'ils ne sont pas, de même ils sont connus par cela seul qu'ils ne sont pas connus. Et c'est ce que nous voulons dire, à savoir que Dieu le Père n'aurait nullement engendré le Fils, si avoir engendré n'était pas engendrer (*nisi genuisse esset generare*). Un exemple de cela : l'[homme] vertueux et divin, en tant que déiforme et conforme à Dieu, est bienheureux et se plaît à pâtir, non à avoir pâti (*pati, non passum esse*). En effet, avoir pâti, ce n'est pas être, mais une chose passée (*passum esse non est, sed praeteritum est*) [1].

1. *In Eccl.*, § 23 *LW* II, p. 249-250 ; Brunner, p. 28.

Le texte se concentre autour de l'expérience du « pâtir Dieu », de la réceptivité totale de l'âme vis-à-vis du don divin. L'homme vertueux n'est pas celui qui a pâti, mais qui perpétuellement pâtit Dieu, de la même façon que le Père n'a pas engendré le Fils, mais l'engendre. La thèse, d'origine dionysienne[1], décrivant l'expérience de la divinisation dans l'homme devenu fils de Dieu prend rapidement appui sur Origène – l'explication et les mises au point du Lombard étant sous-entendues. Eckhart s'appuie davantage sur un passage des *Homélies sur l'Évangile de saint Jean* d'Augustin, qu'il paraphrase sans le nommer[2]. En Dieu, il n'y a ni passé, ni futur, mais seulement le présent. Passé et futur sont le propre des réalités créées qui manquent d'être, qui ne possèdent pas l'être véritable divin. C'est la raison pour laquelle l'engendrement du Fils en l'âme ne peut se dire qu'au présent, un présent qui ne serait pas le lien évanescent de jonction entre passé et futur, mais un instant sans temporalité qui ressortirait à l'éternité[3]. Eckhart concilie donc les deux positions opposées d'Origène et d'Augustin en parlant du point de vue de l'éternité : en Dieu, avoir engendré et engendrer sont subsumés dans un acte d'engendrement éternel.

Une fois encore, Maître Eckhart associe cette thèse théologique à deux thèses philosophiques :

1) Celle de la connaissance par l'espèce formelle et intentionnelle, par laquelle toute particularité créée (Pierre ou Martin) est comme évacuée, du fait même de sa particularité créée. La noétique eckhartienne sert de point d'ancrage pour la conception de la participation du juste, en tant que juste (*inquantum*) à la justice. Ce rapport du juste à la justice indique que ce n'est pas cet homme-ci ou cet homme-là, Pierre ou Martin, qui est juste, mais le déploiement de la nature rationnelle en lui. Le *Commentaire de Jean* cite à cet égard un autre extrait d'Origène, associant « homme » à « nature rationnelle » : « Et Origène dit que par homme on entend en règle générale la nature rationnelle. "Car nous sommes, ainsi que les dieux, des êtres rationnels", comme le dit Porphyre, et la définition de l'homme est : être un animal rationnel »[4].

La naissance du Verbe en l'âme ou son devenir juste, consisterait donc à se défaire de son propre suppôt créé pour ne s'accorder qu'à la nature rationnelle. Associée à la compréhension de l'Incarnation du Verbe comme assomption non d'une nature particulière, mais de la nature humaine, nous avons ici une thèse très forte : la dépossession de son soi particulier a pour réciproque exacte l'adoption du suppôt christique.

1. *Cf.* Pseudo-Denys l'Aréopagite, *Les noms divins*, c. 2, § 9, 648a-b, *PG* 3, col. 673-674, trad. fr. M. de Gandillac, Paris, Aubier, 1943, p. 86.

2. *Cf.* Augustin, *Homélies sur l'Évangile de saint Jean,* BA 73A, tract. 38, n. 10, *op. cit.*, p. 266-267.

3. *Cf.* J.-L. Marion, *Au lieu de soi. L'approche de saint Augustin*, Paris, P.U.F., 2008, p. 261-313.

4. *In Ioh.*, § 65, *LW* III, p. 53-54; *OLME* 1, p. 132-135. *Cf.* Origène, *Commentaire sur l'Évangile de Jean*, II, § 148, SC 120, p. 305.

2) Celle de l'être qui n'appartient qu'au Dieu éternel, et qui, corrélativement, fait de la créature qui s'inscrit dans la ligne du temps, une forme de non-être. L'engendrement du Verbe dans l'âme est donc, par conséquent une donation d'être, du même être que celui qui appartient au Fils et qu'il partage univoquement avec le Père.

Le thème de la naissance du Verbe en l'âme est théologique et Maître Eckhart a besoin, pour le déployer, de s'appuyer sur le raisonnement aussi bien théologique que philosophique. Les textes cités montrent que les deux sont indispensables.

D'origine origénienne, ce thème constitue, parce qu'il est le point culminant et unifiant de son anthropologie, de son ontologie et de sa noétique, le centre de la pensée eckhartienne : les théories de l'analogie, des transcendantaux, de la création, de l'unité des formes substantielles, de la grâce, etc. de l'œuvre latine sont autant de propédeutiques pour assoir cette unique fin : que Dieu naisse en l'âme. L'œuvre allemande qui, dans un versant plus spirituel et pratique, en donne les voies d'accès en parlant du détachement, de l'homme délaissé, du néant divin et humain, ne vise que cette naissance [1]. Les limites entre philosophie et théologie sont difficilement discernables, certainement parce qu'Eckhart, étant philosophe et théologien, recourait aux deux disciplines dans l'unité d'une pensée vivante et singulière.

Le Verbe, en s'incarnant, se fait le médiateur entre le Père et l'âme humaine. Il y a une continuité entre le Verbe, *proles* de l'intellect paternel à qui il donne toute sa nature et en lequel il réfléchit sa nature intellective, et l'âme humaine qui, par la grâce et en se détachant de toute particularité créée reçoit, à sa mesure propre, la divinité du Verbe. Le détachement de soi est en même temps un revêtir Dieu dont la médiation indispensable est l'Incarnation. L'homme ne peut être divinisé sans au préalable réaliser son humanité en s'identifiant à l'humanité christique.

Les sermons 101 à 105 ont un thème central, la naissance éternelle de Dieu en l'âme, qui correspond au cycle liturgique de Noël, les uns étant prononcés à Noël, les autres à la fête de l'Épiphanie qui suit le dimanche de l'Octave de Noël, puis le dimanche de l'Octave de l'Épiphanie. Ici encore, une sentence origénienne est développée, celle qui fait de l'homme Jésus le prototype de tout homme qui peut recevoir le Verbe et devenir, par grâce, ce que le Christ est en vertu de la grâce de l'union hypostatique. Le sermon 101 débute ainsi :

> Ici commence pour nous le temps de la naissance éternelle (*der zît von der ewîgen geburt*) que Dieu le Père a engendrée et qu'il engendre toujours dans l'éternité, de telle sorte que cette même naissance soit engendrée maintenant dans le temps, à l'intérieur de la nature humaine. Saint Augustin dit : Que cette naissance se

1. Cf. *S.* 1, *DW* I, p. 14-17 ; Libera, p. 228-229, [*S.* 18]. *S.* 24, *DW* I, p. 420 ; A.-H, t. 1, p. 207, [*S.* 2].

produise toujours mais qu'elle ne se produise pas en moi, en quoi cela peut-il bien m'aider ? En revanche, qu'elle se produise en moi, cela a beaucoup d'importance[1].

La formule bien frappée de l'inutilité d'une naissance éternelle de laquelle l'âme serait exclue se retrouve exprimée en d'autres termes dans le sermon 5b, dans lequel le Christ, notre frère, est celui qui nous rend égal à lui :

> L'amour de Dieu pour nous s'est montré et nous est apparu, parce que Dieu a envoyé son Fils unique dans le monde, pour que nous vivions avec le Fils, et dans le Fils et par le Fils ; car tous ceux qui ne vivent pas par le Fils, ne vivent vraiment pas droitement [...] À quoi me servirait-il d'avoir un frère qui serait riche si en même temps j'étais pauvre ? À quoi me servirait-il d'avoir un frère qui serait sage si en même temps j'étais fou[2] ?

Augustin est cité, mais c'est assurément Origène qui est l'auteur de la formule, dans l'homélie sur Luc, XXII, 3 :

> À quoi peut vous servir, en effet, que le Christ soit jadis venu dans la chair, s'il n'est pas venu aussi jusqu'en votre âme (*Quid enim tibi prodest, si Chritus quondam venit in carne, nisi ad tuam quoque animam venerit*) ? Prions pour que chaque jour son avènement s'accomplisse en nous, et que nous puissions dire : « Je vis, mais ce n'est plus moi, c'est le Christ qui vit en moi ». Car si le Christ vit en Paul et s'il ne vit pas en moi, quel avantage y-a-t-il pour moi ? Mais lorsqu'il sera venu également à moi et que j'en aurai joui comme Paul en a joui, moi aussi je pourrai dire comme Paul : « Je vis, ce n'est plus moi qui vis, c'est le Christ qui vit en moi »[3].

Origène caractérise la venue du Verbe en l'âme comme un « avènement ». Cela implique une conception particulière du temps de cette naissance en l'homme qui est à la fois un processus progressif de préparation et un événement dans le présent. Augustin, quant à lui, est moins précis et certainement moins provocateur. La formule précise, reprise par Eckhart ne se retrouve pas chez lui. Nous pouvons lire, dans le sermon 189 d'Augustin, le parallèle, qui se trouve chez Origène, entre la fécondité de Marie et celle de nos cœurs, la naissance du Christ en ce monde et la renaissance, grâce à lui, de l'âme pécheresse[4].

Eckhart lie de manière nécessaire grâce de l'incarnation et grâce d'inhabitation. Ce qu'Origène formulait de façon plus intuitive et inchoative, dans la lignée de Paul, Eckhart l'inscrit dans le sérieux d'une démarche philosophique, théologique et spirituelle. Des ressources théologiques et philosophiques sont mises en place pour expliciter cette expérience. Elle reste néanmoins première, parce qu'elle est énoncée comme un fait qui précède toute explication ou explicitation. Nous le retrouvons dans l'œuvre latine d'Eckhart, au § 117 du

1. *S.* 101, *DW* IV, 1, p. 335 ; Mangin, p. 129, [*S.* 13].
2. *S.* 5b, *DW* I, p., 85-86 ; Libera, p. 253, [*S.* 50].
3. *HomLc.*, XXII, 3, SC 87, p. 302-303.
4. Cf. *Sermo CLXXXIX, PL* 38, col. 1006.

Commentaire de l'Évangile selon saint Jean, où Origène est, encore une fois, implicitement présent :

> Il faut remarquer que, ainsi qu'on l'a dit plus haut, le premier fruit de l'incarnation du Verbe, qui est le Fils de Dieu par nature (*primus fructus incarnationis verbi, quod est filius dei naturaliter*), est que nous soyons fils de Dieu par adoption (*est ut nos simus filii dei per adoptionem*). Car il serait de peu de prix pour moi que le Verbe se fût fait chair pour l'homme dans le Christ – en supposant qu'il soit séparé de moi – s'il ne s'était pas aussi fait chair en moi personnellement, afin que moi aussi je sois fils de Dieu. Car « si tu es fils, tu es aussi héritier ». Et peut-être est-ce ce que nous demandons, à l'exhortation du Seigneur, Mt 6 : « Que ta volonté soit faite sur la terre comme au ciel », c'est-à-dire : de même que dans le Christ, « au ciel », la volonté du Père fût faite de telle sorte que fût le Fils car, conformément à la nature, la volonté d'un père en tant que père est d'engendrer et d'avoir un fils – de même aussi : que soit faite la volonté du Père sur la terre, c'est-à-dire en nous qui habitons sur la terre, afin que nous soyons fils de Dieu, Rm 8 : « Vous avez reçu l'esprit d'adoption des fils de Dieu », et plus loin : « Si nous sommes enfants, nous sommes aussi héritiers; héritiers de Dieu et cohéritiers du Christ », et encore, plus loin : « Ceux qu'il prédestina à être conformes à l'image de son Fils, afin que lui-même fut le premier parmi beaucoup de frères ». Et c'est ce qui est dit ici : Le verbe s'est fait chair, à savoir dans le Christ premier engendré, et il a habité en nous, quand nous sommes engendrés fils de Dieu par adoption (*quando generamur filii dei per adoptionem*[1].

La toile de fond est d'inspiration origénienne et ne mentionne que des autorités néotestamentaires : Ga 4, 7 : *Itaque iam non es servus sed filius quod si filius et heres per Deum*; Mt 6, 10 : *Veniat regnum tuum fiat voluntas tua sicut in caelo et in terra*; Rm 8, 15 : *Non enim accepistis spiritum servitutis iterum in timore sed accepistis Spiritum adoptionis filiorum in quo clamamus Abba Pater*; Rm 8, 17 : *Si autem filii et heredes heredes quidem Dei coheredes autem Christi si tamen conpatimur ut et conglorificemur*; Rm 8, 29 *Nam quos praescivit et praedestinavit conformes fieri imaginis Filii eius ut sit ipse primogenitus in multis fratribus*. Eckhart entend faire de tout croyant un fils adoptif, celui qui, par grâce, possède le même être que le Fils engendré du Père. L'engendrement du Fils par le Père et l'Incarnation sont pensés en relation avec notre propre filiation.

Cette question est associée à celle des missions divines. La naissance du Verbe signifie, en langage théologique, l'envoi du Verbe en l'âme. Ici aussi, Eckhart convoque parfois Origène, même si l'Alexandrin ne pouvait posséder les mises au point, faîtes à partir des thèses du Lombard, sur les questions de la présence réelle de la personne de l'Esprit-Saint en l'âme. Néanmoins, pour Origène, la justification de l'impie donne lieu à une fête de la Trinité tout entière qui habite l'âme du juste :

1. *In Ioh.*, § 117, *LW* I, p. 101-102; *OLME* 6, p. 230-233.

> Et, la deuxième raison, parce que, si Dieu ne s'engendrait pas en l'âme, tout en restant comme au dehors, ne la configurant (*conformando*) pas à lui-même et ne la transformant (*transformando*) pas en lui, il ne la béatifierait pas (*non ipsam beatificaret*). Par exemple : si un objet intelligible ou même sensible, ou bien son espèce, ne s'engendrait pas en l'œil, jamais il ne réussirait à être vu et à être uni à l'acte de voir. De nouveau, si la justice incréée restait en elle-même, jamais l'âme de l'injuste ne serait justifiée. Mais dans la justification du pécheur concourt nécessairement la justice incréée, engendrante, parturiante et enfantante. De même, doit concourir une justice, non pas autre, mais identique, créée néanmoins. De même que nul ne peut être juste sans la justice, ainsi nul ne peut être engendré juste sans une justice créée. Et il importe encore que la justice qui engendre ou enfante aime la justice créée ou enfantée, comme son rejeton ou son fils, Jn, 3 et 5 : « le père aime le fils ». Cet amour qui en procède est la floraison ou la spiration du saint Esprit. De là vient qu'Origène dit que la justification de l'impie est une fête unissant toute la Trinité.
>
> Il est donc manifeste que si Dieu n'était pas en même temps un et trine, il ne rendrait pas l'âme bienheureuse, ni ne la comblerait, ni ne lui donnerait de paix [...] [1].

À partir d'un constat origénien, peu développé en tant que tel, que la justification de l'impie relève du Dieu un et trine, Eckhart déploie une théologie de la grâce, qui thématise la présence réelle de Dieu en l'homme – l'Esprit-Saint charité – dans le maintien de la personne créée : c'est la difficile question des rapports entre grâce créée et grâce incréée, associée à la récurrente question philosophique de l'intellect patient, réceptacle de la forme intelligible. Dans le juste créé, c'est-à-dire régénéré par la grâce sanctifiante, le Père aime le Fils, le juste étant devenu le Fils lui-même, et lieu des missions divines. Le texte d'Origène auquel Eckhart se réfère est l'homélie XXIII, 2 sur les Nombres, sans qu'aucun intermédiaire ne soit mentionné :

> Dieu a-t-il donc ses fêtes ? Oui. Ce lui est une grande fête que le salut de l'humanité. Je pense que pour chaque fidèle, pour chacun de ceux qui se convertissent à Dieu et progressent dans la foi, il y a occasion de fête pour Dieu. Quelle joie n'éprouverait-il pas, dis-moi, quand l'impudique devient chaste, quand l'injuste se met à pratiquer la justice, quand l'impie devient un fidèle ? [...] Et le saint Esprit se met aussi en fête quand il voit se multiplier pour lui, en ceux qui se convertissent à Dieu, des temples tout prêts [2].

Ces extraits origéniens sont repris plusieurs fois par Eckhart :

– dans le § 244 du *Commentaire sur le livre de l'Exode* : « Origène dit : “chaque [homme] singulier qui se convertit donne naissance à une fête pour le Seigneur. Dieu est en fête lorsque l'impudique se fait pur et l'injuste cultive la justice” » [3]. L'homme juste est à tel point assimilé à la justice que ses œuvres ne

1. *In Gen. II*, § 180, *LW* I, p. 650.
2. *HomNb*, XXIII, 2, SC 461, p. 110.
3. *In Ex.*, § 244, *LW* II, p. 199-200 ; Gire, trad. légèrement mod., p. 105.

sont pas tant les siennes que celles de la Trinité en présence dans son âme. La « fête » est celle de la justice qui voit son effectivité dans les œuvres. Le juste devient suppôt de la justice, le médiateur de ses œuvres. Nous découvrons encore ici aussi un Dieu personnel de relation, qui se réjouit et festoie à la conversion de ses créatures.

– dans le § 55 du *Commentaire sur le livre de la Sagesse* :

> Note que les bons, pour cette raison précisément qu'ils sont et sont comptés, sont aussi « les fils de Dieu », les mauvais au contraire, parce qu'ils ne sont pas et ne sont pas comptés, sont les « fils du diable ». En effet, « ce qui est né de la chair, est chair, et ce qui est né de l'esprit, est esprit » Jn 3, 6. « Or Dieu est » Ex 3, 14, « Celui qui est m'a envoyé ». Mais le diable n'est pas, en tant qu'il est le mal : « les compagnons de celui qui n'est pas » Jb 18, 15. Cela est donc établi : puisque le semblable est engendré du semblable, les enfants des parents, les bons pour cette raison qu'ils sont, sont engendrés et sont les fils de l'être lui-même. Or, Dieu est l'être. Et c'est ce qui est dit ici : ils sont comptés parmi les fils de Dieu. Donc par opposition : les mauvais, parce qu'ils ne sont pas, sont engendrés et sont les fils « de celui qui n'est pas » c'est-à-dire du diable, « vous avez pour père le diable » Jn 8, 44. C'est ce qui est dit communément et usuellement du mal et de ceux qui font le mal : « toi, le diable ». Ainsi donc les pécheurs ni ne sont, ni ne sont comptés; ils sont les fils du diable et ne sont pas, « le méchant est réduit au néant sous son regard » Ps 14, 4. Et Augustin sur : « sans lui rien n'a été fait » Jn 1, 3 : rien, en effet, c'est-à-dire le péché. Origène traite de ce qui vient d'être dit, qui dit dans la Glose sur Jérémie 11, 9 : « nous naissons totalement du diable, chaque fois que nous péchons. Malheureux celui qui toujours naît du diable. Mais heureux est celui qui toujours naît de Dieu; je ne dis pas qu'il est né juste une fois pour toutes de Dieu, mais par chaque acte de vertu il naît toujours de Dieu ». Ce sont les paroles d'Origène, au sujet de 1 Jn, 3, 8 : « qui commet le péché vient du diable ». Donc le pécheur est fils du diable [et] n'est rien [1].

Le semblable engendre le semblable : de même que la Justice engendre le juste, de même le méchant est engendré par son père, le diable. Maître Eckhart s'appuie sur de nombreux textes scripturaires : Jn 3, 6 : *Quod natum est ex carne caro est et quod natum est ex Spiritu spiritus est*; Ex 3, 14 : *Dixit Deus ad Mosen ego sum qui sum ait sic dices filiis Israhel qui est misit me ad vos*; Job 18, 15 : *Innitetur super domum suam et non stabit fulciet eam et non consurget*; Jn 8, 44 : *Vos ex patre diabolo estis et desideria patris vestri vultis facere ille homicida erat ab initio et in veritate non stetit quia non est veritas in eo cum loquitur mendacium ex propriis loquitur quia mendax est et pater eius*; Ps 14, 4 : *Ad nihilum deductus est in conspectu eius malignus timentes autem Dominum glorificat qui iurat proximo suo et non decipit*; Jn 1, 3 : *Omnia per ipsum facta sunt et sine ipso factum est nihil quod factum* est; 1 Jn, 3, 8 : *Qui facit peccatum ex diabolo est quoniam ab initio diabolus peccat in hoc apparuit Filius Dei ut dissolvat opera diaboli*, pour finir par citer le texte d'Origène présent dans la Glose. Or les

1. *In Sap.*, § 55, *LW* I, p. 382.

analyses d'Eckhart se situent non pas tant au niveau de la moralité ou de la malignité des actions, que dans le domaine de ce qui est intégré à l'être ou de ce qui, au contraire en déchoit pour être néantisé. Suivant la convertibilité des transcendantaux, l'être se dit du bien, le mal du néant. On passe donc d'une considération morale à un propos ontologique qui se prolonge dans la question de la naissance du Verbe : si, de prime abord, pour Origène, c'est dans la répétition des actes de vertu que le Verbe peut naître, pour Eckhart, l'œuvre bonne n'est pas tant la cause de la vertu, que le signe que l'âme elle-même est, et est née au Verbe et du Verbe. Les extraits suivants le confirment, et l'affirment clairement.

Le § 65 des *Sermons et Leçons sur l'Ecclésiastique* :

> D'une seconde manière, les mots *in me* s'entendent de façon littérale et pourtant plus subtilement : le sens est alors que tout (homme) et lui seul qui est en Dieu accomplit une œuvre bonne et ne pèche pas. En effet, tout le bien que nous sommes, le bien que nous opérons et selon lequel nous vivons, nous le sommes sans exception en Dieu. Inversement, en tout ce que nous sommes, opérons et vivons en dehors de Dieu, nous péchons : nous sommes en dehors de Dieu, nous sommes dans le diable – si du moins quelque chose pouvait exister dans le mal, ce qui relève d'une plus haute recherche et sur quoi on s'informera (*requiratur*) dans l'Ouvrage des Questions, là où il s'agit du mal ; et c'est ce que dit Origène dans son commentaire de la parole : « Une conjuration est née », citant ce passage de 1 Jn 3 : « Qui commet le péché est du diable » : « Nous naissons du diable toutes les fois que nous péchons. Malheureux celui qui est toujours engendré du diable. Au contraire est heureux celui qui naît toujours, car je ne dirai pas que le juste n'est né de Dieu qu'une seule fois, mais par chacune de ses œuvres de vertu, il naît toujours de Dieu » [...][1].

Le § 67 du *Commentaire sur le livre de la Sagesse* :

> Il est donc manifeste qu'en chaque acte ou œuvre de vertu, et non seulement dans la justification de l'impie elle-même, resplendit le Père qui engendre, le Fils engendré et le saint Esprit qui en procède, ou plutôt le Père qui a engendré, le Fils qui est engendré et l'amour du saint Esprit qui en procède, et « ces œuvres de la Trinité sont indivises ». Et c'est ce que dit clairement Origène dans la Glose sur Jérémie, 11 : « heureux » celui qui toujours naît de Dieu ; je ne dis pas que le juste est né de Dieu une fois pour toutes, mais il naît toujours de Dieu par chaque œuvre singulière de vertu. Cette autorité et d'autres, qui sont ajoutées à celle d'Origène dit ainsi : pour chaque [homme] qui se convertit au Seigneur naît une fête : Dieu le Père festoie, lorsque l'injuste honore la justice, le Christ festoie, le saint Esprit festoie, les anges, à la solennité desquels accède ceux qui ont été convertis, c'est-à-dire justifiés, festoient[2].

1. *In Eccl.*, *LW* II, p. 294-295 ; Brunner, p. 60-61.
2. *In Sap.*, *LW* II, § 67, p. 395.

Le sermon allemand 41 :

> Voici comment le Fils naît en nous : quand nous sommes « sans pourquoi » (*sunder warumbe*) et que nous sommes en retour engendrés dans le Fils. Origène écrit une très noble parole, et si c'était moi qui la prononçais, elle vous paraîtrait incroyable : « Non seulement nous sommes engendrés dans le Fils, mais nous sommes nés à partir de lui et nous naissons de retour en lui, nous renaissons, et cela directement dans le Fils. Je dis – et c'est vrai – dans chaque pensée bonne ou intention bonne ou œuvre bonne, nous sommes en tout temps nés de nouveau en Dieu ». C'est pourquoi, comme je l'ai dit récemment : le Père n'a qu'un Fils unique, et moins nous avons de pensée ou d'attention pour quoi que ce soit d'autre que pour Dieu, et moins nous regardons à l'extérieur, autant nous sommes transformés dans le Fils, autant le Fils naît en nous et nous naissons dans le Fils et nous sommes un seul Fils (*éin sun*). Notre-Seigneur Jésus-Christ est un Fils unique du Père et lui seul est homme et Dieu. Il n'y a donc qu'un Fils et un être, et c'est l'être divin. Ainsi nous devenons un en lui si nous n'avons d'autre pensée que lui. Dieu veut toujours être seul, c'est une vérité nécessaire et il ne peut en être autrement, il faut toujours que l'on donne toute son attention à Dieu seul [1].

Être « sans pourquoi », pour l'âme, c'est savoir être dans l'attitude totale de réceptivité du divin, que seule une démarche de détachement peut réaliser. Celle-ci, chez Eckhart, ne passe pas par les œuvres bonnes, mais par le retrait, la désolidarisation, le désinvestissement du moi des représentions sensibles et intellectuelles. L'œuvre bonne n'est pas, dans ce cas, une œuvre qui suit une volonté humaine délibérée, mais le résultat d'une distanciation. Elle n'est ni rejet, ni désengagement, mais une épuration des représentations égoïques qui privilégient le particulier en lieu et place de l'universel, la créature au lieu du Créateur et de son œuvre.

Le juste ne naît pas une fois pour toutes (*semel*) de Dieu ; le pécheur ne naît pas une fois pour toutes (*semel*) du diable. Mais à chaque œuvre bonne le juste naît toujours (*semper*) de Dieu ; à chaque œuvre mauvaise le pécheur naît toujours (*semper*) du diable. L'œuvre ou l'action ne réalisent pas la naissance une fois pour toutes ou définitivement, comme si une fois accomplie, nous n'avions plus à nous en préoccuper. Une telle naissance s'évanouirait dans l'inconsistance de notre temporalité créée. Dans l'acte bon, le Verbe s'engendre pour toujours, dans un moment qui ne s'évanouit pas dans le temps, précisément parce qu'il n'est pas du temps. Un tel moment est donc réitérable en droit à l'infini. Il est la réalisation instantanée de la plénitude divine de l'éternité.

Eckhart, comme n'importe quel philosophe et théologien médiéval dépend d'une tradition théologique et philosophique, terreau dans lequel sème ses propres idées. Les Pères sont particulièrement présents. L'influence augustinienne est, pour tout lecteur d'Eckhart, évidente. Celle du Pseudo Denys explique l'idée de l'union à Dieu dans un pâtir de l'âme. Quel intérêt de lire Eckhart depuis Origène ?

1. *S.* 41, *DW* II, p. 285-297 ; A.-H., 2, p. 72, [*S.* 91].

Eckhart n'est pas un « mystique » isolé dans le christianisme qui aurait inventé la possibilité pour l'âme de s'unir au divin dès ici-bas. Ce sublime horizon se trouve déjà chez les Pères et c'est bel et bien Origène qui le formule explicitement. Pas plus n'est-il un représentant d'une « mystique universelle » : c'est par le Christ, dans le Christ et grâce à la Révélation chrétienne qu'il est possible que l'homme soit fait Dieu, à la suite du Premier-Né, le Christ.

La lecture de l'Écriture est donc première, nécessaire, vitale : Dieu est Parole et se révèle dans l'Écriture sainte : la lecture de la Parole divine est première. Tout part d'elle, tout reconduit à elle. La rationalité est un moyen pour montrer son sens. Mais elle ne l'épuise pas [1].

1. Il resterait encore à mentionner des sources origéniennes erronées, isolées ou inconnues qui sont de peu d'intérêt pour ce travail. Cf. *S.* XX, § 197, *LW* IV, p. 182 ; Mangin, p. 198. *S.* XXXVIII, § 385, *LW* IV, p. 331 ; Mangin, p. 327. *S.* XLVII, § 499, *LW* IV, p. 413 ; Mangin, p. 399-400. *S.* XLV, § 464, *LW* IV, p. 384 ; Mangin, p. 375. *In Ex.*, § 83, *LW* II, p. 84 ; Gire, p. 53.

DEUXIÈME PARTIE

ROTA IN MEDIO ROTAE, LA PRÉSENCE D'ORIGÈNE DANS LA PRATIQUE EXÉGÉTIQUE DE MAÎTRE ECKHART

Origène est la source des principes exégétiques que tous suivront, avec les nuances propres à chaque génie : en particulier, l'application, dans l'ensemble de l'Écriture sainte de la distinction lettre/esprit, la lecture typologique et figurative de l'Ancien Testament et du Nouveau Testament, à partir des donnés pauliniens, notamment : *Spiritus littera enim occidit Spiritus autem vivificat* 2 Co 3, 6. D'Origène provient aussi la lecture de l'Écriture sainte en trois ou quatre sens [1].

Maître Eckhart annonce, dans un corpus délimité de textes, sa propre herméneutique et l'inscrit dans un programme de travail plus large, énoncé dans le § 2 du *Prologue Général* : l'exégèse eckhartienne a une place et un objet précis, intégrée à une perspective d'ensemble qui rend le projet cohérent. L'herméneutique eckhartienne est le lieu où se rencontrent tous les aspects de la pensée du maître : elle est tout à la fois une exégèse, une philosophie, une théologie et une spiritualité.

Si, dans ses énoncés méthodologiques, Maître Eckhart ne cite pas explicitement Origène, mais plutôt Augustin, Thomas d'Aquin et Maïmonide, les textes eux-mêmes révèlent une très forte présence origénienne, aussi bien dans la manière d'aborder l'Écriture que dans l'enseignement théologique et spirituel que l'on doit en tirer. Nous retrouvons en effet chez le Thuringien, formulées en un langage identique, les idées maîtresses de l'Alexandrin.

1. *Cf.* H. de Lubac, *Exégèse médiévale…, op. cit.*

CHAPITRE IV

LA PLACE DE L'EXÉGÈSE DANS L'OPUS ECKHARTIEN

L'œuvre de Maître Eckhart nous est parvenue sous une forme lacunaire. Il s'agit donc tout d'abord de reconstruire, à partir des indications laissées par Eckhart lui-même, le projet d'ensemble de l'œuvre afin de pouvoir déterminer la place que lui-même octroyait au commentaire, ou, plus largement, à l'exercice exégétique.

LE PROJET ECKHARTIEN

Eckhart a énoncé lui-même son projet au deuxième paragraphe du *Prologue général*. Ses affirmations nous permettent de comprendre ce que représentait pour lui l'activité d'exégète :

> L'intention de l'auteur, dans cette œuvre tripartite, est de satisfaire, dans la mesure du possible, aux désirs de certains frères studieux (*studiosorum fratrum*) qui, depuis longtemps, par leurs prières constantes, l'invitent et l'incitent sans cesse, à confier à l'écriture ce qu'ils ont l'habitude d'entendre de sa bouche dans les leçons et les autres activités de l'école, dans les sermons et les entretiens quotidiens. Ils ont en vue principalement trois objets : certaines propositions générales et condensées, des solutions nouvelles, brèves et faciles, de diverses questions, et troisièmement, des expositions rares (*raras expositiones*) de très nombreuses autorités du canon sacré de l'un et l'autre Testament, quand surtout ils ne se souviennent pas les avoirs lues ou entendues ailleurs, pour la raison principale que le nouveau et le rare (*nova et rara*) offrent à l'esprit une stimulation plus agréable que l'habituel (*usitata*), même si celui-ci a plus de valeur et d'importance[1].

1. *PGOT*, *LW* I, § 2, p. 148-149; *OLME* 1, p. 41-43.

L'œuvre s'adresse à des frères studieux (*studiosi fratres*), désireux d'approfondir l'étude. Dans le second *Commentaire du livre de la Genèse*, Eckhart précise :

> Troisièmement il faut remarquer qu'au sujet de ces choses qui sont dites en paraboles, ayant traité des passages brièvement j'ai noté peu de choses, seulement pour stimuler les savants à considérer (*ut solum excitarem studiosos*) aussi des choses semblables, et de façon plus complète. Aussi, les preuves et les suites de ces propos paraboliques que j'ai conduits ont été recherchées plus pleinement dans L'œuvre des Questions et l'œuvre des Propositions [1].

La lecture de l'*Opus tripartitum* n'est donc pas destinée à un large public, mais à des étudiants bénéficiant d'une formation universitaire. La partie exégétique de l'œuvre, l'*Opus expositionum*, se fait sur un mode particulier et original d'exposition. D'abord, Eckhart n'entend donner un exposé ni continu, ni exhaustif de la *sacra pagina*. Il laisse au lecteur le soin de prolonger lui-même l'explication des autres passages à l'aide de ce que le maître aura déjà indiqué. Ensuite, cette prédilection pour « le rare et le nouveau » indique que le maître ne suit pas une méthode dogmatique, mais cherche plutôt à provoquer chez son lecteur un effort de recherche personnel. Mais cela suppose que l' « habituel » soit connu, car il a « plus de valeur et d'importance ». Les commentaires d'Eckhart demandent donc, pour être compris, non seulement une certaine maîtrise de la tradition exégétique, mais aussi une forme de sagacité ou d'agilité intellectuelle qui permettent de continuer, seul, une lecture de la Bible dans l'esprit de celle du maître. Le *studiosus* doit donc connaître la *sacra doctrina* pour pouvoir s'y référer et être capable de faire preuve d'un esprit de synthèse et de déduction en mettant en rapport les thèses les unes avec les autres. Ici encore, le maître se place lui-même dans la continuité d'une tradition exégétique sur laquelle il s'appuie pour mieux entreprendre sa démarche :

> Et quoique tout cela paraisse exiger un océan d'écrits, deux causes cependant servent la brièveté, autant qu'il était permis, et raccourcissent l'œuvre. Premièrement, on présente ici à peine quelques points et qui sont très rarement (*rarissime*) traités ailleurs. Secondement, tant dans l'Œuvre des questions que dans celle des Expositions, l'exposé est ici discontinu et porte sur un très petit nombre de points en les mettant en relation avec d'autres [...].
>
> Mais il faut observer que quelques-unes des propositions, des questions et des expositions qui suivent paraîtront au premier abord étranges, douteuses ou fausses, mais qu'il en sera autrement si on les étudie avec subtilité et plus soigneusement. On trouvera en effet que la vérité et l'autorité du canon sacré lui-même ou de quelqu'un parmi les saints ou les docteurs fameux, témoignent clairement en faveur de ce qui a été dit [2].

1. *In Gen. II*, § 6, *LW* I, p. 455.
2. *PGOT*, § 7, *LW* I, p. 151 ; *OLME* 1, p. 46-48.

L'*Œuvre des Expositions* est le troisième volet de l'*Œuvre tripartite* qu'Eckhart présente comme une unité permettant l'exposé systématique de questions :

> [...] La deuxième Œuvre, et de même la troisième, dépendent de la première, c'est-à-dire de l'Œuvre des Propositions, de telle sorte que sans elle, elles sont de peu d'utilité. En effet, les solutions des questions et les expositions des autorités sont fondées le plus souvent sur l'une des propositions. Pour le montrer par des exemples et pour faire connaître la méthode dont on use dans l'ensemble de l'Œuvre tripartite, nous la ferons précéder, à titre d'introduction, de la première proposition, de la première question et de l'exposition de la première autorité.
> La première proposition est donc : *L'être est Dieu*. La première question sur la divinité : *Si Dieu est*. La première autorité du canon sacré est : *Au commencement, Dieu a créé le ciel et la terre* [...] [1].

Cette méthode est tout à fait novatrice et se distingue des projets des autres médiévaux. Tout d'abord, l'entreprise d'Eckhart n'est pas identique à l'écriture d'une Somme : même si l'*Œuvre des Questions* traite des questions énoncées dans l'ordre de la *Somme* de Thomas, il ne s'agit pas de les exposer de manière exhaustive, un petit nombre d'entre elles seulement étant traitées. Thomas innovait par rapport aux *Sentences* de Pierre Lombard : dans le prologue de la *Somme Théologique*, Thomas d'Aquin écrit qu'il entend éviter les inconvénients dus aux Commentaires et aux Questions disputées [2]. La « Somme » est pour Thomas d'Aquin un résumé destiné à l'usage des étudiants et novices ; elle suit une exposition libre [3]. Elle aussi entend maintenir en éveil la concentration des lecteurs en évitant la lassitude due à la répétition. De la même manière qu'Eckhart supposait connus les grands commentaires bibliques livrés par la tradition, il suppose connues les grandes questions de la *Somme théologique*. C'est la raison pour laquelle il change radicalement de méthode, en inscrivant le commentaire dans son projet théologique [4]. Pour le dire autrement : Maître Eckhart, ne sépare pas le développement des questions théologiques du commentaire biblique, la théologie systématique de la théologie exégétique, mais établit un va et vient entre philosophie, théologie et exégèse, en mettant les deux premières disciplines au service de la troisième. L'exégèse en effet ne saurait apparaître comme une seule illustration ou exemplification de la *propositio*. Il faut au contraire affirmer que les propositions sont posées comme des outils, des moyens en vue d'éclairer le texte biblique. Le mouvement qui va de la *propositio – esse est deus* – à la *quaestio – Utrum deus sit* – puis à l'*expositio* d'une autorité – *In principio creavit deus caelum et terram* – détermine l'exégèse comme la cause finale de la théologie.

1. *PGOT*, § 11, *LW* I, p. 156 ; *OLME* 1, p. 54-55.
2. Cf. *ST.*, Prologue, Cerf, t. 1, p. 153.
3. *Cf.* M.-D. Chenu, *Introduction à l'étude de saint Thomas d'Aquin*, Paris, Vrin, 1950, p. 228.
4. *Cf.* A. de Libera, *Maître Eckhart et la mystique rhénane,* Paris, Cerf, 2010, p. 52.

Nous sommes aujourd'hui, *de facto*, dans la position contraire à celle qu'Eckhart recommandait pour l'étude de l'*Œuvre tripartie*. Ne disposant pratiquement que des commentaires, le lecteur est contraint de reconstruire les propositions d'Eckhart. Mais, consolons-nous en nous rappelant que la position inverse aurait été pire et aurait certainement donné du maître un visage qui n'est pas le sien. Si la théologie d'Eckhart s'appuie et sur un ensemble de propositions, elle se développe pleinement dans ses commentaires.

C'est ce qu'expriment différents commentateurs. Alain de Libera remarque la proximité entre la méthode utilisée par Eckhart et les *Règles de Théologie* d'Alain de Lille au sens où les deux entendent produire une « axiomatisation de la théologie »[1]. La fonction des propositions est d'« instrumenter » : ce sont des thèses démontrées rationnellement qui servent à l'explicitation des passages obscurs ou difficiles de l'Écriture. Eckhart par sa méthode se distingue aussi bien des artiens que des théologiens du XIIIe siècle[2].

La manière de penser d'Eckhart n'est pas assimilable à celle de ses prédécesseurs, Thomas d'Aquin en particulier. En faisant reposer ses exposés et ses commentaires sur des propositions démontrées par la lumière naturelle, Eckhart se distingue très clairement de la conception thomasienne de la théologie. Thomas d'Aquin en effet, afin de légitimer la scientificité de la théologie, établit un rapport analogique entre le νοῦς, qui, dans les disciplines profanes, saisit les principes premiers des sciences[3], et la foi : celle-ci est l'analogue, dans le domaine des vérités révélées, du νοῦς. Elle tient ses principes de la science que Dieu a de lui-même, à savoir : elle est une science subordonnée à la science que Dieu a de lui-même, partagée dans la vision béatifique par les bienheureux, mais qui pour nous, *in via*, se fait sur un mode inchoatif, celui de la foi :

> Toute science procède de principes évidents par eux-mêmes. Or les principes de la doctrine sacrée sont les articles de foi, qui ne sont pas de soi évidents, puisqu'ils ne sont pas admis par tous. « La foi n'est pas le partage de tous », dit l'Apôtre 2 Th 3, 2. La doctrine sacrée n'est donc pas une science[4].

L'objection remarque que les articles de foi diffèrent des principes évidents puisqu'ils manquent de l'universalité propre aux prémisses. À cette objection, Thomas répond :

1. A. de Libera, *Maître Eckhart, Traités…, op.cit.*, p. 55.

2. Cf. *Ibid.*, p. 56.

3. *Cf.* Aristote, *Seconds Analytiques*, II, 19, 100b 12-15, trad. fr. J. Tricot, Paris, Vrin, 1938, p. 247 : « Et puisque, à l'exception de l'intuition (*νοῦς*), aucun genre de connaissance ne peut être plus vrai que la science, c'est une intuition qui appréhendera les principes. Cela résulte nécessairement des considérations qui précèdent, mais encore du fait que le principe de la démonstration n'est pas lui-même une démonstration, ni par suite une science de science. Si donc nous ne possédons en dehors de la science aucun autre genre de connaissance vraie, il reste que c'est l'intuition qui sera au principe de la science. »

4. *ST*, I, q. 1, art. 2, obj. 1, Cerf t. 1, p. 155. *Cf.* O. Boulnois (dir.), *Philosophie et Théologie au Moyen Âge*, Paris, Cerf, 2009.

> La doctrine sacrée est une science. Mais, il faut savoir que, parmi les sciences, il en est de deux espèces. Certaines s'appuient sur des principes connus par la lumière naturelle de l'intelligence (*lumine naturali intellectus*) : telles l'arithmétique, la géométrie, etc. D'autres procèdent de principes qui sont connus à la lumière d'une science supérieure (*superioris scientiae*) : comme la perspective à partir de principes reconnus en géométrie, et la musique à partir de principes connus par l'arithmétique. Et c'est de cette façon que la doctrine sacrée est une science, parce qu'elle procède de principes connus à la lumière de la science de Dieu et des bienheureux. Et comme la musique croit aux principes qui lui sont livrés par l'arithmétique, ainsi la doctrine sacrée croit aux principes révélés par Dieu (*principia revelata sibi a Deo*) [1].

La théologie est donc la science subalternée à la science que Dieu a de lui-même ; pour nous, elle est possible grâce à des articles de foi reçus de manière analogue aux premiers principes.

Telle n'est pas la voie eckhartienne. Pour fonder son projet, Eckhart ne mentionne aucun article de foi susceptible d'asseoir sa démarche. Au contraire, il pousse au maximum son système déductif jusqu'à promettre une démonstration de la Trinité et de l'Incarnation. Il entend mettre en place une démarche totalement unifiée par l'exigence rationnelle [2]. Eckhart, s'il est certainement conscient de la différence entre les matières, ne les sépare pas comme des disciplines distinctes. Au contraire, c'est la même vérité qui est à l'œuvre dans la philosophie, la théologie et l'exégèse. L'exégèse néanmoins est la discipline « reine » dans la mesure où la *propositio* et la *quaestio* convergent vers l'*expositio* et ne sont formellement mis en place que pour la rendre possible [3]. C'est pourquoi Eberhard Winkler note qu'Eckhart retourne à la tradition patristique et à la première scolastique, lorsque exégèse et systématique n'étaient pas encore séparés : même si Origène et Augustin ont écrit quelques traités systématiques, leurs vues étaient exprimées à même le commentaire [4]. Pour Eberhard Winkler, nous faisons avec le maître, un retour aux sources de l'exégèse telle que la pratiquaient les Pères, à savoir une démarche unifiant philosophie, théologie et exégèse [5]. La méthode d'Eckhart serait donc plus proche de la patristique que de la scolastique.

1. *Ibid.*, Resp, trad. Cerf t. 1 légèrement mod., p. 155-156.
2. *Cf.* E. Winckler, *Exegetische…, op. cit.,* p. 18 ; H. de Lubac, *Exégèse médiévale… op. cit.*, p. 117 ; G. Dahan, *L'exégèse chrétienne de la Bible en Occident médiéval : XIIe-XIVe siècle,* Paris, Cerf, 1999, p. 108-109.
3. *Cf.* K. Ruh, *Initiation…, op. cit.,* p. 111.
4. *Cf.* E. Winkler, *Exegetische…, op. cit.*, p. 16.
5. *Ibid.*, p. 18. Des remarques identiques sont faites par K. Weiss, « Meister Eckharts biblische hermeneutik », dans *La mystique rhénane*, Paris, P.U.F., 1963, p. 106-107.

LES RAISONS NATURELLES DES PHILOSOPHES, ORGANON DE L'EXÉGÈSE

Par deux fois Maître Eckhart exprime clairement la méthode exégétique qu'il entend appliquer : dans le *Prologue général* :

> En dernier lieu, il faut observer qu'à partir de la première proposition énoncée plus haut, si elles sont bien déduites, toutes ou presque toutes les questions qu'on pose au sujet de Dieu se résolvent facilement, et que ce qui est écrit de lui, même les passages obscurs et difficiles, s'explique clairement par la raison naturelle [1]

et dans les § 2 et 3 du Prologue au *Commentaire de l'Évangile de Jean* :

> § 2. En expliquant ces paroles et les autres qui suivent, l'auteur se propose, comme dans tous ses écrits, d'expliquer par les raisons naturelles des philosophes (*exponere per rationes naturales philosophorum*) les affirmations de la sainte foi chrétienne et de l'Écriture dans les deux Testaments. « Car depuis la création du monde Dieu invisible se laisse voir à l'intelligence à travers ses œuvres, lui, son éternelle puissance » – « c'est-à-dire le Fils » – « et sa divinité » – « c'est-à-dire le saint Esprit » – comme l'explique la Glose sur Rm1. En outre dans le livre VII des Confessions, Augustin assure avoir lu *Dans le Principe était le Verbe* ainsi qu'une grande partie de ce premier chapitre de Jean dans les livres de Platon. Et dans *La Cité de Dieu*, livre X, il mentionne un certain platonicien qui disait que le début de ce chapitre jusqu'à « il y eut un homme envoyé par Dieu », « devrait être écrit en lettres d'or [...] et exposé dans les endroits les plus en vue ».
>
> § 3. En outre l'intention de cette œuvre est de montrer comment la vérité des principes, des conclusions et des propriétés des choses de la nature sont clairement indiquées – [entende] qui a des oreilles pour entendre ! – dans ces mêmes mots de l'Écriture sainte que l'on interprète au moyen de ces réalités naturelles. On insérera aussi, çà et là, quelques interprétations d'ordre moral [2].

Cinq points importants sont remarquables :

1) Maître Eckhart affirme la possibilité d'une explication de la foi et de la Sainte Écriture par les raisons philosophiques, c'est-à-dire par les concepts connaturels à toute raison humaine, indépendamment du contenu révélé : il s'agit d'une approche philosophique d'un objet d'abord non philosophique – ce qui ne signifie pas anti-philosophique ou rétif à toute philosophie.

2) Maître Eckhart s'appuie l'autorité de l'*Épître aux Romains*, I, 20 de saint Paul qui affirme la possibilité d'un accès, par voie rationnelle et à partir des effets, au savoir de l'existence de Dieu. Ce passage est classiquement utilisé par les théologiens pour affirmer le bien-fondé d'une théologie naturelle. Il semble donc ici ne pas séparer la connaissance philosophico-métaphysique de Dieu et la connaissance de Dieu par la révélation.

1. *PGOT*, § 22, *LW* I, p. 165, *OLME* 1, p. 69.
2. *In Ioh.*, § 2-3, *LW* III, p. 4 ; *OLME* 6, p. 27-29.

3) Maître Eckhart affirme la possibilité d'une connaissance naturelle de l'existence d'un Dieu-créateur, tel qu'il est conçu par le christianisme, c'est-à-dire : de son « éternelle puissance », *i.e.,* de la Trinité du Père, du Fils et de l'Esprit. Le Dieu trouvé par la raison naturelle serait identique au Dieu un et trine du christianisme, ce qu'Origène et Augustin soutenaient déjà.

4) Maître Eckhart s'appuie derechef sur deux autres autorités, théologiques et patristiques, en citant la *Glossa ordinaria*[1], le livre VII des *Confessions*[2] et le livre X de *La Cité de Dieu*[3], dans lesquels saint Augustin affirme avoir pris connaissance du Verbe, ou plus précisément, du premier verset du prologue johannique, *In principio erat Verbum*, par l'intermédiaire des *libri platonici*. Pour Augustin, la concordance entre les platoniciens et l'évangéliste s'arrête néanmoins au verset 11 : *in mundo erat et mundus per ipsum factus est et mundus eum non cognovit*, à savoir, au fait de l'Incarnation. L'accord entre Platon et le christianisme s'arrête donc à l'événement fondateur de ce dernier : le Dieu fait homme ; les philosophes ont connu tout ce qui concerne la grandeur de Dieu, mais ignoré tout ce qui concerne son humilité.

5) Au § 3, Maître Eckhart inverse la relation entre la raison philosophique et la révélation en affirmant que les principes, conclusions et vérités des choses se trouvent inscrites dans l'Écriture sainte, *une fois celle-ci éclairée par ces dernières*. L'Écriture sainte, en tant que matériau brut ne peut éclairer les choses naturelles ; mais, comprise par la raison, elle renvoie et éclaire à son tour la nature.

Le projet eckhartien est absolument original en ce qu'il unifie ce qui avait été historiquement séparé, la philosophie comme discipline rationnelle indépendante de la révélation et la théologie comme discours, fondé sur des articles de foi, cherchant sa propre intelligence dans le domaine circonscrit par la révélation. Eckhart n'entend pas seulement rechercher la raison de la foi (*intellectus fidei*), mais montrer l'unité du discours des philosophes avec le discours de la doctrine sacrée. Le recours à l'autorité de Rm 1, 20 : *Invisibilia enim ipsius a creatura mundi per ea quae facta sunt intellecta conspiciuntur sempiterna quoque eius virtus et divinitas ut sint inexcusabiles* est traditionnel pour légitimer une connaissance de Dieu par la raison naturelle, à partir des effets créés et de l'abstraction des objets de notre expérience. Mais la manière dont elle est insérée dans le texte ainsi que l'explicitation qu'en donne Eckhart, en étendant la connaissance de Dieu jusqu'à celle de la Trinité, empêche de rabattre la doctrine du maître sur les usages traditionnels de l'autorité paulinienne. Thomas, lorsqu'il justifie la possibilité d'une connaissance philosophique de Dieu dans le *Commentaire au De Trinitate de Boèce*, s'appuie sur le verset paulinien, qu'il cite 4 fois, pour montrer la possibilité d'un accès rationnel à l'existence de Dieu par voie

1. Cf. *Glossa ordinaria ad Romanos,* Nicolaus de Lyra, *op. cit.,* t. 4 col. 24-25.
2. *Conf.,* VII, IX, 14, BA 13, p. 611-612.
3. *La Cité de Dieu*, X, XXIX, 1, *op. cit.*, BA 34, p. 528-535.

abstractive. La connaissance de l'existence de Dieu est possible, mais non son essence : « À la seconde il faut répondre que de ce que Dieu échappe à toute forme de l'intellect, il paraît qu'on ne peut pas connaître ce qu'il est (*quid est*), mais seulement qu'il est (*sed solum an est*) » [1].

La foi supplée donc à la connaissance : n'étant pas une science, elle est un mode imparfait de connaissance donné par Dieu. La théologie procède à l'inverse de la philosophie, en partant des données de foi et du Créateur :

> Et suivant ceci, il y a *une double science des choses divines*. L'une selon notre mode, qui reçoit les principes des choses sensibles pour faire connaître les choses divines, et ainsi les philosophes ont enseigné des choses divines une science en appelant philosophie première la science divine. L'autre, selon le mode des choses divines elles-mêmes, afin que les choses divines elles-mêmes soient prises telles qu'elles sont en elles-mêmes, ce qui est impossible de façon parfaite dans notre statut d'homme viateur; mais pour nous est réalisée, dans notre statut d'homme viateur, une participation à cette connaissance et une assimilation à la connaissance divine, en tant que par le moyen de la foi qui nous est infusée nous adhérions à la vérité première pour elle-même [2].

Non seulement la démarche de la philosophie naturelle se distingue de la théologie révélée en raison de la différence de nature de leurs principes fondateurs, mais Thomas affirme de plus la supériorité de la science théologique sur la « science divine » que les philosophes, par leur raison naturelle, ont pu développer : elle est en effet une participation finie à la science que Dieu a de lui-même et de toutes choses.

Telle n'est pas la démarche d'Eckhart qui ne pose aucune démarcation entre la raison et la foi et ne postule pas de double science du divin. La référence à Augustin indique la même chose : s'il a pu lire dans les *libri platonici* le début du Prologue de l'Évangile de Jean, l'Incarnation échappe cependant aux philosophes, aveuglés par l'orgueil de leur raison et sourds à ce mystère [3]. Au contraire, Eckhart semble affirmer l'unité de la philosophie et de la théologie [4].

On voit tout de suite le problème posé par les affirmations d'Eckhart : si philosophie et théologie, si raison et foi procèdent dans leur démarche de la même rationalité, qu'est-ce qui fait le propre de la foi ? Où se situe la limite entre nature et surnature, création et révélation ? En quoi le Dieu révélé au Sinaï se distinguerait-il d'un Dieu philosophique ? Certes, « Il n'y a donc pas lieu de craindre que Maître Eckhart humilie les vérités relatives à Dieu au niveau d'une raison naturelle toute humaine et indigne de Dieu. [...] Il est évident que le Dieu

1. *Super Boetium de Trinitate*, q. 1 art. 2 ad. 2 in *Opera omnia*, t. L, Roma-Paris, Comissio Leonina-Cerf, 1992, p. 5 (notre traduction). La seconde objection argumentait en invoquant l'impossibilité de connaître Dieu, pour lequel aucune forme n'est donnée à l'intellect.

2. *Ibid.*, q. 2, art. 2, resp., p. 95 (nous soulignons). Cf. *ScG*, II, IV.

3. *Cf.* Augustin, *Conf.*, VII, IX, 13, BA 13, p. 609; *La cité de Dieu*, X, XXIX, *op. cit.*, BA 34, p. 537.

4. *Cf.* B. McGinn, *The mystical thought of Meister Eckhart*, New York, The Crossroad Publishing Company, 2001, p. 22.

eckhartien n'est pas un absolu "philosophique" vidé de substance religieuse »[1]; « le Dieu des chrétiens n'y devient pas un dieu des philosophes, ni le christianisme une religion de l'esprit »[2]. Reste cependant à déterminer pourquoi, précisément, l'usage de la raison naturelle ne produit pas une rationalisation englobante et moniste de la nature et de la Révélation; en effet, à lire les lignes du Prologue, c'est vers cette voie que nous serions plutôt portés.

C'est d'ailleurs une telle interprétation rationalisante qui conduit Kurt Flasch à des thèses faisant d'Eckhart un « philosophe du christianisme », prenant la révélation comme un objet d'étude philosophique et tâchant d'en dégager, sans recours à la foi, la vérité des assertions présentes: l'Incarnation, la Trinité, la Rédemption. Tout ce qui, dans l'histoire de la théologie, relève du mystère[3], est en réalité accessible à toute raison bien conduite :

> « Philosophe du christianisme » signifierait le traitement strict et méthodique des contenus de la foi chrétienne à la lumière de la pure raison. Elle serait une tentative de preuve purement rationnelle des représentations chrétiennes, de telle sorte que les croyants et les incroyants puissent les regarder comme vraies, et non seulement comme un édifice intellectuel contingent élevé par des communautés de croyants. Celui qui élabore de telles preuves peut être croyant ou non; il créé un nouveau lieu méthodologique dans lequel *seules les prémisses humaines communes valent comme fondement de la démonstration* – et non la confession de foi[4].

Kurt Flasch poursuit quelques pages plus loin en affirmant qu'Eckhart « veut d'abord démontrer philosophiquement les plus hautes vérités de l'Écriture, l'être divin, sa Trinité, la création du monde et l'incarnation »[5]. En effet, les deux premiers paragraphes du Prologue au *Commentaire de l'Évangile de Jean* annoncent bien une connaissance rationnelle de ces mystères. Mais jamais nulle part dans son œuvre le maître ne tient son programme. L'Incarnation et la Trinité ne sont pas, à la fin d'une lecture attentive de l'œuvre latine et allemande du maître, « démontrés philosophiquement », au sens où la raison pourrait, en prenant l'Incarnation et la Trinité comme les objets *a priori* d'une raison pure, en produire la démonstration.

Certes, le *Prologue Général* annonçait un système déductif par lequel le contenu de l'Écriture aurait été élevé au rang de vérité rationnelle claire. On ne peut que constater un décalage entre les énoncés programmatiques d'Eckhart et

1. F. Brunner, *Commentaire des deux Prologues*, *OLME* 1, p. 140-142.

2. K. Ruh, *Initiation…*, *op. cit.*, p. 110.

3. *Cf.* Thomas d'Aquin, *ST*, I, q. 32, art. 1, resp., Cerf t. 1 p. 387 : « Il est impossible de parvenir à la connaissance de la Trinité des Personnes divines par la raison naturelle. En effet, on a vu plus haut que, par sa raison naturelle, l'homme ne peut arriver à connaître Dieu qu'à partir des créatures. […] La raison pourra donc connaître de Dieu ce qui a trait à l'unité d'essence et non ce qui a trait à la distinction des Personnes. » Cf. *ScG*, I, 3.

4. K. Flasch, *Maître Eckhart. Philosophe du christianisme*, Paris, Vrin, 2011, p. 30.

5. *Ibid.*, p. 57.

sa pratique réelle[1]. Plus précisément encore, il semble en effet que les § 2 et 3 du Prologue n'affirment pas ce qu'on voudrait bien lire ici en eux. L'utilisation de la référence de Rm 1, 20 le montre : Dieu (le Père créateur), son éternelle puissance (le Fils) et sa divinité (l'Esprit-Saint) se laisse voir *à travers ses œuvres*, à une intelligence apte à saisir en toutes choses les similitudes ou vestiges de la Trinité.

> Celui que Dieu a envoyé prononce les paroles de Dieu ; car il ne mesure pas le don de l'Esprit et semble être en harmonie avec les raisons naturelles et se trouver dans tous les êtres tant de l'art que de la nature, en tant qu'ils sont et sont divins. Comment en effet la nature de celui-ci ne brillerait-elle pas dans l'étant? Et comment la nature de Dieu ne brillerait-elle pas dans tout ce qui est divin, en tant que divin? Ainsi en effet, la lumière brille dans ce qu'elle illumine, le feu dans le charbon, et même la forme du feu et sa vertu dans l'agent échauffé en vertu de celui-ci. « Les choses invisibles de Dieu en effet » « se laissent voir à l'intellect par les choses qui sont faites : aussi son éternelle puissance et sa divinité » Rm. 1, 20. Boèce, sur la question de la trinité des personnes en une seule essence dit ainsi : « examine avec diligence » « et si tu peux, unis la foi et la raison ». De même en effet qu'il est présomptueux et téméraire de refuser de croire, si tu n'as pas compris, ainsi c'est de la lâcheté et de la paresse de ne pas scruter ce que tu crois par la foi, par les raisons naturelles et choses semblables, en particulier puisque toute créature est au moins un vestige du créateur (*vestigium creatoris*) et, de manière universelle, l'effet de sa cause[2].

Reprenant le thème de l'« intellectus fidei » longuement développé depuis Augustin, Eckhart n'entend pas prouver rationnellement la Trinité; il affirme simplement que la Trinité n'est pas inintelligible par la raison puisque une intelligence attentive au monde créé peut discerner que le Créateur a laissé sur la création la marque propre de sa nature. La création est vestige ou bien encore théophanie[3]. Le livre de la nature peut donc être expliqué par le livre de la révélation, qui en donne la raison de sa manifestation. Si bien qu'Eckhart donne de la théologie naturelle une nouvelle définition, qui n'entre pas dans le cadre des « voies » traditionnelles de l'existence de Dieu[4], mais qui montre que la philosophie, poussée jusque dans ses conséquences ultimes, révèle la vérité du christianisme comme philosophie véridique. Le passage suivant montre une telle association entre la circumincession de la Trinité et le ternaire à l'œuvre dans les choses de la nature et de l'art, que la philosophie aristotélicienne de la forme analyse :

1. *Cf.* K. Weiss, « Meister Eckharts biblische hermeneutik », art. cit., p. 107 ; B. McGinn, *The mystical…, op. cit.*, p. 24.

2. *In Ioh.*, § 361, *LW* III, p. 306-307.

3. Ce point relie Eckhart à Jean Scot Érigène.

4. *Cf.* les « cinq voies » que Thomas développe par exemple dans la *Somme théologique*, I, q. 2, art. 3.

Ainsi donc toute action de la nature, de la morale et de l'art possède dans sa totalité trois choses, à savoir, ce qui engendre (*generans*), ce qui est engendré (*genitum*) et l'amour engendré (*amorem gignentis*) de celui qui engendre pour celui qui est engendré et de celui qui est engendré pour celui qui engendre, que spire un engendrement un et unique, actif par ce qui engendre, passif dans ce qui est engendré. Cet amour spiré par l'un et l'autre, celui qui engendre et celui qui est engendré, le philosophe l'appelle la joie de l'habitus engendré. Aussi, la génération est en vue de l'être et pour l'être, à savoir, afin que celui qui est engendré soit. Et c'est ce qui est dit ici : *il a créé, afin que toutes choses soient*, comme s'il avait voulu dire : il a créé toutes choses pour cela et en vue de cette fin propre, que toutes choses soient, ne se tournant vers aucune autre direction. Et ainsi reste la pure et simple trinité de l'engendrant, de l'engendré et de l'amour spiré, qui est et est appelé l'esprit. Et, les choses qui en découlent, à savoir, les accidents, les propriétés naturelles et toutes choses extérieures, se comportent de la même façon que la création (*habent se sicut creatio*) ou la production des choses créées vis-à-vis de la trinité du Père, du Fils et de l'Esprit-Saint, que la génération et la spiration [intime] en Dieu, suivant ceci : « dans le principe », à savoir dans le Fils, « Dieu a créé le ciel et la terre », « et l'esprit de Dieu planait sur les eaux », Gn 1 [1].

Tous les *naturalia* et *artificalia* sont structurés trinitairement[2], et sont les images créées de la procession incréée des Personnes divines en Dieu. Entre l'Écriture et le monde, il n'y a pas un rapport d'identité univoque, mais d'analogie signifiante[3]. Il s'agit donc davantage d'un décodage, d'un décryptage de la nature, conçue comme signe du Créateur, que le philosophe énonce dans les termes de la philosophie aristotélicienne et que la révélation fonde métaphysiquement, que d'une preuve rationnelle de l'existence du Dieu trinitaire.

Le terme utilisé par Eckhart, *exponere*, traduit habituellement par « expliquer » est alors mieux entendu. Cette traduction pose problème, car elle peut induire une compréhension restrictive de la raison, en lui donnant un rôle strictement démonstratif. Mais le verbe latin *exponere* ne signifie ni prouver, ni démontrer, ni expliquer mais : « mettre hors, mettre en vue, étaler, exposer ». Les autres paragraphes dans lesquels Eckhart énonce cette méthode n'utilisent pas non plus le vocabulaire de la preuve mais : *docere, dicere probabiliter, consonare*[4]. Le Christ est appelé notre « instructeur » *instructor*[5]. Le vocabulaire est donc à la fois celui de l'enseignement et de la consonance, de l'accord entre la révélation et la raison qui sont dans un lien étroit et indissoluble de collaboration.

Il semble que ce soit ici la seule façon de tenir compte des autres affirmations d'Eckhart, dans lesquelles il pointe les limites de la raison. En effet, les affirmations de la foi sont exposées par les raisons naturelles des philosophes

1. *In Sap.*, § 28, *LW* II, p. 348-349.

2. *Cf.* V. Lossky, *Théologie négative et connaissance de Dieu chez Maître Eckhart*, Paris, Vrin, 1998, p. 273.

3. *Cf.* Jean Scot, *Homélie sur le Prologue de Jean*, trad. fr. É. Jeauneau, SC 151, Paris, Cerf, 1969, chap. XI, 289C-289D, p. 254-257.

4. Cf. *In Ioh,* § 6, 96, 125, 137, 142, 185-186, 361, 441, 486, 509.

5. Cette dénomination du Christ est classique et se trouve notamment chez Clément d'Alexandrie.

(*exponere per rationes naturales philosophorum*), à savoir : les raisons naturelles ne sont pas la fin, comme s'il s'agissait de produire une rationalisation maximale de la révélation, mais des outils, instruments, moyens en vue de montrer la concordance entre la philosophie et la *sacra doctrina*. Ceci n'est pas, non plus, le retour à une conception ancillaire de la philosophie, puisque la révélation contient déjà, pour qui sait voir, la philosophie, qui aura servi au préalable d'outil. Il n'y a donc pas d'extériorité de la philosophie par rapport à la théologie, mais une unité qui met les disciplines dans une dynamique visant à la concorde.

Et si, à l'inverse de ce que prétend Kurt Flasch, Eckhart ne faisait pas un traitement philosophique des données de la foi, mais entendait montrer, au contraire, que toute philosophie qui va jusqu'au bout de sa propre rationalité ne pouvait être que chrétienne? La philosophie bien conduite rejoindrait nécessairement cette vraie philosophie offerte par la révélation, et tout spécialement dans la personne du Christ. À vrai dire, la lecture d'autres passages du maître rend impossible une rationalisation intégrative. Que faire de tous ces passages où le maître reconnaît l'impuissance de la raison et la nécessité de recourir à la foi? Par exemple :

> Étant donné que les réalités divines sont vraies, fixes et stables en elles-mêmes, c'est être dément et ignorer la vérité de Dieu (*dementiae est et ignorantis veritatem die*) que de rechercher leur cause et leur preuve ou raison – puisque la vérité elle-même est la raison de toutes choses, selon Jn 1 : « Au commencement était le Verbe » ou « Raison ». Il faut adhérer par la foi (*fidem adhibere*), selon ce passage du Psaume : « Les jugements de Dieu sont vrais, justifiés en eux-mêmes » [1].

Ici, le maître affirme qu'un usage illimité de la raison serait « dément » (*dementia*), c'est-à-dire, contraire à la raison! La philosophie chrétienne, n'est-elle pas celle qui, tenant la révélation pour la « vraie philosophie », entend aussi montrer, philosophiquement, les limites de l'esprit humain, en tant que créature? Cependant, il ne s'agit pas d'une limite de la raison, qui, à la manière kantienne, doit faire place à la croyance en raison des objets qu'elle peut connaître. La limite est ici métaphysique, intrinsèque parce que les principes sont premiers, sans raison, sans pourquoi. Ces limites sont justement éprouvées par le philosophe lorsqu'il tente de saisir la Trinité :

> En résumé, note que tout ce que l'on peut écrire ou dire au sujet de la bienheureuse Trinité n'est en aucun cas ni adéquat ni vrai (*nequaquam sic se habet aut verum est*). [...] Dans la mesure où Dieu est, en sa nature et par sa nature, indicible (*in sui et ex sui natura indicibilis*), tout ce qui est dit être de lui n'est pas en lui. C'est pourquoi le Ps 115, 11 dit : *Tout homme est menteur* [2].

Nous pouvons bien énoncer quelque chose au sujet de la Trinité : mais tout exposé rationnel, s'il s'approche de la vérité, reste cependant en-deçà de l'adéquation avec lui; toute proposition apophantique, toute dénomination à son sujet

1. *In Gen. I*, § 275, *LW* I p. 412; *OLME* 1, p. 605.
2. *S.* IV, 2, § 30, *LW* IV p. 31; Mangin, p. 73, trad. légèrement mod.

reste en deçà de la réalité de l'objet qu'elles visent. La théologie ne peut être, en dernière instance, qu'une théologie négative. Il y a, entre la discursivité humaine qui part de l'ordre immanent et créé et la réalité divine, un abîme : entre le distinct, le temps, le sensible et le matériel – *i.e.* le créé – et l'indistinct, l'éternité, l'intelligible et le spirituel – *i.e.* l'incréé –, il y a un saut, une différence de nature qui interdit à la raison toute approche englobante ou unificatrice. Au mieux, la raison s'exprimera par analogie [1].

Ainsi, le discours de la raison sur la Trinité est de l'ordre de l'approche, du liminaire, de la gageure consistant à dire ce qui ne peut être dit. La révélation devient un horizon d'intelligibilité qui sans cesse repousse et reporte les tentatives de la raison, et qui mérite, à ce titre l'ensemble de nos efforts [2]. Les mystères contenus dans la révélation, s'ils ne sont pas en soi connaissables, portent la raison à son dynamisme extrême. Le sermon 101 l'énonce parfaitement :

> L'homme sage a parlé de cela : Au milieu de la nuit, quand toutes choses étaient dans le calme et le silence, alors une parole cachée m'a été dite, qui est venue de façon dérobée comme un voleur Sg 18, 14-15. Comment a-t-il pu appeler cela une parole, si elle était cachée ? La nature des paroles est de manifester ce qui est caché. Cela s'est manifesté et a brillé devant moi, de telle sorte que c'était quelque chose capable de se manifester. Et cela m'a fait connaître Dieu. Cela s'appelle une parole. Ce que c'était m'est resté caché. Ainsi en est-il de sa venue, à la dérobée, dans un chuchotement et dans un calme propices à la manifestation. Voyez, c'est précisément parce que cela est resté caché qu'on doit et qu'il faut le poursuivre (*dar umbe muoz man im und sol im nâchloufen, die wîle ez verborgen ist*) [3].

Le mystère n'est pas le contraire de la pensée, mais son objet le plus haut. Qu'Eckhart puisse développer l'idée d'une « philosophie chrétienne » permet de tenir ensemble deux points *a priori* dissociés : la rationalité philosophique et la révélation. La doctrine de la créature comme signe, ainsi que la conception eckhartienne de l'analogie permet de saisir le rapport entre les ceux domaines.

La façon qu'Eckhart a de lire le texte biblique élucide son rapport à la philosophie. Le contenu philosophique de la Bible n'est pas trouvé par une lecture directement rationnelle, mais par une lecture qui cherche, en deçà de la lettre, la signification spirituelle et profonde qui se cache sous elle. L'esprit déploie un contenu latent et ses différents plis : elle procède selon l'ordre de la découverte et non de l'invention rationnelle. Eckhart l'affirme clairement :

> Il y a trois choses aussi dans cette œuvre des paraboles qui doivent être notées. Premièrement : on ne doit pas penser, que, par de tels propos paraboliques nous

1. Suivant Boèce, Eckhart montre ici que la singularité de Dieu est telle que l'unité de la nature commune aux trois personnes est réelle en Dieu, alors qu'elle est abstraite par la raison dans le cas des hommes, et que la distinction des personnes est rationnelle en Dieu, alors qu'elle est réelle chez les hommes..

2. *Cf.* É Mangin, « Balbutiement du Verbe et poétique de la chair. Écriture et rationalité chez Maître Eckhart », *Revue des sciences religieuses*, 87/2, 2011, p. 239-252.

3. *S.* 101, *DW* IV, 1, p. 361-362 ; Mangin, p. 140, [*S.* 9].

> avons l'intention de *prouver* (*probare*), à partir des paraboles, les choses divines, naturelles et morales; mais nous voulons plutôt *montrer* (*ostendere*) ceci, que ce que nous prouvons et disons des choses divines, morales et naturelles, sont en accord avec celles auxquelles la vérité des Écritures sacrées renvoie paraboliquement comme en secret [1].

Il ne peut y avoir de double vérité, l'une philosophique, l'autre révélée [2]. L'exégèse a pour but de mettre en lumière la correspondance entre l'Écriture et la raison. Ce que la raison trouve à partir d'elle-même concorde avec l'exposé de la Révélation, ce qui ne signifie pas qu'il y ait entre elles un rapport d'univocité, ni que l'une n'ait pas une extension plus grande que l'autre.

1. *In Gen. II*, § 4, *LW* I, p. 454 (nous soulignons).

2. *Cf.* A. de Libera, *Penser au Moyen Âge*, Paris, Seuil, 1991; *Raison et foi. Archéologie d'une crise d'Albert le Grand à Jean-Paul II*, Paris, Seuil, 2003.

CHAPITRE V

LE CONTENU PHILOSOPHIQUE DE LA BIBLE : LA LECTURE PARABOLIQUE

MOÏSE, LE PHILOSOPHE ET LE CHRIST

Entre le discours philosophique et l'Écriture sainte, il n'y a pas assimilation mais concordance, symphonie, consonance. L'interprétation par les raisons naturelles n'est pas à concevoir sur le mode d'un traité de philosophie. Le commentaire entend être rationnel parce que plusieurs rationalités sont possibles : si elles peuvent parfois se confondre, elles ne se recoupent pas nécessairement [1]. Eckhart énonce lui-même au § 185 du *Commentaire de l'Évangile de Jean* la possibilité de divers modes ou manières de procéder :

> [...] D'après cela donc, on interprète la sainte Écriture de la manière qui convient (*convenienter*), de telle façon que ce que les philosophes ont écrit sur les natures des choses et sur leurs propriétés concorde avec elle (*sint consona*), ce d'autant plus que tout ce qui est vrai dans l'ordre de l'être comme dans celui de la connaissance, dans l'Écriture comme dans la nature, procède d'une même et unique source, d'une même et unique racine (*ex uno fonte et una radice*). À cela contribue ce que j'ai déjà noté ci-dessus dans la dernière interprétation de la parole : « Tout a été fait par lui, et néant a été fait sans lui ». La parole suivante concorde en tout avec elle : « Dans le commencement Dieu a créé le ciel et la terre », Gn 1. Moïse, le Christ et le philosophe enseignent la même chose. Ils ne diffèrent que par les modes (*quantum ad modum*) de leur enseignement, à savoir le crédible (*credibile*), le démontrable ou le vraisemblable (*probabile sive verissimile*), et la vérité (*veritas*) [2].

1. *Cf.* A. de Libera, « Albert le Grand et Maître Eckhart : les raisons d'une "mystique" », *Communio*, XVII/2-3, mars-juin 1992, p. 83-98, en part. p. 86 : « Un médiéviste, un historien des théologies médiévales ne doit pas confondre raison et rationalité. Il y a une, ou plutôt des rationalités religieuses. »

2. *In Ioh.*, § 185, *LW* III, p. 154-155 ; *OLME* 6, trad. légèrement mod., p. 334-335.

La véracité de l'Écriture comme celle de la philosophie provient de l'unique fondement divin. Mais ce n'est pas dire que leur rationalité est identique : leur contenu l'est – elles enseignent « la même chose » – mais les moyens (*modi*) pour l'enseigner diffèrent, diversifiant la vérité en des rationalités plurielles. Moïse, le Christ et le philosophe enseignent la même chose ; seuls les modes de savoir diffèrent.

La construction grammaticale de la phrase est, avouons-le, ambigüe : il semblerait y avoir au premier coup d'œil la correspondance suivante : Moïse se rapporte au crédible, le Christ au démontrable ou au vraisemblable, et le philosophe – Aristote – à la vérité [1]. On comprend néanmoins clairement que Moïse a pour objet le crédible, mais il y a ensuite un chiasme : le démontrable ressortit au philosophe et la vérité au Christ. Le Christ est la vérité : Moïse, l'auteur des Écritures l'atteint par la foi, le philosophe par la raison. Cela fait du Christ la mesure de toute vérité, à l'aune de laquelle les autres formes de discours peuvent se déployer. Cette compréhension du texte permet de discerner deux types de rationalité en parallèle avec deux types d'ontologie. Aristote examine le démontrable ou le vraisemblable : *veri-simile*, ce qui, dans l'ordre propre de la philosophie aristotélicienne de la nature, est semblable analogiquement au vrai [2]. En revanche, le Christ montre la vérité qu'il est lui-même en s'incarnant. Cette répartition des sciences se fonde dans l'Incarnation, le Christ tenant lieu de milieu entre la procession *in divinis* des personnes divines et l'extranéité de la création. Il rassemble en son être tous les domaines épistémologiques et ontologiques. C'est ce que montre le début du paragraphe cité :

> [...] la sagesse de Dieu a daigné se faire chair, de telle façon que l'Incarnation elle-même, se trouvant ainsi pour ainsi dire tenir le milieu (*media*) entre la procession des Personnes divines et la production des créatures, comprenne la nature de l'une et de l'autre. Il en résulte que l'Incarnation elle-même est vraiment à l'image (*exemplata*) de l'émanation éternelle et qu'elle est aussi le modèle exemplaire (*exemplar*) de toute la nature inférieure [3].

Le philosophe, en traitant du « vraisemblable » a affaire aux signes trinitaires que Dieu a imprimés dans sa création, mais non à la Trinité elle-même. Il y a ici un rapport d'image à modèle qui interdit tout monisme rationnel et toute univocité, en même temps qu'il permet à chaque science une certaine autonomie.

Le Christ est le révélateur des différents modes d'accès à la vérité, non pas en tant que personne divine, mais dans le fait de son Incarnation, de l'union hypostatique de deux natures en une personne. Ce sont ces deux natures qui permettent

1. *Cf.* J. Koch, « Sinn und Struktur der Schriftauslegung », *Meister Eckhart der Prediger, Festschrift zum Eckhart-Gedankjahr*, Friburg-Basel-Wien, Herder, 1960, p. 81.

2. Eckhart reprend cette idée de Maïmonide. Cf. *GdE*, l. II, chap. 24, p. 321 : « [...] tout ce qu'Aristote a dit sur les choses sublunaires a une suite logique ; ce sont des choses dont la cause est connue et qui se déduisent les unes des autres, et la place qu'y tiennent la sagesse et la prévoyance de la nature est évidente et manifeste. Quant à tout ce qui est dans le ciel, l'homme n'en connaît rien [...] ».

3. *In Ioh.*, § 185, *LW* III, p. 154 ; *OLME* 6, p. 333-335.

de le comprendre comme le paradigme, la mesure de toute vérité : par son incarnation, il révèle la *lex vetus* comme Loi, ensemble de commandements moraux qu'il ne vient pas abolir, mais accomplir [1], c'est-à-dire parfaire par sa venue en les transformant en vérités gnoséologiques. De la même manière, il enseigne au philosophe qu'il est la vérité à laquelle toutes choses doivent tendre, ou encore leur fondement métaphysique. Se distinguent alors trois disciplines : la morale, la philosophie et la science de la nature du Christ, Verbe incarné, une « christologie » dans laquelle toute réalité quelle qu'elle soit trouve sa perfection ou achèvement. Le paragraphe suivant du *Commentaire de l'Évangile de Jean* donne l'éclaircissement de ce rapport entre d'un côté la Loi et la philosophie et le Christ de l'autre :

> D'où il apparaît que dans la nature aussi, tout ce qui relève de l'imperfection, comme le devenir, l'altération, le changement, le temps, le corporel, la division, la corruption, le nombre, le multiple ou la multiplicité et autres réalités de ce genre, appartient à Moïse et au Vieux Testament – « car le temps rend vieux », comme le dit Aristote, et n'appartient pas encore au Christ. Au Fils, à la vérité, ce qui appartient, c'est le contraire de ces réalités imparfaites, autrement dit l'être, la génération, l'immutabilité, l'éternité, l'esprit, la simplicité, l'incorruptibilité, l'infinité, l'un ou l'unité. Or le même jugement s'applique aux actions qui précèdent la forme substantielle dans la matière et à celles qui lui sont consécutives dans les choses naturelles. Il en est encore de même pour les activités qui précèdent l'acquisition de la vertu et pour celles qui sont consécutives de l'habitus de vertu dans l'ordre moral ; les premières en effet sont lourdes, tristes, pénibles, onéreuses, laborieuses, tandis que les secondes sont légères, gaies, joyeuses, faciles, tranquilles, suaves et délicieuses. Ainsi donc la Sagesse de Dieu, en assumant la chair, a voulu se révéler notre rédempteur pour commémorer qu'elle est notre instructeur (*instructor*) dans les choses divines, naturelles et morales [2].

Ces textes énoncent un rapport d'analogie entre les deux domaines ontologiques, auxquels correspondent – selon l'adage aristotélicien qu'Eckhart aime à citer : *Eadem enim sunt principia essendi et cognoscendi* [3] – deux formes de discours. Ce rapport se dit du devenir et de la génération, qui est celui de l'Ancien Testament au Nouveau.

1. *Cf.* Mt 5, 17.
2. *In Ioh.*, § 186, *LW* III, p. 155-156 ; *OLME* 6, p. 336-337.
3. *In Ioh.*, § 439, *LW* III, p. 377.

MÉTAPHYSIQUE DU VERBE ET DOCTRINE DE L'ANALOGIE

En intégrant la doctrine de l'analogie dans la métaphysique que le Verbe constitue en tant que Vérité, Eckhart redéfinit les rapports entre l'ordre de l'étant créé et celui de l'Être incréé grâce au Christ médiateur, intermédiaire par sa double nature entre les deux ordres.

La définition de la créature comme signe caractérise le rapport analogique entre le créé et l'incréé comme celui du signe à la réalité signifiée, de l'image au modèle, de la manifestation au Principe. Considérée en elle-même, c'est-à-dire dissociée de toute relation avec le créateur, la créature n'est rien, elle est un « purum nihil » ; l'être ne se dit que de Dieu seul et la créature n'a d'être que celui du signe, celui d'une finitude et d'une dépendance absolues. Considérée en Dieu, dans sa réalité idéelle et incréée, la créature a l'être de Dieu. Ou encore : hors de Dieu, la créature n'est rien, en Dieu, la créature est Dieu. Sous ce rapport, la créature, rendue extérieure à la vie intradivine du fait même de son *extra esse factum*, et Dieu, ne se confondent pas, mais l'être de la créature est rapporté à son origine divine.

La créature est donc traversée par deux niveaux ontologiques, donnant lieu, comme Vladimir Lossky l'a montré, à une dialectique du semblable et du dissemblable, de l'indistinction et de la distinction. Néant d'être comme réalité extérieure à sa source divine première, le Verbe, en lequel sont proférées les raisons idéelles, la créature participe en son fond de l'être divin, une fois ôtée toute détermination créée.

Ces deux niveaux ontologiques ont leur science respective : la science aristotélicienne de la nature a lieu au niveau du signe, du vraisemblable, des réalités en devenir qui ne possèdent pas l'être véritable. La science de l'être-en-tant qu'être, en revanche, ne recoupe pas celle qu'Aristote énonce au livre Γ de la *Métaphysique*. C'est l'Évangile qui est la science de l'être-en-tant qu'être. Le vocable aristotélicien du τὸ ὄν ᾗ ὄν est utilisé pour une fin non aristotélicienne. Au-dessus d'Aristote, il y a le Christ, source et fondement de la science aristotélicienne :

> À partir de ces prémisses, il est manifeste que l'Évangile et la loi ancienne sont réciproquement comme celui qui démontre et celui qui a recours au raisonnement topique, comme la métaphysique et la physique. Ce que l'Évangile contemple, c'est l'être en tant qu'être (*ens in quantum ens*). Mais nous appelons être les choses qui sont elles-mêmes cependant d'une nature incorporelle et d'une substance immuable, ayant leur être dans la raison, comme le dit Boèce au premier livre de *L'Arithmétique* et au deuxième livre de *La Musique*. [2] Co 4 : « à nous qui ne regardons pas aux choses visibles, mais aux choses non visibles. Les choses visibles en effet, sont temporelles ; les invisibles sont éternelles ». Il est donc manifeste, comme très souvent je l'ai rappelé dans mes commentaires, que c'est de la même source (*eadem vena*) que proviennent la vérité et l'enseignement de la théologie, de la philosophie naturelle, de la philosophie morale, des savoirs pratiques et

théoriques, et même du droit positif, selon le Psaume : « C'est de ta face qu'émane ma façon de juger » [1].

Eckhart affirme la possibilité de la concordance des sciences. Où peut se faire cette concordance? Ni sur le seul plan de l'Évangile, ni sur le seul plan de la physique, ni dans un entre-deux bâtard. Cette concorde a lieu dans la raison, dans l'âme de celui qui pense – et qui croit. Si Dieu est la source métaphysique de toute vérité, revient à l'âme d'unifier les modes par lesquels il se manifeste en les unifiant par le jugement. Tel est le sens du recours au Psaume 72.

Entre Aristote et l'Évangile, le rapport est le même qu'entre l'Ancien Testament et le Nouveau. Le chiasme dont nous avons parlé plus haut se vérifie dans ce texte : il y a d'un côté l'Évangile, le Christ-Vérité et de l'autre Aristote et la loi ancienne figurée par Moïse. Les deux domaines ainsi délimités se rapportent l'un à l'autre comme le devenir à l'être, l'altération à la génération, la loi ancienne à la loi nouvelle, la tristesse à la joie.

La conséquence en est la pluralité des formes de rationalité qui se fondent toutes sur le Verbe-Raison. D'autre part, Eckhart réinterprète la lecture typologique de l'Ancien Testament à son propre compte. Eckhart, qui a peu d'intérêt pour ce type de lecture de l'Écriture, transforme le rapport de la figure au figuré en un rapport ontologique et épistémologique d'altération et de génération, décrit dans les termes de la physique aristotélicienne. Le lien entre les deux Testaments recoupe tous les domaines épistémiques. Dans le domaine des êtres naturels, elle explique l'altération précédant la génération instantanée de la forme substantielle dans la matière (l'exemple privilégié d'Eckhart est celui de la caléfaction); dans le domaine moral, elle caractérise la disposition à la vertu et l'instantanéité de la génération de l'habitus de vertu; dans le domaine mystique, elle sert à distinguer la préparation et la disposition de l'âme et la grâce d'inhabitation, naissance instantanée du Verbe en l'âme du fidèle.

C'est la raison pour laquelle il ne s'agit pas de prouver Trinité et Incarnation par les raisons des philosophes, mais de montrer que la rationalité philosophique, puisqu'elle procède de la même source que les vérités révélées ou prophétiques, aperçoit la manifestation du Dieu trine dans sa création, et la détermine à l'aide des concepts aristotéliciens de matière et de forme, d'altération et de génération.

La découverte de ce rapport analogique se trouve pour Eckhart dans l'Écriture. Il se découvre, mystère caché, par une lecture « parabolique » de la *sacra pagina*, dont la quintessence, la « moelle » est le Christ lui-même. La métaphysique du verbe et de l'analogie se fonde donc dans l'activité exégétique telle que le maître nous l'enseigne par sa pratique propre.

1. *In Ioh.*, *LW* III, p. 380-381.

LA « PARABOLÈSE » OU LA MÉTHODE DE LECTURE PARABOLIQUE D'ECKHART

Dans le premier paragraphe du Prologue au *Livre des paraboles de la Genèse*, Eckhart énonce quelle sera, dans ce second commentaire du livre de la Genèse, sa méthode de lecture, qu'il entend étendre aux autres livres du canon de l'Écriture sainte :

> Après avoir dégagé dans la première édition du livre de la Genèse les propos qui apparaissent devoir être dits dans un sens plus manifeste (*ad sensum apertiorem*), notre intention est, dans cette interprétation des paraboles [de la Genèse], de parcourir rapidement quelques passages tant de ce livre que d'autres du Canon sacré, pour y faire ressortir, quant au sens plus caché (*sensum latentiorem*), certaines choses contenues de manière parabolique (*parabolice contenta*) « sous l'écorce de la lettre » pour que ceux qui sont plus expérimentés soient stimulés, aussi bien en ceux-ci, que je touche peu et brièvement, qu'en plusieurs autres, que je passe, [et] cherchent à découvrir mieux et plus richement, tant dans les choses divines, naturelles et morales, les choses cachées sous les figures et la superficie du sens littéral (*latentia sub figura et superficie sensus litteralis*). En effet, comme le dit Maïmonide, toute l'Écriture de l'Ancien Testament relève soit « de la science naturelle » soit « de la science spirituelle », « Nous savons que la loi est spirituelle » Rm 7, 14. Et Augustin au livre VII des Confessions dit ainsi : « cette autorité » des Écritures saintes « me semblait d'autant plus vénérable et plus digne de foi sacrée qu'elle pouvait être lue par tous, et qu'elle préservait la dignité de son mystère à une intelligence plus profonde », « parlant dans le style le plus humble, s'offrant à tous et exerçant l'attention de ceux qui ne sont pas légers de cœur ». Et c'est ce qui est dit en Pr 25, 11 : « des pommes d'or dans des ciselures d'argent ». En interprétant ceci Maïmonide dit : « comprends combien est douce cette similitude » ; car « toute parabole a deux faces ». « Et il est nécessaire que la face extérieure soit belle » pour attirer « mais que l'intérieur soit plus beau ». Sa « comparaison avec l'extérieur est comme celle de l'or avec l'argent ». Donc, la vérité des Écritures est « comme une pomme d'or cachée dans un filet sur lequel se trouvent des ciselures en argent ». « Et comme elle semble éloignée de la vision sans intelligence (*visione sine intellectu*), ce qui est seulement en argent monte dans le cœur » ; mais « quand l'homme verra d'un regard plus précis, il lui sera démontré ce qui est caché à l'intérieur et il saura que c'est de l'or ». Et c'est peut-être ce qui est dit en Sg 1, 5 : « l'Esprit-Saint de la sagesse fuit le mensonge et il se retire devant les pensées sans intelligence ». Donc quand, à partir de celui-ci, nous pouvons extraire, des choses qui ont été lues, l'intelligence d'une certaine signification mystique (*mysticae significationis*), comme nous produisons du miel des cellules profondes ou bien frottons les épis de nos mains en imitant les disciples du Christ, pour parvenir aux grains cachés, comme le dit Augustin dans une homélie [1].

1. *In Gen. II*, *LW* I, § 1, p. 447.

Eckhart justifie ce second commentaire de la Genèse en affirmant que le premier s'était attaché à décrire ce qui ressortait de la lettre du livre saint, à savoir : ce qui est le plus manifeste, évident (*ad sensum apertiorem*) et qui est accessible à une lecture peu approfondie. Il entend dépasser maintenant cette première interprétation par le passage de la lettre à la parabole (*parabolice contenta*), et atteindre ainsi ce qui se trouve sous l'écorce de la lettre (*sub cortice litterae*). Il s'adresse encore une fois à un public d'hommes curieux et diligents (*peritories*), sans néanmoins déprécier une lecture littérale qui rend hommage à la beauté argentine de la lettre : en citant Sg 1, 5, il compare, à la suite de Maïmonide le contenu parabolique de l'Écriture à une pomme d'or sertie de ciselures argentées. Cette lecture permettra de découvrir, cachées mais présentes dans l'Écriture, les vérités divines (*divina*), naturelles (*naturalia*) et morales (*moralia*). Avec Maïmonide, Eckhart entend amener ses lecteurs à une lecture interprétative des mystères de l'Écriture. Mais en citant un passage des *Confessions* – en réalité le cinquième chapitre du livre VI – il insiste aussi sur ce que Auerbach appelle « Sermo humilis » [1] : l'Écriture sainte est simple et sublime à la fois, en raison de la nature même de celui qu'elle recèle, le Christ. C'est précisément cette simplicité, compréhensible par les humbles de cœur, qui fait sa richesse et permet des degrés interprétatifs.

L'interprétation parabolique de l'Écriture

Qui essaye de comprendre les principes exégétiques de Maître Eckhart doit s'attendre à entreprendre une démarche laborieuse qui relève à la fois de la philologie, de la lexicologie, de l'exégèse et de son histoire, pour enfin reconnaître que le maître n'est ni clair, ni rigoureux dans l'emploi qu'il fait des termes traditionnels aussi bien que dans la discontinuité entre ses déclarations d'intention et sa pratique réelle. Ses propos philosophiques, théologiques, mystiques enfin, qui constituent l'essentiel de son activité exégétique, le rendent singulier et difficilement classable dans la tradition exégétique médiévale [2]. Ce qu'il entend par « parabole » – terme par lequel il légitime sa démarche – en est l'exemple-type.

Qu'est-ce qu'entend en effet Eckhart par les termes *parabola*, *parabolice*? Eckhart emploie les termes usuels de la tradition mais en leur donnant un sens totalement inédit. Sa méthode de lecture pourrait être nommée « parabolèse », en résonnance avec l'exégèse et l'allégorèse. Le terme de « parabole », *parabola*, ne relève pas du vocabulaire de l'exégèse traditionnelle chrétienne : elle est davantage une figure littéraire scripturaire. On trouve le terme dans le Nouveau Testament comme dans l'Ancien : le Christ s'exprimant par paraboles reprend

1. E. Auerbach, *Le Haut Langage*, trad. fr. R. Kahn, Paris, Belin, 2004, p. 55.

2. Nombreux sont les critiques que les spécialistes de l'exégèse ont pu adresser à Eckhart : *Cf.* C. Spicq, *Esquisse d'une histoire de l'exégèse latine au Moyen Âge*, Paris, Vrin 1944, p. 334; B. Smalley, *Study of the Bible in the Middle Age*, Oxford, B. Blackwell, 1952, p. 289; H. de Lubac, *Exégèse médiévale…*, *op. cit.*, t. 2, p. 499; J. Koch, « Sinn und Struktur…. », art. cit., p. 73-74.

une tradition hébraïque[1]. Eckhart, en désignant la Genèse comme un « Livre de paraboles » fait de ce récit biblique un récit parabolique. Les termes *parabola* et *parabolice* désignent chez lui à la fois un contenu objectif caché mais aussi une méthode de lecture : les paraboles de la Genèse et des autres textes bibliques peuvent être lues « de manière parabolique » :

> Il y a trois choses aussi dans cette œuvre des paraboles (*opere parabolarum*) qui doivent être notées. Premièrement : on ne doit pas penser, que, par de tels propos paraboliques nous avons l'intention de prouver (*probare*), à partir des paraboles, les choses divines, naturelles et morales; mais nous voulons plutôt mettre en évidence (*ostendere*) ceci, que ce que nous prouvons et disons des choses divines, morales et naturelles, sont en accord avec celles auxquelles la vérité des Écritures sacrées renvoie paraboliquement (*parabolice*) comme en secret (*quasi latenter*)[2].

> Deuxièmement, on doit toucher sommairement et succinctement à ces choses qui semblent être cachées de manière parabolique sous les paroles susdites à partir du texte[3].

Ces deux textes semblent explorer deux sens de la « parabole » : le premier est synonyme d'allégorie, de sens spirituel; le deuxième de métaphore. Tout le problème consiste à déterminer le lien entre les deux.

Si Origène, considérant le sens littéral comme la lettre pure et nue du texte, exclut d'entendre la parabole de manière littérale, les règles de l'école d'Antioche concernant les paraboles et les métaphores ont été admises et orchestrées par la tradition. Hugues de Saint-Victor, Albert le Grand et Thomas d'Aquin rangent la parabole sous le sens littéral[4]. La classification thomasienne des sens de l'Écriture[5], est, dans sa structure, très claire :

> L'auteur de l'Écriture sainte est Dieu. Or, il est au pouvoir de Dieu d'employer, pour signifier quelque chose, non seulement des mots (*voces*), ce que peut faire aussi l'homme, mais également les choses elles-mêmes (*res ipsas*). Pour cette raison, alors que dans toutes les sciences ce sont les mots qui ont valeur significative, celle-ci a en propre que les choses mêmes signifiées par les mots employés signifient à leur tour quelque chose. La première signification (*prima significatio*), celle par laquelle les mots signifient certaines choses, correspond au premier sens, qui est le sens historique ou littéral (*sensus historicus vel litteralis*). La signification par laquelle les choses signifiées par les mots signifient encore d'autres choses, c'est ce qu'on appelle le sens spirituel (*sensus spiritualis*), qui est fondé sur le sens littéral et le suppose.

1. *Cf.* J. Zumstein, « Parabole », dans J.-Y. Lacoste (dir.), *Dictionnaire critique de théologie*, Paris, P.U.F., 1998, p. 1024.

2. *In Gen. II*, § 4, *LW* I, p. 454.

3. *Ibid.*, § 7, p. 456; *cf.* § 189, p. 661 : « Il faut noter que derrière ces paroles cinq [vérités] sont signifiées paraboliquement. »

4. *Cf.* E. Winkler, *Exegetische Methoden…*, *op. cit.*, p. 7-9.

5. *Cf.* C. Spicq., *Esquisse d'une histoire…*, *op. cit.*, p. 267-288.

> À son tour, le sens spirituel se divise en trois sens distincts. [...] lorsque les réalités de la loi ancienne signifient celles de la loi nouvelle, on a le sens allégorique (*sensus allegoricus*); quand les choses réalisées dans le Christ, ou dans ce qui signifie le Christ, sont le signe de ce que nous devons faire, on a le sens moral (*sensus moralis*); pour autant, enfin que ces mêmes choses signifient ce qui existe dans la gloire éternelle, on a le sens anagogique (*sensus anagogicus*) [1].

Le sens historique ou littéral, *sensus historicus vel litteralis* est constitué par le renvoi *immédiat* des mots (*voces*) aux choses (*res*). Puisque le langage humain est un moyen inadéquat que Dieu prend pour parler aux hommes, la particularité du texte biblique est d'être dotée d'un deuxième niveau de signification, dans laquelle les choses elles-mêmes (*res*), signifiées au préalable par les mots dans la *prima significatio*, deviennent des signifiants et renvoient à d'autres choses : à ce deuxième niveau, les *res* sont prises comme des *voces*[2]. C'est là le sens spirituel, *sensus spiritualis*. Thomas reprend, en fixant leur signification dans une taxinomie claire, les distinctions d'Augustin dans le *De doctrina christiana*: le premier livre énonce cette distinction *res/voces*, en montrant la possibilité pour la chose d'être à son tour signe: « Ce sont là en effet des choses, mais des choses telles qu'elles sont de surcroît signes d'autres choses. Mais il est d'autres signes dont le seul rôle est de signifier, comme il en est des mots »[3].

Le bois jeté par Moïse dans les eaux amères, la pierre sur laquelle reposa la tête de Jacob, le bélier immolé par Abraham ne sont pas seulement des choses, mais signifient autre chose que le bois, la pierre ou le bélier seuls. *Signa propria*, ils sont en même temps *signa translata*. La difficulté est de savoir ce qu'entend Augustin par *signa translata*, signes figurés, « transportés » pourrions-nous dire, en référence à *La Poétique* d'Aristote[4] : s'agit-il de simples métaphores ou bien faut-il inclure les figures bibliques? Le texte d'Augustin reste à cet égard assez ambigu, mais nous pouvons comprendre à la suite de Tzevan Todorov que « plutôt que d'une confusion entre deux sens indirects, il s'agit probablement d'une tentative, de la part d'Augustin, d'élargir la catégorie de sens transposé pour lui permettre d'inclure l'allégorie chrétienne »[5]. Thomas est donc plus précis et catégorique sur un point qui demeurait encore indéterminé chez Augustin : lorsqu'une chose signifiée devient signe d'une autre, nous passons au sens spirituel.

1. *ST*, I, q. 1, art. 10, resp, Cerf t. 1, p. 163. Cf. *Quodlibet* VII, art. 14.
2. *Cf.* G. Dahan, *Lire la Bible au Moyen Âge. Essais d'herméneutique médiévale*, Genève, Droz, 2009, p. 202.
3. *La Doctrine chrétienne*, I, II, 2, *op. cit.*, BA 11/2, p. 78-79.
4. *Cf.* Aristote, *Poétique*, chap. 21, 1457b 6-9, trad. fr. J. Hardy, Paris, Les Belles Lettres, 1932, p. 60.
5. *Cf.* T. Todorov, *Symbolisme et interprétation*, Paris, Seuil, 1978, p. 50, cité par I. Bochet dans la « Note complémentaire n° 8 » au *De doctrina christiana*, BA 11/2, p. 492.

Le sens spirituel est à son tour divisé en trois : il comporte le sens allégorique, le sens moral et le sens anagogique. Le sens historique, quant à lui, comprend le sens parabolique et métaphorique. Thomas énonce, à la troisième solution de l'article :

> Le sens parabolique est inclus dans le sens littéral (*sensus parabolicus sub litterali continetur*) ; car par les mots on peut signifier quelque chose au sens propre, et quelque chose au sens figuré ; et, dans ce cas, le sens littéral ne désigne pas la figure elle-même, mais ce qu'elle représente. Quand, en effet, l'Écriture parle du bras de Dieu, le sens littéral n'est pas qu'il y ait en Dieu un bras corporel, mais ce qui est signifié par ce membre, à savoir une puissance active. Cela montre bien que, dans le sens littéral de l'Écriture, il ne peut jamais y avoir de fausseté [1].

Les paraboles sont du sens littéral parce que *dans le mot* est inscrit la puissance métaphorique ou figurative. Le « bras » renvoie chez l'homme au membre corporel selon un sens propre contenu dans le sens littéral ; de même, « le bras de Dieu » ne renvoie pas à une réalité à partir de laquelle un signifié second pourrait être trouvé, mais immédiatement, directement à la puissance ou à la force, sens figuré (*figuratum*) et non transporté (*translatum*), contenu lui aussi dans le sens littéral du mot. *Le sens parabolique est le sens métaphorique lui-même.*

Dans cette quadripartition des sens de l'Écriture, Thomas accorde une place privilégiée au sens littéral, seul apte à être l'appui de la théologie [2]. Sa théorisation des quatre sens n'apparaît que très peu dans sa pratique : Henri de Lubac et Gilbert Dahan ont montré que cette distance entre la doctrine énoncée et la méthode éprouvée des quatre sens est applicable à tout penseur médiéval. Seule la bipartition du sens littéral et du sens spirituel importe, selon l'importance que l'on donne à l'un ou à l'autre des deux sens. C'est dire que les caractéristiques, les modes fondamentaux de la pensée d'un auteur vont se fonder sur sa préférence pour une méthode exégétique, littérale ou allégorique [3]. Sans analyser ici la difficile question de savoir s'il y a un ou plusieurs sens de la lettre chez Thomas [4], il convient de noter que la préférence de l'Aquinate pour le sens littéral est liée à son souci de rigueur scientifique. Le sens littéral permet aussi à Thomas d'exposer les contenus doctrinaux de la foi, comme dans son commentaire de Jn 2, 4 où il montre l'inanité de trois hérésies [5]. Eckhart semble très loin de ces propos thomasiens.

1. *ST*, q. 1, art. 10, sol. 3, Cerf, t. 1 p. 164.
2. Cf. *ST*, q. 1 art. 10, sol. 1, Cerf, t. 1 p. 163.
3. *Cf.* H. de Lubac, *Exégèse médiévale…*, *op. cit.*, t. 1, p. 118 ; G. Dahan, *Lire la Bible…*, *op. cit.*, p. 233-234.
4. *Cf.* C. Spicq, *Esquisse…*, *op. cit.*, p. 280 *sq.*
5. Cf. *In Ioh* 2, 4, lect 1-4, § 348-353, ed. Marietti, trad. fr. M.-D. Philippe, Paris, Cerf, 1998, p. 183-185.

Influence de Maïmonide

Le § 1 du *Livre des paraboles de la Genèse* prend directement appui sur le *Guide des Égarés* de Maïmonide pour distinguer le sens littéral et obvie du texte et le sens latent et caché. Eckhart dans ce passage pourrait nous apparaître totalement ignorant des mises au point thomasiennes. De fait, sa voie n'est pas celle de Thomas.

Le terme parabole est pour Eckhart un terme générique; il ne désigne pas seulement un récit figuré, ou une expression métaphorique. En effet, Eckhart renvoie en utilisant le terme de « parabole », au contenu caché sous la lettre, qui peut elle-même être une parabole au sens de métaphore[1]. Ainsi, *parabolice* semble être le synonyme d'« allegorice »[2], de « spiritualiter »[3], « mystice »[4], « metaphorice »[5], « figurate »[6], « symbolice »[7].

Le terme de « tropologice », un hapax chez Eckhart, mérite de s'y attarder dans la mesure où il est théologiquement lourd. Il apparaît dans le *Livre des Paraboles de la Genèse*, pour expliquer Gn 3, 1 : *Sed et serpens erat callidior cunctis animantibus terrae quae fecerat Dominus Deus...*

> À propos de ce passage, il semble qu'étant sauves les autres explications des saints et des docteurs, on puisse parler tant dans un sens historique que tropologique, et dire avec assez de probabilité que le sens tropologique (*tropologice*) du serpent, de la femme et de l'homme est celui-là même qui est aussi historique ou littéral, comme il en va aussi de ce qui est dit dans Jud 9 : « les arbres se réunirent pour se donner un roi, et ils dirent à l'olivier : règne sur nous ». En effet, nous aussi quand nous disons : « le pré rit » (*pratum ridet*) ou « l'eau court », le sens littéral est que le pré fleurit et que la floraison est son rire, et son rire sa floraison. Donc, en expliquant selon cela ce qui est dit ici du serpent, de la femme et de l'homme, beaucoup de doutes disparaissent, que l'on a coutume de soulever, par exemple comment le serpent et la femme se parlent mutuellement, et plusieurs autres questions semblables[8].

L'utilisation du terme *tropologice* apparaît lorsqu'il s'agit de commenter le récit du péché. Dans le § 136, Eckhart semble se reporter à la définition des tropes que donne Augustin dans *La Doctrine chrétienne* dans lequel il montre qu'ils contiennent des significations cachées, mais sans mentionner s'ils appartiennent au sens littéral[9]. L'exemple utilisé, *patrum ridet,* est repris de l'Aquinate. Thomas faisait du sens tropologique un sens spirituel alors que le maître le

1. Ce qui suit s'appuie sur les recensions d'E. Winkler, *Exegetische Methoden...*, *op.cit.*, p. 50-74.
2. Cf. *In Gen. I,* § 186, *LW* I, p. 330; *OLME* 1, p. 485. *In Gen. II*, § 191, *LW* I, p. 662.
3. Cf. *S* VIII, 93, *LW* IV, p. 88; Mangin, p. 119. *In Ioh.,* § 125, *LW* III, p. 456.
4. Cf. *In Gen. II,* § 1 et 2, *LW* I, p. 449 et p. 452.
5. Cf. *In Gen. II,* § 26, *LW* I, p. 496; § 120, *LW* I, p. 584-585.
6. Cf. *In Gen. II,* § 204, *LW* I, p. 677; *In Ioh.*, § 495, *LW* III p. 426-427.
7. Cf. *Tabula auctoritatum libri parabolarum Genesis*, *LW* I, p. 457.
8. *In Gen. II,* § 136, *LW* I, p. 602-603.
9. Cf. *La doctrine chrétienne*, *op. cit.,* BA 11/2, p. 292-293.

rapporte ici au sens littéral, et ce, par une reprise des exemples de Thomas lui-même. Or, Thomas ne parle pas du sens moral de l'Écriture, mais, de la possibilité d'attribuer des noms à Dieu par métaphore ou analogie :

> Or, par le sens littéral, quelque chose peut être signifié selon deux modes : selon le sens propre de l'expression (*locutionis*), comme lorsque je dis « l'homme rit » ; ou selon la similitude ou la métaphore (*similitudinem seu metaphoram*), comme lorsque je dis « le pré rit ». Et nous utilisons l'un et l'autre mode dans la Sainte Écriture, comme lorsque nous disons, quant au premier, que « Jésus monta » et quand nous disons, quand au second, qu'il est « assis à la droite de Dieu ». Ainsi le sens métaphorique ou parabolique est inclus dans le sens littéral [1].

Tout porte à penser qu'Eckhart confond ici *tropologice* et *tropice*, et qu'il se contente de répéter, avec un *lapsus calami*, la leçon augustino-thomasienne de la possibilité des tropes portée par la différence entre *res* et *voces*. La difficulté n'est pourtant que partiellement résolue. Le texte cité fait en effet suite à une déclaration essentielle :

> Il faut noter deuxièmement qu'il ressort clairement de ce passage que l'Écriture Sainte doit être exposée sous forme de parabole (*manifeste apparet scripturam sacram parabolice exponendam*). En effet, les réalités dont il est question dans ce chapitre 3, sont expliquées de façon habituelle par les saints et les docteurs de façon parabolique, le serpent signifiant la partie sensitive, la femme la raison inférieure, et l'homme la partie supérieure de cette raison [2].

Pour justifier l'interprétation parabolique de Gn 3, 1, ainsi que de toute l'Écriture, Eckhart s'appuie sur l'interprétation allégorique d'Augustin des trois acteurs du drame : le serpent, l'homme et la femme. Il mentionne en effet le livre XII du *De Trinitate* et restitue l'interprétation augustinienne de la chute [3]. Dans ce second *Commentaire de la Genèse*, Eckhart ne mentionne pas les textes dans lesquels Augustin s'efforce de rendre compte du sens littéral. Or, le § 186 du premier *Commentaire de la Genèse* montre qu'il connaît les diverses formes d'interprétation :

> On notera que, comme Augustin le dit dans *la Genèse au sens littéral*, au début du livre VIII, il y a là, « à propos du paradis », trois grandes opinions. La première est soutenue par ceux qui veulent l'entendre de façon seulement corporelle (*corporaliter*) ; la deuxième, par ceux qui n'y voient qu'une réalité spirituelle (*spiritualiter*) ; la troisième, par ceux qui y voient les deux [...] [4].

1. *Commentaire de l'Épître aux Galates*, chap. 4, lect. 7, trad. fr. J.-É. Stroobant de Saint-Éloy, Paris, Cerf, 2008, p. 182.
2. *In Gen. II*, § 135, *LW* I, p. 602.
3. Cf. *De Trin.*, XII, XIII, 20, BA 16, p. 248-249.
4. *In Gen. I*, *LW* I, p. 330 ; *OLME* 1, p. 482-483.

Est-ce parce qu'il s'en remet au docteur et au saint qu'Eckhart lui-même ne prend pas la peine d'une explication littérale ? Dans les premières lignes du livre 8 de la *Genèse au sens littéral*[1], Augustin mentionne en effet la triplicité des interprétations possibles : Eckhart veut-il dire qu'il s'accorde sur ce point avec Augustin ? Ici encore, nous retrouvons cette conviction eckhartienne que les analyses littérales étant connues, il peut s'enquérir du « rare » et du « subtil ». Le sens littéral du texte biblique n'est pas la préoccupation du maître. Certainement se repose-t-il sur les autorités de la tradition auxquelles il renvoie et considère qu'il peut développer ses propres interprétations[2].

Sans parler ici de la prédication en langue vulgaire, les œuvres latines montrent qu'Eckhart privilégie la différence entre la surface et le fond davantage que celle d'une différence entre les signifiants[3]. La distinction entre la lettre et l'esprit en ressort complètement brouillée, au profit d'une interprétation allégorique[4].

Néanmoins, le concept de parabole, en son équivocité de sens, permet de penser ce passage de la parabole-métaphore à la parabole-allégorie : le déchiffrement à même la lettre conduit au sens spirituel, et c'est cela même qu'il faut entendre par « parabolèse ». La mise en évidence de la parabole, au sens premier de métaphore, présente dans le texte biblique, lui permet de justifier la présence du sens spirituel, de la parabole au sens second, sens spirituel et allégorique. La parabole/métaphore permet de transposer et d'attribuer le sens premier d'un terme à une réalité cachée, cela même que fait Thomas en utilisant l'exemple « pratum ridet »[5]. Chez le maître, la parabole-métaphore du texte, renvoie, une fois déchiffrée, au contenu parabolique, ou allégorique, ou encore spirituel.

C'est bien ce que reprocheront les juges à Eckhart : les § 135 et 136 du *Livre des paraboles de la Genèse* figurent sur la première liste d'accusation du procès de Cologne[6]. Le maître se contente de répondre que :

> Il est dit en premier : « il apparaît clairement que toute l'Écriture sainte doit être exposée de manière parabolique ». On doit dire que cela est vrai, tel quel. Il n'en est pas cependant moins vrai qu'elle doit être exposée littéralement et historiquement[7].

1. *La Genèse au sens littéral*, VIII, I, 1, *op. cit.*, BA 49, p. 8-9.
2. *Cf.* E. Winkler, *Exegetische Methoden…*, *op. cit.*, p. 75-76.
3. *Cf.* J. Koch, « Sinn und Struktur »…, art. cit., p. 79.
4. *Cf.* D. F. Duclow, « Meister Eckhart's latin biblical exegesis », *in* J. M. Hackett (ed.), *A companion to Meister Eckhart*, Leiden-Boston, Brill, 2013, p. 333-334.
5. *Cf.* G. Dahan, « Saint Thomas d'Aquin et la métaphore. Rhétorique et herméneutique », *Medioevo, Rivista di storia della filosofia medievale*, XVIII, 1992, p. 85-117, repris dans *Lire la Bible…*, *op.cit.*, p. 249-282.
6. *Proc. Col. I*, n. 32, *LW* V, p. 310-311.
7. *Ibid.*, n. 113, *LW* V, p. 288.

En donnant simplement à son deuxième commentaire de la Genèse le titre de *Commentaire des Livres des Paraboles de la Genèse*, Eckhart fait de la Bible un texte parabolique, et oublie quasiment sa littéralité. *Parabolice* est en effet le terme employé par Eckhart, à la suite de Maïmonide, pour signifier que l'Écriture est allégorique. C'est en effet Maïmonide qui est « la source pour l'usage singulier que fait Eckhart des concepts de *parabola* et de *parabolice*, différente de celui que fait l'herméneutique scolastique du *sensus parabolicus* »[1]. Du moins en est-il la source la plus directe. Eckhart cite le *Guide des Égarés* 117 fois dans toute son œuvre latine. L'importance de l'influence du philosophe juif sur Eckhart est évidente[2].

Dans le premier paragraphe du prologue au *Liber Parabolarum Genesis* cité plus haut, Eckhart s'appuie sur la traduction latine du *Guide des Égarés* de Maïmonide pour justifier l'emploi de sa méthode « parabolique » : il le cite donc dans la traduction latine de la version originale arabe. Le recours à Maïmonide dans ce paragraphe et dans tous ceux dans lesquels il est question d'exégèse lui sert d'appui pour fonder deux principes :

– le lien au sens spirituel utilise Pr 25, 11 : « des pommes d'or dans des ciselures d'argent » pour expliquer le rapport dynamique que le lecteur attentif de la parole divine instaure entre la lettre et l'esprit.

– sous les paraboles de l'Écriture sont cachées les sciences, distribuées de manière bipartite par Maïmonide – la science naturelle et la science spirituelle – et tripartite pour Eckhart – la science divine, la science de la nature et la science morale.

La version latine emploie bien le terme de « parabola » et non « allegoria ». *Parabola* est le terme auquel Eckhart recourt pour éviter la confusion entre le sens nouveau donné à l'« allégorie » par Thomas, comme sens typologique, et le sens ancien qui date des Pères et qui est synonyme du sens spirituel, plus large que la seule typologie[3]. Le peu d'occurrences d'*allegoria* et de ses dérivés nous le montre.

Dans ce cas, Eckhart renouerait avec une tradition beaucoup plus ancienne, fondée par Origène : l'interprétation allégorique de l'Écriture, ou l'allégorèse. Maïmonide, ici, est un vecteur langagier. Le prologue au *Dux neutrorum* est constitué par une lettre que Maïmonide adresse à son élève, qu'il juge digne,

1. K. Weiss, « Meister Eckhart… », art. cit., p. 103.

2. *Cf.* K. Flasch, *D'Averroès à Maître Eckhart*, Paris, Vrin, 2008, p. 168 *sq.* ; D. di Segni, « "Verba sunt Rabbi Moyses" : Eckhart e Maimonide », in *Studi sulle fonti…, op. cit.*, t. II, p. 103-140 ; A. H. Friedlander, « Maître Eckhart et la tradition juive : Maïmonide et Paul Celan », dans *Voici Maître Eckhart*, Paris, Jérôme Million, 1994, p. 385-399 ; Y. Schwartz, « Maître Eckhart et Moïse Maïmonide. Du rationalisme judéo-arabe à la théologie vernaculaire chrétienne », dans J. Casteigt (dir.), *Maître Eckhart*, Paris, Cerf, 2012, p. 229-255.

3. *Cf.* J. Casteigt, « "Sous l'écorce de la lettre". De la *parabola*, comme procédé rhétorique et herméneutique hérité de Maïmonide, à l'opérateur métaphysique qu'est l'*imago* dans le *Livre des Paraboles de la Genèse* de Maître Eckhart », dans *Maître Eckhart, op.cit.*, p. 159.

en raison de sa passion pour l'étude et de la maîtrise des diverses sciences, de recevoir son enseignement sur les mystères de la Torah. Le premier but du traité est de discerner parmi les appellations du langage humain celles qui conviennent, et ne conviennent pas, à Dieu. Le deuxième est « d'expliquer des allégories (*parabola*) très obscures qu'on rencontre dans les livres des prophètes sans qu'il soit bien clair que ce sont des allégories (*parabola*), et qu'au contraire l'ignorant et l'étourdi prennent dans leur sens extérieur sans y voir un sens ésotérique »[1].

> Le sage a dit : « Comme des pommes d'or dans des filets (*Maskiyyôth*) d'argent, telle est une parole dite selon ses différentes faces » Pr 25, 11 [...] Il dit donc : comme une pomme d'or dans un filet d'argent à ouvertures très fines, telle est la parole dite selon ses deux faces. Et vois comment cette sentence s'applique à merveille à l'allégorie (*parabola*) en règle; car il dit que le discours qui a deux faces, c'est-à-dire qui a un (sens) extérieur et intérieur, doit avoir l'extérieur beau comme l'argent, mais son intérieur doit être encore plus beau que son intérieur, de manière à ce que son intérieur sera, en comparaison de son extérieur, comme l'or est à l'argent[2].

Eckhart connait et mentionne cette différence entre l'extérieur et l'intérieur, qu'il reformule, avec appui sur Augustin, selon l'image de l'épi et des grains[3], ou des cellules de cire desquelles on extrait le miel[4]. Le rapport n'est plus celui de l'exotérique à l'ésotérique, mais celui de la surface à la profondeur. La référence au livre V, VII, 8 des *Confessions* indique la même idée d'une progression dans la *lectio divina*, qui consonne avec une progression dans la foi. Eckhart rapporte donc l'autorité du docteur juif à celle d'un Père de l'Église, entendant par là l'intégrer à sa propre tradition.

L'emploi du terme *parabola* et de ses dérivés n'est cependant pas tout à fait inconnu des auteurs patristiques et médiévaux. Jérôme emploie le terme pour commenter la reprise en Mt 13, 35 de Ps 77, 2 : *Ut impleretur quod dictum est per prophetam dicentem : Aperiam in parabolis os meum; eructabo abscondita a constitutione mundi*, en identifiant la parabole avec le sens spirituel qui correspond au contenu caché et mystérieux de l'Écriture :

> [...] nous comprenons que tous ces écrits doivent être compris comme une parabole, ce qui n'est pas seulement le sens littéral qui s'y fait entendre, mais aussi des mystères cachés (*abscondita sacramenta*). Voilà ce que le Sauveur promet en effet de dire en ouvrant la bouche pour parler en paraboles (*in parabolis*) et en proclamant des choses cachées (*abscondita*) depuis la création du monde[5].

1. *GdE*, p. 11.
2. *Ibid.*, p. 18.
3. Cf. *La Genèse au sens littéral*, I, XX, 30, BA 48, p. 140-141.
4. Cf. *Ennarationes in Ps. 118, Sermo* 22 n. 7, *PL* 37, col. 1566.
5. Saint Jérôme, *Commentaire sur saint Matthieu*, SC 242, trad. fr. É. Bonnard, Paris, Cerf, 1977, p. 284-285. *Cf.* Thomas d'Aquin, *Catena aurea, Expositio in Matthaeum*, Taurini-Romae, Marietti,

De la même façon, Eckhart étaye sa lecture parabolique de la Bible dans laquelle sont contenues les sciences divines, naturelles et morales à partir de la distinction maïmonidienne entre le récit de la création (la physique) et le récit du char (la métaphysique)[1]. Ces distinctions ne renvoient pas à des sens. D'une part parce que Maïmonide lui-même renvoie ces sciences à des *livres* de la Torah; d'autre part parce qu'il ne saurait y avoir, chez Eckhart, de parallèle entre sciences divine – naturelle – morale et sens spirituel – littéral – tropologique. Cela n'aurait aucun sens, puisqu'Eckhart ajoute parfois à ces disciplines celles du droit et de l'art, auquel cas il faudrait greffer artificiellement sur trois sens deux autres sens. La distinction n'est pas celle des *sens* mais des *disciplines* ou *sciences* que l'on peut trouver, par la méthode parabolique, dans tout le texte sacré, sous la surface de la lettre. Nous sommes donc encore ici en face d'une bipartition lettre/esprit, la plongée dans l'esprit étant en même temps une plongée dans diverses sciences contenues dans l'Écriture : « [...] le *Ma'asé beréchît* (récit de la création) est la science physique et le *Ma'asé mercabâ* (récit du char céleste) la science métaphysique [...] »[2].

S'appuyant sur Maïmonide, Eckhart affirme que trois sciences sont contenues dans l'Écriture. De Maïmonide, Eckhart reprendra aussi la double forme possible de la parabole :

> Deuxièmement : le genre des paraboles est double, comme l'enseigne Maïmonide dans le prologue du Guide des Egarés. Il y a un [premier] genre ou mode de paraboles quand « n'importe quel mot » de la parabole « démontre quelque chose au sujet d'autre chose séparément ». « Le deuxième mode » : quand la parabole est tout entière « la similitude » et l'expression d'une « chose » dont elle est parabole tout entière. Mais alors « beaucoup de mots » sont interposés, qui n'instruisent pas au sujet de l'autre chose dont elle est la parabole, « mais sont posés à titre de parure de la similitude » et de la parabole « ou en vue de creuser la chose cachée » dont elle est la parabole, « conformément au plan de cette similitude et parabole » [...][3].

Dans le premier cas, la parabole est une allégorie, le renvoi d'un terme à un autre. Dans le deuxième cas, c'est la signification globale du récit qui compte; le modèle type se trouve dans les paraboles du Christ. Eckhart se rapporte encore une fois au prologue du *Guide des Égarés*[4], mais cet appui sur Maïmonide semble n'être qu'instrumental : il sert à Eckhart pour expliciter la nécessité d'une lecture allégorique de la Bible, celle-ci étant inspirée par Dieu. Encore une fois, Eckhart entend montrer que l'Écriture possède, de manière voilée, un contenu de vérité, constitué par le Christ lui-même. Au § 2 du *Livre des Paraboles de la Genèse*, Maître Eckhart argumente de la façon suivante : Platon et les poètes se sont

1953, p. 220. Eckhart christianise, en reprenant une tradition certaine, la pratique exégétique juive de Maïmonide puisque l'exégèse chrétienne fait du Christ la « moelle » de l'Écriture.

1. Ces deux récits correspondent à la *Genèse* et au livre d'*Ezéchiel*.

2. *GdE*, p. 12.

3. *In Gen. II*, § 5, *LW* I, p. 454-455.

4. Cf. *GdE*, p. 18-19; J. Casteigt, « "Sous l'écorce de la lettre"…. », art. cit.

exprimés à l'aide de paraboles et de fables pour enseigner les choses divines, naturelles et morales; il en va de même de la Bible :

> Platon lui-même et communément tous les anciens, théologiens ou poètes enseignaient en paraboles les choses divines, naturelles et morales. En effet, ce n'est pas en vain que les poètes se sont exprimés de manière fabuleuse, mais sous la métaphore des fables très doucement et de manière adéquate, ils ont enseigné intentionnellement les natures des choses divines, naturelles et morales [...].
> Chez nous, le Livre des cantiques et l'Apocalypse de Jean enseignent cela même, et le nom même des Proverbes de Salomon, qui sont appelés Paraboles. D'où il est dit au même endroit, en Pr 1, 6 : « que l'on prête attention à la parabole et à [son] interprétation, aux paroles des sages et à leurs énigmes ». Le Christ, la vérité elle-même, enseigne dans les saints Évangiles de manière parabolique, et les mœurs et à ceux, qui « ont des oreilles pour entendre », transmet les fondements universels des vérités profondes, cachées. [...] Cela est manifeste dans toute [la partie] I II q. 102 [de la Somme Théologique]. En effet, il n'est pas superflu de dire que l'Esprit, que le Christ envoie du Père, enseigne aux disciples toute vérité, comme je l'ai noté au même endroit en Jean 16, 13 [1].

Il y a une synonymie entre expression fabuleuse, parabole et métaphore. Sous un récit fabuleux ou fictif, racontant une histoire, se cachent plusieurs niveaux de significations. Un tel récit, s'il ne possède pas la rigueur rationnelle du raisonnement démonstratif, donne néanmoins à percevoir l'objet dont il parle et qui n'est accessible et intelligible qu'une fois l'effort interprétatif fourni. Les mythes platoniciens sont à cet égard exemplaires [2]. Le mythe, la fable, la parabole sont donc les voies les plus appropriées inventées par le langage lorsqu'il s'agit de comprendre ce qui échappe à la raison : les plus hautes vérités, ou comme le dit Eckhart, « les fondements universels des vérités profondes, cachées ». La référence à la *Somme théologique*, I-II, q. 102 confirme ce point. Thomas d'Aquin montre, dans l'article 2 notamment, que les préceptes cérémoniels bibliques, tels la circoncision, possèdent, outre un sens littéral, un sens mystique.

Ce recours aux mythes des grecs, et à la valeur particulière que Platon donnait aux mythes au sein de ses dialogues empêche de réduire l'Écriture sainte à un discours rationnel. Au contraire, il nous conduit à reconnaître la plénitude du mystère que l'on approche par un langage imagé et poétique. Néanmoins, ici aussi, il serait tentant, mais faux, de mettre Platon et les poètes d'une part, la sainte Écriture de l'autre, sur le même plan axiologique. Il y ici a le même rapport qu'Eckhart établissait dans le § 185 du *Commentaire de Jean* entre Moïse et Aristote d'une part, le Christ de l'autre. De même que la Loi et la philosophie trouvent leur vérité dans le Christ, qui en est leur fondement, de même, si les poètes et Platon ont pu énoncer quelque chose de vrai dans leurs fables et poèmes,

1. *In Gen. II.*, § 2, *LW* I, p. 451-452.
2. *Cf.* G. Droz, *Les mythes platoniciens*, « Sagesses », Paris, Seuil, 1992, p. 11.

c'est sous l'inspiration de l'Esprit-Saint[1] : les vérités partielles qu'ils ont pu énoncer trouvent leur aboutissement dans l'Écriture. Encore une fois, l'accord entre la philosophie et la révélation n'est pas un accord immanent par la rationalité, mais un accord transcendant *par la source de la vérité*.

1. Le § 2 commence par la citation de deux autorités : 2 P 1, 21 : *Non enim voluntate humana adlata est aliquando prophetia sed Spiritu Sancto inspirati locuti sunt sancti Dei homines* et Jn 16, 13 : *Cum autem venerit ille Spiritus veritatis docebit vos in omnem veritatem non enim loquetur a semet ipso sed quaecumque audiet loquetur et quae ventura sunt adnuntiabit vobis.*

CHAPITRE VI

LA SOURCE ORIGÉNIENNE

ORIGÈNE ET LA PHILOSOPHIE

Un rapport tendu et ambigu

Plus de dix siècles séparent Eckhart d'Origène. La bulle *In agro dominico* du 27 mars 1329 juge 17 articles erronés et hérétiques, 11 autres « tout à fait malsonnants, très téméraires et suspects d'hérésie, bien que, moyennant force explications et compléments, ils puissent prendre ou avoir un sens catholique »[1]. Origène n'a pas eu un sort plus enviable : en 553, le deuxième concile de Constantinople, réuni par Justinien, condamne Origène, un Origène mal lu et incompris, déformé sous le nom d'« origénisme ». Entre Eckhart et Origène, il y a donc en quelque sorte une homologie de destinée des œuvres, donnant lieu à des réactions diverses et passionnées de soutien ou d'anathémisation, qui ont nui à une considération sereine et objective de leurs écrits.

Néanmoins, la distance historique rend raison de la différence existant entre les deux hommes dans leur rapport au monde-ambiant auquel ils appartenaient. Le temps d'Eckhart était certes celui des béguines et des bégards, de l'hérésie du Libre Esprit, condamné au Concile de Vienne en 1312. Mais l'Église avait déjà fixé la plupart de ses dogmes : l'union hypostatique, la Trinité, la création *ex nihilo* sont autant d'articles de foi chrétienne dont les théologiens disposent sans avoir à les fonder ou les justifier. Les dogmes étant fixés, le vocabulaire l'est aussi. Les théologiens du Moyen Âge ne sont pas dans l'urgente obligation d'un combat vis-à-vis d'autres courants, religieux, philosophiques, spirituels, pour affirmer et légitimer leur foi.

Telle n'est pas la situation d'Origène qui défend le christianisme sur de nombreux fronts : Le *Contre Celse*, écrit pour parer aux attaques païennes de Celse dans un livre intitulé *Discours véritable*, est une défense apologétique de la

1. Bulle de Jean XXII *In Agro dominico* du 27 mars 1329, *LW* V, p. 596-600 ; Libera, p. 414.

foi chrétienne contre la philosophie grecque, l'épicurisme en particulier. Mais c'est aussi contre la lecture erronée des deux Testaments, celle des gnostiques, et contre les « gens de la circoncision », refusant le Nouveau Testament, qu'Origène dirige ses propos et met en place sa méthode exégétique.

Ce combat mené par Origène pour défendre le christianisme de ses divers adversaires rend son rapport à la philosophie complexe. Éduqué et formé aux deux cultures hellénique et biblique, à Alexandrie, connaisseur de l'œuvre de Clément, l'œuvre d'Origène est pleine de rémanences de philosophie médio-platonicienne, et l'on a pu ainsi considérer l'alexandrin comme un philosophe et non comme un théologien. Nombre de ses propos, qui ne sont pas simplement ceux utilisés contre Celse, sont repérables dans le *Traité des principes*, dans les commentaires et homélies, et témoignent d'une certaine méfiance vis-à-vis de la philosophie, si ce n'est d'un rejet pur et simple de l'enseignement philosophique. Et l'on peut lire par exemple dans les *Homélies sur le Lévitique* : « Ne touche pas aux pains volés d'une doctrine corrompue. Ne désire pas les aliments fallacieux de la philosophie qui te détournent de la vérité » [1]. Nous sommes loin, très loin, de la confiance eckhartienne dans les « raisons des philosophes » ! Pourtant, c'est le même Origène qui, dans la *Lettre à Grégoire* reconnaît une valeur propédeutique et instrumentale à la philosophie, qui peut servir d'auxiliaire à l'étude de la révélation :

> Comme tu le sais, les dispositions naturelles d'intelligence, quand elles ont reçu un exercice suffisant peuvent avoir pour résultat de conduire, dans la mesure du possible, à l'accomplissement, si on peut parler ainsi, du but qui a présidé à cet exercice. Tes dispositions naturelles peuvent faire de toi un juriste romain accompli et un philosophe grec appartenant à l'une des écoles réputées. Mais je voudrais, moi, que tu utilises toute la force de tes dispositions naturelles en ayant pour fin la doctrine chrétienne. Quant au moyen à employer, j'aurais pour cette raison souhaité que tu prennes de la philosophie tout ce qui peut servir comme enseignement encyclique ou de propédeutique (ἢ προπαιδεύματα) pour introduire au christianisme et de même de la géométrie et de l'astronomie tout ce qui sera utile à l'interprétation de l'Écriture sainte. Et ainsi, ce que disent les philosophes de la géométrie et de la musique, de la grammaire, de la rhétorique et de l'astronomie, en les appelant les auxiliaires de la philosophie (ὡς συνερίθων φιλοσοφίᾳ), nous l'appliquerons, nous, à la philosophie elle-même, par rapport au christianisme [2].

La hiérarchisation architectonique des sciences grecques, servantes de la philosophie est prise comme modèle analogique pour penser les rapports qui doivent être ceux de la philosophie et du christianisme. Très clairement, Origène déplace et reprend le curriculum de l'enseignement à Alexandrie. Le premier niveau consistait dans l'enseignement des arts libéraux, étude des « petits mystères » ; il était subordonné, comme propédeutique, au deuxième niveau, à la lecture des philosophes, des « grands mystères ». Dans ce texte d'Origène, la

1. *HomLev.*, 10, 2, SC 287, p. 138-139.
2. *Lettre d'Origène à Grégoire*, trad. fr. H. Crouzel, Paris, Cerf, SC 148, p. 186-189.

philosophie n'est plus ni fallacieuse ni perverse, mais, *clairement définie comme instrument et propédeutique*, elle peut servir à l'intelligence du christianisme et de l'Écriture à laquelle elle est subordonnée [1]. Néanmoins, peu de textes sont aussi explicites que cette lettre à Grégoire, de telle sorte que si nous voulons un tant soit peu comprendre la place de la philosophie octroyée par Origène dans l'ensemble de ses écrits – et notamment dans ses commentaires bibliques – un travail archéologique est nécessaire [2].

Il y a chez les Pères en général, et chez Origène en particulier, une tension entre une foi qui établit progressivement son édification doctrinale et les moyens qui sont à sa disposition pour le faire – les concepts issus de la science et de la philosophie – dont les conséquences doctrinales, religieuses, politiques et morales peuvent se révéler contraires à son esprit. Mais c'est bien ce rapport complexe qui fait l'intérêt d'une lecture actuelle.

Les Pères, en tant que chrétiens fervents, conscients de l'irréductible nouveauté apportée par le Christ, pressentaient la nécessité d'une justification par la raison du christianisme aussi bien qu'ils ressentaient avec passion la vérité de la Révélation. Ils doivent rendre raison de leur foi, face à des attaques venues de toute part (philosophie, État impérial, judaïsme, gnose). Origène est mû par une telle passion. Il n'en va pas simplement de la vérité de *sa* doctrine, mais de celle de *la* foi, *la* vérité incarnée par le Christ, à laquelle il adhère totalement.

Eckhart ne ressent pas cette même urgence : l'urgence qui est la sienne se place davantage dans l'enseignement et la prédication aux humbles, pour qu'ils puissent approfondir leur foi, déjà gagnée en sa vérité révélée. Il emploie la philosophie, explicitement dans ses écrits latins, tacitement et implicitement dans ses prêches en langue vernaculaire [3]. Ici, il se réfère aux lumières philosophiques de manière anonyme, en mentionnant tel ou tel « grand maître (*grôz meister*) » : tout ce qui peut servir la foi et la vérité de l'Incarnation est exploité par Eckhart.

Finalement, entre Origène et Eckhart, il n'y a pas de grande différence *selon l'intention* : tous les deux entendent, par leurs prêches, leurs homélies et l'ensemble de leurs travaux, convaincre de la vérité du christianisme. Mais si l'un est déterminé, dans sa manière de penser, par l'hostilité politico-idéologique portée par les accusations du pouvoir temporel, l'autre, certainement marqué par les condamnations d'Étienne Tempier, mais fort de plus de dix siècles de chrétienté et de mises au point théologiques, peut se permettre une parole moins polémico-apologétique mais tout aussi pastorale.

1. *Cf.* I. Hadot, *Arts libéraux et philosophie dans la pensée antique*, Paris, Études augustiniennes, 1984.

2. *Cf.* J. S. O'Leary, *Christianisme et philosophie chez Origène*, Paris, Cerf, 2011. L'auteur distingue trois grandes tendances chez les commentateurs d'Origène : la première insiste sur l'opposition religieuse d'Origène à la philosophie grecque, néanmoins utilisée comme un outil d'exégèse ; la seconde insiste sur le caractère « mystique », biblique et pastoral de l'homme d'Église ; la troisième enfin le reconnaît comme un penseur philosophique.

3. C'est ce qu'Alain de Libera, dans *Penser au Moyen Âge…*, *op. cit.*, chap. VII, appelle « déprofessionnalisation de la philosophie ».

L'idée d'une philosophie, auxiliaire, servante de la théologie aura une postérité immense: il suffit d'ouvrir les premières pages de la *Somme de théologie* de Thomas pour se rendre compte de l'immense apport conceptuel que la théologie doit à la philosophie, ainsi que de la place que tout théologien, ainsi que tout chrétien, doit lui donner. Tout ceci est quasiment un lieu commun de la philosophie médiévale. Or, cela n'apparaît pas chez Maître Eckhart qui est davantage soucieux de trouver une source unique de *la* vérité que de définir précisément les rapports de subordination des sciences. Un exemple particulièrement intéressant de cette différence de point de vue sur l'usage des sciences et savoirs païens se trouve dans la valeur accordée aux fables et aux poètes.

Origène, dans le *Contre Celse* notamment, met un soin tout particulier à distinguer l'allégorie grecque de l'allégorie biblique. Le nerf de la défense origénienne face aux attaques de Celse est de montrer que, si les mythes et histoires racontées par les grecs ne renvoient à aucune réalité, l'allégorie biblique ne supprime pas l'histoire: au contraire, l'allégorie sert très souvent à sauver la lettre, qui peut être de prime abord incohérente. En outre, elle ne conduit pas à des comportements blâmables, et ce qu'il peut y avoir d'immoral dans les récits bibliques – les incestes de Lot par exemple – est, une fois expliqué, édifiant moralement[1].

Tandis que les païens – Celse tout particulièrement – s'efforcent de sauver leurs mythes par la méthode de l'allégorie, Origène insiste sur deux choses: les mythes bibliques ont un sens littéral vrai et ils sont moralement bons. Origène met toute son énergie à sauver l'histoire biblique, la vérité et la morale du christianisme contre les attaques de Celse. C'est cette dimension polémique et apologétique qui le conduit à rejeter, en les jugeant fantasmatiques et immorales, les mythes des grecs. Il ne leur reconnaît même pas de valeur allégorique.

Eckhart, attentif à tout ce qu'il peut y avoir de vrai dans une pensée, reconnaît la valeur de vérité des poèmes et allégories païennes. Eckhart, dans le § 2 du *Livre des Paraboles de la Genèse* prend appui sur les mythes et allégories platoniciens ainsi que sur les poètes grecs qui entendaient enseigner, par leurs métaphores, la vérité de façon voilée : Eckhart s'en empare pour légitimer l'usage de l'allégorèse biblique; « chez nous », à savoir, chez ceux qui ont la révélation, l'Apocalypse et les livres de Salomon sont aussi écrits à la manière des poètes. Sans identifier la révélation à une production poétique qui la viderait de son caractère sacré et révélé, il entend justifier le caractère allégorique des textes bibliques : si Platon a éprouvé la nécessité de recourir aux mythes pour exprimer des vérités philosophiques, à plus forte raison le hiérographe en fait-il usage, lui qui transcrit dans une langue nécessairement inadéquate le verbe divin.

1. *Cf.* H. de Lubac, *Histoire et Esprit…*, *op. cit.*, p. 47-48.

Ce n'est pas dire que philosophie et théologie se tiennent à un même niveau de vérité. Pour Eckhart, répétons-le, c'est le Christ et non la philosophie qui est *la* vérité. Mais Eckhart tient l'enseignement du Christ comme la vraie, l'immuable philosophie, la sagesse, faisant ainsi des approches non révélées autant de tentatives et d'ébauches du christianisme.

Cette idée, pour ne pas dire cette conviction intime que le christianisme est la vraie philosophie fait du thuringien un disciple fidèle d'Origène.

Le christianisme, vraie philosophie

Les jugements portés respectivement par Origène et Eckhart sur la philosophie se fondent sur cette conviction centrale que le christianisme est la philosophie, c'est-à-dire la « vraie » ou « divine » philosophie, à l'aune de laquelle les autres productions rationnelles sont situées et évaluées.

Si Origène regarde avec méfiance les philosophes de son temps, c'est bien parce que lui-même possède déjà la vraie philosophie du Christ[1]. Celle-ci est nommée de diverses manières par Origène. Les *Homélies sur la Genèse* parlent de la « vraie philosophie du Christ » (*vera philosophia Christi*)[2] ; le *Commentaire sur le Cantique des Cantiques* de « la vraie philosophie » (*vera philosophia*)[3] ou de la « divine philosophie » (*divina philosophia*)[4]. Le *Contre Celse* oppose les enseignements des précepteurs à « la philosophie enseignée par les prophètes de Dieu et les apôtres de Jésus »[5]. Origène oppose cette philosophie vraie, divine, chrétienne, à la philosophie des Grecs. On retrouve souvent dans ses textes cette dichotomie : notre sagesse/leur sagesse, sagesse du Christ/sagesse du monde : « Vois la *sagesse de ce monde*, vois la sagesse des princes de ce monde, comment elles insultent la *sagesse de mon Christ*, comment elles insultent la sagesse du véritable Judaïsme, selon lequel nous nous circoncisons spirituellement »[6].

En quoi la sagesse du monde est-elle une « insulte » ? Origène qualifie la philosophie de perverse et fallacieuse. Pourtant ce n'est pas tant la philosophie comme discipline rationnelle que blâme Origène que l'usage qui en est fait. Deux allégories sont restées célèbres et ont irrigué tout le Moyen Âge : les « dépouilles des Égyptiens » et la « belle captive ». Nous renvoyons ici aux longues pages qu'Henri de Lubac leur consacre dans son *Exégèse médiévale* : l'or (les sciences du monde)[7] que les Hébreux ont pris aux Égyptiens peut être utile à la construction de leur propre doctrine. Mais, ces sciences, axiologiquement neutres

1. Pour l'histoire et la genèse du concept de *philosophia christiana*, *cf.* O. Boulnois, « *Philosophia christiana*. Une étape dans l'histoire de la rationalité théologique », dans I. Bochet (éd.), *Augustin philosophe et prédicateur, hommage à Goulven Madec*. Actes du colloque international organisé à Paris les 8 et 9 septembre 2011, Paris, Institut d'Études Augustiniennes, 2012.

2. *HomGn.*, XI, 2, SC 7 bis, p. 284-285.

3. *ComCt.*, Prol. 3, 8, SC 375, p. 132-133.

4. *Ibid.*, 3, 14, p. 136-137.

5. *CCels.*, III, 58, SC 136, p. 136-137.

6. *HomIs.*, 3, 1, *PG* 13, col. 228.

7. Cf. *Lettre d'Origène à Grégoire*, *op.cit.*, SC 148, p. 188-193.

en elles-mêmes[1], deviennent des objets de tentation pour l'orgueil et détournent celui qui n'est pas suffisamment formé par le Verbe de Dieu de la sagesse chrétienne :

> Et moi, j'ai appris par l'expérience et je pourrais te dire que rares sont les hommes qui ont pris en Égypte ce qui est utile et qui, sortis ensuite de ce pays, ont fabriqué les objets destinés au culte divin. Mais nombreux sont les frères de l'Iduméen Ader. Ce sont ceux qui ont profité de leurs quelques connaissances helléniques pour engendrer des pensées hérétiques et fabriquer, pour ainsi dire, des génisses d'or à Béthel, mot que l'on interprète « Maison de Dieu »[2].

La pureté, la droiture du cœur, ainsi qu'une totale adhésion au Christ sont nécessaires pour l'usage des sciences profanes. Ainsi, de même que les Israelites purifiaient leurs captives, femmes prises aux ennemis, en leur coupant ongles et cheveux, de même on doit ôter et éliminer tout ce que les sciences profanes contiennent d'impur et ne garder que ce qui peut être utile à la compréhension de la vraie philosophie[3].

Cette « vraie philosophie » doit cependant être définie. À la différence de la païenne, elle conduit beaucoup plus difficilement à l'orgueil car elle ne prend pas appui sur les ressources naturelles de la raison. La philosophie chrétienne est définie par son caractère révélé, elle n'est pas produite par les humains, mais reçue par ceux qui sont dans la disposition adéquate pour l'entendre : la véritable humilité. Ainsi, Rebecca « abaisse, en effet, la prétention hautaine de l'éloquence grecque et, s'inclinant vers l'humilité et la simplicité du langage prophétique, elle dit : "Bois, puis j'abreuverai tes chameaux" »[4]. S'adressant à tout cœur façonné par l'humilité, cette philosophie s'adresse à tous les hommes et non à quelques chanceux élus ou érudits. L'Écriture qui en est son dépositaire peut être lue par tous, et la philosophie elle-même est constituée par cette possibilité d'intensification de la connaissance par l'approfondissement graduel de la *lectio*. Mais le pré-requis indispensable est l'humilité, pratiquée dans la prière[5].

L'intelligence de l'Écriture ne se donne pas prioritairement aux instruits mais à ceux qui, humbles de cœur, sont élevés spirituellement. Le passage du sens littéral au sens caché n'est pas le fait d'une intelligence habile :

> Mais si la signification qui dépasse l'homme n'apparaît pas aussitôt à ceux qui sont moins instruits dans les disciplines divines, dans leur premier contact avec la lettre, il n'y a là rien d'étonnant : car les réalités divines sont apportées aux hommes d'une manière un peu plus recouvertes (*paulo latentius*) et elles sont d'autant plus cachées que le lecteur est incroyant ou indigne [...]. C'est pourquoi maintenant

1. *Cf.* H. Crouzel, *Origène et la philosophie*, Paris, Aubier, 1962, p. 146.
2. *Lettre d'Origène à Grégoire*, SC 148, p. 190-193.
3. Cf. *HomLev.*, VII, 6, SC 286, p. 346-349 ; *Homélise sur Josué*, trad. fr. A. Jaubert, SC 71, Paris, Cerf, 1960, p. 194-217.
4. *HomGn.*, X, 2, SC 7 bis, p. 262-263.
5. Cf. *Lettre d'Origène à Grégoire*, SC 148, p. 192-195 ; H. Crouzel, *Origène et la connaissance mystique*, Paris, Desclée de Brouwer, 1961, p. 113.

> que nous avons été mené à la foi et à la croyance par une puissance céleste, bien mieux, plus que céleste, afin d'adorer seulement notre Dieu créateur de tous, essayons, nous aussi, de faire tous nos efforts pour *laisser la science des débuts du Christ*, c'est-à-dire les premiers commencements de la connaissance, *pour être portés à la perfection*, afin que la sagesse qui est livrée aux parfaits nous soit aussi transmise. C'est ce que promet celui qui a reçu en charge la prédication de cette sagesse quand il dit: *Nous parlons de la sagesse entre les parfaits, non de la sagesse de ce monde ni des princes de ce monde qui sont détruits*; par là il montre que notre sagesse n'a rien de commun, en ce qui concerne l'ornementation du discours, avec celle de ce monde. Cette sagesse sera instruite dans notre cœur avec plus de clarté et de perfection si elle nous est *découverte selon la révélation du mystère qui a été caché pendant des siècles sans fin, qui a été manifesté maintenant par les Écritures prophétiques* et *par la venue du Sauveur Jésus-Christ, à qui est la gloire dans tous les siècles*[1].

Origène ici encore montre pourquoi il ne saurait y avoir de confusion entre un discours de rhétorique ou un agencement poétique des mots et un passage de l'Écriture. La science païenne demande l'agilité de l'intelligence pour être comprise: elle est, par là-même, *élitiste*. La sagesse révélée par la Providence divine est obscure et cachée aux yeux de certains hommes non en raison d'artifices et de jeux de langage, mais par son contenu spirituel qui, parce qu'il est divin, ne peut se révéler qu'à ceux qui le méritent. Ce mérite n'est pas acquis par l'exercice de l'esprit, mais par l'humilité et la prière, si bien que le christianisme peut obtenir le titre de « vraie philosophie » : l'Écriture s'adresse, de fait, *à tous*, puisque la matérialité de la lettre peut être comprise par les débutants ou néophytes; son contenu spirituel est de droit universel, car il peut être entrevu, puis approfondi au fur et à mesure de l'ampleur de la foi.

C'est pourquoi les livres de l'Écriture peuvent être lus « verticalement », de la superficie de la lettre à la profondeur de l'esprit, mais aussi « horizontalement », selon l'ordre des disciplines qui y sont contenues et qui correspondent à la progression de l'itinéraire de l'âme dans son chemin vers la « divine sagesse ».

PARTIES DE L'ÉCRITURE ET DIVISIONS DE LA PHILOSOPHIE

Le prologue du *Commentaire sur le Cantique des Cantiques* fait correspondre à chacun des livres de Salomon, les *Proverbes*, l'*Ecclésiaste* et le *Cantique des Cantiques* aux trois disciplines générales des Grecs: l'éthique, la physique, l'époptique[2]. Chez Eckhart, nous avons la correspondance suivante: la science divine, naturelle et morale[3].

1. *PArch.*, IV, 1, 7, SC 268, p. 284-293.
2. *ComCt.*, Prol, 3, SC 375, p. 128-129.
3. *Cf.* M. Harl, «Les trois livres de Salomon et les trois parties de la philosophie dans les Prologues des Commentaires sur le *Cantique des Cantiques* (d'Origène aux chaînes exégétiques

Toute vérité vient de Dieu

Le thème du « larcin des grecs » vient corroborer l'idée que la Bible contient la véritable philosophie; on l'a pillée pour construire des doctrines païennes : une fois édifiées, elles ont oublié leur origine divine. En effet :

> Voilà donc, à mon avis, ce que tous les sages des Grecs ont emprunté à Salomon, attendu que lui, bien avant eux par l'âge et le temps, l'avait appris le premier de l'Esprit de Dieu. Ils l'ont présenté comme leur propre trouvaille, et l'ont laissé inséré dans les livres sur leurs enseignements pour être aussi légué à la postérité. Mais cela, comme nous l'avons dit, Salomon l'a trouvé avant tous, et il l'a enseigné grâce à la sagesse qu'il a reçue de Dieu (*docuit per sapientiam quam accepit a Deo*) [...][1].

Tous les savoirs sont contenus dans l'Écriture, ce que dira clairement Eckhart, sans invoquer de quelconque larcin, mais en s'appuyant sur l'idée que toute vérité vient de Dieu. Cette idée est sous-jacente ici : les enseignements des Grecs sont vrais dans la mesure où leur origine n'est pas humaine, mais divine. Encore une fois, tout est affaire d'usage. Origène vilipende la philosophie grecque dans la mesure où elle conduit à l'orgueil. Mais il reconnaît la valeur de vérité de l'enseignement en tant que tel, lorsqu'il n'est pas détourné par les passions.

Néanmoins, « aucune connaissance n'est possible sans révélation, même celle que les païens ont eu à partir du monde sensible »[2]. La connaissance naturelle de Dieu à partir des effets, ce que l'on nommera plus tard la « théologie naturelle » et qui sera distinguée au XIIIe siècle de la connaissance par la Révélation, n'est elle-même qu'un don de la grâce divine fait à l'esprit humain, qui, éclairé par Dieu, pourra, *in fine*, saisir la vérité de la révélation chrétienne comme unique vérité :

> Car « les œuvres invisibles de Dieu », c'est-à-dire les réalités intelligibles, « depuis la création du monde, grâce aux choses créées, se laissent voir » par l'acte de l'esprit. Cependant, après s'être élevés des choses créées du monde aux œuvres invisibles de Dieu, ils (les disciples de Jésus) ne s'arrêtent pas. Mais, après s'être suffisamment exercés par elles et les avoir comprises, ils montent jusqu'à l'éternelle puissance de Dieu, bref, à sa divinité. Ils savent que Dieu dans son amour pour les hommes a manifesté la vérité et ce qu'on peut connaître de lui-même, non seulement à ceux qui lui sont consacrés, mais encore à ceux qui sont étrangers à la pure religion et à la piété envers lui[3].

Ainsi, toute science reconduite à son principe montre la vérité de l'Écriture et de sa source : la conduite chrétienne en est la preuve *a posteriori*. Si Eckhart se préoccupe moins des conséquences morales d'un savoir mal conduit ou mal

grecques) », in *Texte und Untersuchungen zur Geschichte der Altchristlichen Literatur*, Berlin, Akademik-Verlag, Bd. 133, 1987.

1. *ComCt.*, Prol. 3, 4, SC 375, p. 130-131.

2. H. Crouzel, *Origène et la connaissance...*, *op. cit.*, p. 114.

3. *CCels.*, VII, 46, SC 150, p. 124-127.

utilisé, détourné par l'orgueil qui se l'approprie en reniant son origine divine[1], il y a chez lui la conviction identique que, toute vérité venant de Dieu, tout homme qui se tient dans le vrai, ou énonce quelque chose de vrai, est inspiré par l'Esprit de Dieu. D'où cette thèse d'une concordance entre les savoirs, présente chez Origène, mais atténuée par son entreprise apologétique. Origène reconnaît en effet la participation à la vérité du platonisme[2], représenté par Abimélech dans les *Homélies sur la Genèse* :

> Beaucoup de philosophes en effet écrivent qu'il y a un seul Dieu, créateur de toutes choses : en quoi ils *sont d'accord avec la loi de Dieu*. D'aucuns ont même ajouté que Dieu a tout fait et dirige tout par son Verbe et que c'est le Verbe de Dieu qui règle tout : en quoi, ils *sont d'accord non seulement avec la Loi, mais avec les Évangiles*. La philosophie dite morale et naturelle presque en son entier pense ce que nous pensons. Mais elle est en désaccord avec nous quand elle dit que la matière est coéternelle à Dieu. Elle est en désaccord quand elle soutient que Dieu ne s'occupe pas des êtres mortels, mais que sa providence est limitée aux espaces supralunaires. Ils sont en désaccord avec nous quand ils font dépendre le cours de la vie de la position des étoiles à la naissance. Ils sont en désaccord quand ils disent que ce monde est éternel et n'aura pas de fin. Et il y a encore plusieurs autres points sur lesquels ils sont soit en *accord* soit en *désaccord* avec nous.
> C'est pourquoi Abimélech, en tant que figure (des sages de ce monde), est représenté tantôt en paix avec Isaac et tantôt en désaccord avec lui[3].

Il y a des limites théoriques à l'accord entre platonisme et christianisme. Origène ne mentionne pas l'Incarnation comme point de rupture, mais des éléments purement doctrinaux : la création de la matière, la limitation du domaine d'action de la Providence, l'astrologie, l'éternité du monde. Eckhart, en dissociant le *veri-simile* de la vérité, en faisant de l'un l'image et le signe de l'autre, reconduit aussi toute vérité à sa source, le Christ, tout en étant moins soucieux, et cela se justifie par la *différence historique* entre nos deux auteurs, d'énoncer les points de désaccord. Le ton moins polémique d'Eckhart le conduit à être attentif à l'harmonie plutôt qu'aux points de rupture.

« *Les choses divines, naturelles et morales* » *ou : l'époptique, la physique et l'éthique*

Origène

Eckhart affirme qu'une lecture parabolique de l'Écriture permet de découvrir, sous la lettre et inscrites en elles « les choses divines, naturelles, et morales »[4] : l'Écriture renferme en elle, mais secrètement, l'ensemble du savoir humain.

1. Cette idée est largement développée par Augustin.
2. *Cf.* H. Crouzel, *Origène et la philosophie…, op. cit.*, p. 49.
3. *HomGn.*, XIV, 3, SC 7 bis, p. 340-343.
4. Cf. *In Gen. II*, *LW* I, § 3, p. 453.

Puisque les disciplines philosophiques sont en accord avec l'Écriture, il n'est pas étonnant qu'elles soient contenues dans les textes saints. La question est néanmoins de savoir où Eckhart puise cette idée. Ici encore, Eckhart se situe dans une tradition théologique dont l'origine remonte aux Alexandrins[1]. Les sciences profanes soit sont contenues dans l'Écriture, en même temps que tous les autres savoirs et n'obtiennent alors leur vérité qu'en les rapportant à leur source christique, soit sont extérieures à l'Écriture et peuvent servir de moyens pour sa compréhension. En d'autres termes : soit la doctrine sacrée est aussi une philosophie, soit elle se sert de la philosophie comme d'une science inférieure pour son propre éclaircissement.

Les deux membres de l'alternative se trouvent chez Origène. La *Lettre à Grégoire* donne aux sciences profanes le rôle de sciences ancillaires. Mais, en parlant du christianisme comme de la « vraie philosophie », Origène, formé à la culture platonicienne, se devait de prouver cette affirmation en montrant qu'un contenu lui correspondait. Dans l'homélie 14 sur la Genèse, après avoir montré l'ambigüité du personnage d'Abimélech, Origène écrit :

> Ochozath signifie : « Celui qui tient », Phicol : « la bouche de tous », et Abimélech : « Mon père est roi ». À eux trois, me semble-t-il, ils représentent toute la philosophie (*totius philosophiae*), qui se divise chez eux en trois parties : la logique (*logicam*), la physique (*physicam*), l'éthique (*ethicam*), c'est-à-dire la philosophie rationnelle (*rationalem*), naturelle (*naturalem*) et morale (*moralem*). La philosophie rationnelle est celle qui est fixe et tient tout, comme en s'appuyant sur les formes de la nature elle-même : c'est celle que tient manifeste Ochozath, autrement dit « celui qui tient ». La philosophie morale est celle qui est dans la bouche de tous, qui concerne tout le monde et qui par la similitude des préceptes communs se trouvent dans la bouche de tous : c'est Phicol qui la représente, Phicol qui signifie « bouche de tous »[2].

Origène énonce les disciplines dans l'ordre suivant : logique, physique, éthique. Les étymologies données par Origène sont intéressantes quant à la nature des disciplines distinguées : Abimélech signifie « Mon père est roi ». L'interprétation allégorique d'Origène consiste à associer à cette royauté, c'est-à-dire ce qui gouverne tout en étant le plus élevé en rang, à la logique. Et en ce sens, cette logique est ce que nous appelons « métaphysique ». Phicol signifie : « bouche de tous ». Phicol est la morale, celle qui vaut *universellement* et non seulement pour les chrétiens. Ici, elle est donnée en dernier. Cet ordre correspondrait à la division stoïcienne de la philosophie.

Dans le prologue au *Commentaire sur le Cantique des cantiques*, Origène fait correspondre les différentes parties de la philosophie aux trois livres de Salomon : les *Proverbes*, l'*Ecclésiaste* et le *Cantique des cantiques*. Le § 4 du troisième livre du prologue rappelle l'origine salomonienne des disciplines des Grecs. Cette origine est elle-même divine, Salomon ayant reçu ce savoir de l'Esprit de Dieu : les

1. *Cf.* H. de Lubac, *Exégèse médiévale…*, *op. cit.*, p. 75-76.
2. *HomGn.*, XIV, 3, SC 7 bis, p. 342-343.

grecs « l'ont présenté comme leur propre trouvaille, et l'ont laissé inséré dans les livres de leurs enseignements pour être aussi légué à la postérité. Mais cela, comme nous l'avons dit, Salomon l'a trouvé avant tous, et il l'a enseigné grâce à la sagesse qu'il a reçue de Dieu [...] »[1]. Dans ce prologue, Origène ne se contente pas d'établir un parallèle avec les sciences grecques, mais justifie l'ordre dans lequel elles apparaissent dans le canon salomonien :

> Essayons d'abord de chercher pour quelle raison, alors que les Églises de Dieu ont reçu trois livres écrits par Salomon, le livre des Proverbes est placé le *premier* d'entre eux, le *deuxième* est celui qu'on appelle l'Ecclésiaste, et le livre du Cantique des cantiques est à la *troisième* place. Or, ce qui peut nous venir à l'esprit en la matière, le voici. Il y a trois disciplines générales par lesquelles on parvient à la science des choses. Les Grecs les ont appelées éthique (*ethicam*), physique (*physicam*) et époptique (*epopticam*); nous pouvons les dire, nous, morale (*moralem*), naturelle (*naturalem*), inspective (*inspectivam*). Parmi les Grecs, quelques-uns ont en outre mis au quatrième rang la logique (*logicam*), que nous pouvons dire, nous, la discipline rationnelle (*rationalem*)[2].

À l'éthique correspond la morale, à la physique la science naturelle, à l'époptique[3] l'inspective. Origène rajoute la logique, qu'il nomme « discipline rationnelle ». Par rapport aux *Homélies sur la Genèse*, deux points ont changé : l'ordre des disciplines n'est pas le même, et Origène entend justifier la pertinence de cet ordre donné. Deuxièmement, la logique qualifiée de « discipline rationnelle » ne renvoie plus à la métaphysique, celle-ci étant l'autre dénomination de la science inspective ou spéculative, contemplation des réalités célestes suprasensibles. Le paragraphe suivant explique le rôle et la fonction de cette « logique » ou « discipline rationnelle » :

> D'autres ont dit qu'elle n'est pas à l'extérieur, mais entrelacée aux trois autres disciplines que nous avons rappelées plus haut, et incorporée à tout l'ensemble. En effet, cette discipline logique, ou comme nous disons, nous, rationnelle, est celle qui semble concerner les définitions des paroles et des mots, leurs emplois propres et impropres, les genres et les espèces, et enseigner les figures de chaque sorte de sentences : discipline à qui il convient certes moins d'être séparée que d'être intégrée aux autres et leur texture[4].

Ce qu'Origène appelle ici « logique » ou discipline « rationnelle » est la science des paroles et des sentences. Elle correspond exactement à ce qu'il pratique dans son exégèse, lorsqu'il cherche à justifier la validité du sens littéral

1. *ComCt.*, Prol. 3, 4, SC 375, p. 130-131.

2. *Ibid.*, p. 128-129.

3. Pour l'origine de ce terme, *cf.* la note complémentaire n° 4 « L'époptique », SC 376, p. 755 : époptique vient d'*ἐφορᾶν*. *Τὰ ἐποπτικά* désignent les mystères d'Éleusis et *ἐποπτεύειν* signifie contempler. Chez Clément, l'« époptique » qualifie la plus haute contemplation : *θεωρία μεγίστη, ἡ ἐποπτική* (*Stromates*, II, 47, 4). Les termes sont employés par Origène pour qualifier des raisons, ou des réalités. *Cf.* M. Harl, « Les trois livres de Salomon.... », art. cit., n. 10 p. 251.

4. *ComCt.*, Prol. 3, 2, SC 375, p. 128-131.

tout en montrant le sens allégorique des discours. C'est pourquoi la « logique » n'est pas une science interne à l'Écriture, puisqu'elle est l'outil qui permet de la lire. Mais, en même temps, elle est « entrelacée aux trois autres disciplines, et incorporée à tout l'ensemble » : elle permet d'accéder aux diverses sciences contenues dans l'Écriture [1] : la discipline rationnelle est celle « grâce à laquelle on discerne ce qu'enseignent les mots et ce que signifient les sentences et on distingue le sens propre de chaque expression avec une explication sûre » [2]. Le paragraphe suivant définit les autres sciences :

> Est dite morale celle grâce à laquelle on organise une manière de vivre honnête et on prépare des habitudes inclinant à la vertu. Est dite naturelle celle où l'on examine la nature de chaque chose, afin que dans la vie rien ne soit fait contre la nature, mais que chaque chose soit réservée à ces usages pour lesquels elle fut produite par le Créateur. Est dite inspective celle par laquelle, dépassant les choses visibles, nous contemplons les réalités divines et célestes et les considérons par l'intelligence seule, puisqu'elles dépassent la portée du regard corporel [3].

La définition de la morale comme exercice disposant à la vertu, est très proche de celle donnée par Aristote dans l'*Éthique à Nicomaque* : « [...] l'excellence, la vertu de l'homme ne saurait être qu'une disposition par laquelle un homme devient bon et par laquelle aussi son œuvre propre sera rendue bonne » [4]. La définition de la physique en revanche semble s'inspirer de celle des stoïciens : il n'est pas seulement question de s'interroger sur la nature de chaque être, mais aussi sur la conformité à laquelle il doit tendre en raison de sa nature propre. Dans cette définition de la physique « comme la connaissance de la nature qui permet que rien ne soit fait "contre la nature" », « on reconnaît l'idée stoïcienne que chacun doit se conformer aux lois naturelles » [5]. La science inspective, comme science des réalités non sensibles, accessibles à l'intelligence seule, rejoint ce que Platon nomme « dialectique », science permettant d'atteindre les réalités en-soi [6]. Nous aboutissons donc à une division graduée des sciences en morale, naturelle, inspective, dont les définitions s'inspirent de celles données par les grecs. L'intérêt est la correspondance que fait Origène entre ces disciplines et les trois livres de Salomon :

> Donc Salomon, voulant séparer les unes des autres et distinguer ces trois disciplines que nous venons de dire générales : morale, naturelle, inspective, en fit le sujet de trois petits livres disposés successivement chacun dans son ordre.

1. *Cf.* H. Crouzel, *Origène et la philosophie*, *op. cit.*, p. 24; *Origène et la connaissance...*, *op. cit.*, p. 249-253.
2. *ComCt.*, Prol. 3, 10, SC 375, p. 134-135.
3. *ComCt.*, Prol. 3, 3, SC 375, p. 130-131.
4. *Éthique à Nicomaque*, II, 5, 1106a 22, *op. cit.*, p. 102-103.
5. M. Harl, « Les trois livres de Salomon.... », art. cit., n. 12 p. 251-252.
6. *Cf.* Platon, *République*, livre VII, 534b, trad. fr. G. Leroux, Paris, GF-Flammarion, 2002, p. 389 : « Est-ce que tu acceptes d'appeler dialecticien celui qui est capable de saisir la raison de l'essence de chaque chose ? »

> D'abord, dans les Proverbes, il enseigna la morale, proposant par des sentences courtes et concises, comme il se doit, des règles de vie. Mais il enferma la seconde, qu'on appelle naturelle, dans l'Ecclésiaste; là, traitant de nombreux sujets concernant les choses de la nature, distinguant ce qui est inutile et vain de ce qui est utile et nécessaire, il exhorte à laisser la vanité et à rechercher ce qui est utile et honnête.
> Il a aussi enseigné l'inspective dans ce petit livre qui est entre nos mains, à savoir le Cantique des cantiques; là, il inspire à l'âme l'amour des réalités célestes et le désir des biens divins, sous la figure de l'Épouse et de l'Époux, enseignant à parvenir par les voies de la charité et de l'amour à la communion avec Dieu [1].

Les *Proverbes* enseignent la morale, l'*Ecclésiaste* la physique, le *Cantique des Cantiques* l'inspective ou les voies permettant à l'âme de s'unir à Dieu. Cette tripartition n'est pas conforme à celle de la philosophie traditionnelle qui est la suivante : logique, éthique, physique [2].

En effet, cette tripartition ne correspond ni à la tripartition platonico-aristotélicienne, ni à la tripartition stoïcienne. Pierre Hadot [3] distingue trois types de classification des sciences dans l'Antiquité : la classification aristotélicienne, qui donne une cohésion architecturale des sciences en continuité avec celle mise au point par Platon dans *La République* et *Le Politique*, la classification stoïcienne, qui, organique et matérialiste, unifie les diverses sciences sous la raison de l'unité d'un Logos présidant le monde et le gouvernant : toutes les sciences sont sciences dérivées de cet unique principe. Le troisième type insiste sur les étapes de la formation pédagogique : « Il s'agit d'établir un programme d'enseignement de la philosophie qui tienne compte à la fois de l'ordre logique des notions et des capacités de l'auditeur » [4]. Origène semble proche des stoïciens et de leur vision épistémologique de la science, nonobstant la métaphysique matérialiste qui la fonde, puisque la Parole divine est bien l'objet commun des trois parties de la philosophie. Mais il est davantage sensible aux étapes, aux progrès que l'homme parcourt au fur et à mesure de la *lectio divina*, à l'anagogie progressive qu'il vit en méditant les livres de Salomon, qu'à la classification disciplinaire en tant que telle. La lecture des livres de Salomon symbolise les étapes du chemin spirituel de l'âme. C'est la raison de l'ordre donné par Origène : la morale et la physique sont des propédeutiques, des médiations théorético-pratiques qui préparent à l'union de l'âme avec le Verbe [5]. L'âme, une fois formée aux notions morales communes, reconnaît tout ce qui appartient aux réalités sensibles d'ici-bas comme inconsistant et évanescent, pour pouvoir enfin prétendre à l'inspective, qui n'est pas seulement une science mais l'expérience amoureuse de la divinité. Ce chemin ne correspond à aucune des divisions

1. *ComCt.*, Prol. 3, 5-7, SC 375, p. 132-133.
2. *Cf.* M. Harl, « Les trois livres de Salomon.... », art. cit., p. 252.
3. P. Hadot, « Les divisions des parties de la philosophie dans l'Antiquité », *Museum helveticum*, vol. 36, fasc. 4, 1979, p. 201-223.
4. *Ibid.*, p. 213.
5. Cf. *ComCt.*, Prol. 3, 14-16, SC 375, p. 136-139.

classiques de la philosophie, en ce qu'il ne constitue pas un schéma idéal, mais un véritable parcours de l'âme, scandé par l'apprentissage des disciplines [1].

La division d'Origène, si elle est nourrie et inspirée des architectoniques philosophiques de son temps, apparaît proprement chrétienne : le but visé n'est pas seulement d'établir la science la plus haute, mais de donner à l'âme une pédagogie afin qu'elle parvienne au but qui seul lui convient : l'union avec le Verbe [2].

En quoi Eckhart est-il ici disciple et lecteur d'Origène? Lorsque le maître entend, derrière les paraboles, atteindre l'enseignement contenu dans le Livre quant aux choses divines, naturelles et morales, aucune référence n'est faîte aux œuvres d'Origène. Néanmoins, l'idée que toutes les formes de vérité est contenue dans l'Écriture est clairement affirmée [3].

Maître Eckhart et la correspondance divina – naturalia – moralia

Lorsque nous lisons les textes d'Eckhart dans lesquels il mentionne le parallélisme des *divina-naturalia-moralia* [4], le lecteur d'Origène est spontanément tenté d'établir une homologie et une continuité. Pourtant, attentifs, soit au « rationalisme » d'Eckhart, soit à sa dette envers Maïmonide, l'on ne s'est pas étonné de cette similarité doctrinale. Alain de Libera nous met sur la voie lorsqu'il commente la déclaration eckhartienne du § 444 du *Commentaire de Jean*, « C'est de la même source que proviennent la vérité et l'enseignement de la théologie, de la philosophie naturelle, de la philosophie morale, des savoirs pratiques et théoriques, et même du droit positif » [5]; « Au fond, Eckhart ne dit rien d'autre qu'Origène : toute la philosophie *était* déjà dans l'Écriture. Mais il accentue particulièrement l'aspect néotestamentaire, car il s'attache avant tout à la métaphysique et que la métaphysique à laquelle il pense est celle de Jean » [6].

En effet, la source la plus lointaine notifiée par les éditeurs d'Eckhart, puis par les commentateurs, est la lettre XXX, 1 de Jérôme [7]. Le triptyque se retrouve aussi dans commentaires du *Traité de l'âme* d'Aristote d'Averroès, Albert et Thomas [8].

1. *Cf.* P. Hadot, « Les divisions des parties… », art. cit., p. 218-219.

2. À ce dynamisme disciplinaire correspondent trois figures majeures de l'Ancien Testament et trois parties de l'âme. En effet, le Prologue 3, 17 du *Commentaire sur le cantique* précise qu'« Abraham illustre la philosophie morale par son obéissance […] ». Isaac « occupe le rang de la philosophie naturelle, quand il creuse des puits et sonde la profondeur des choses ». Jacob « tient la place de l'inspective, lui qui fut nommé encore Israël pour sa contemplation des réalités divines ». *Le Traité des Principes* IV, 2, 4, leur associe trois parties de l'homme corps (*corpus*), âme (*anima*), esprit (*spiritus*).

3. Cf. *In Gen. II,* § 2, *LW* I, p. 449-252.

4. Cf. *In Gen. II,* § 1, 2, 3, 4, 7 ; *In Ioh.*, § 3, 125, p. 185-186.

5. *In Ioh.,* § 444, *LW* III, p. 381.

6. A. de Libera, *Raison et foi…, op. cit.,* p. 350.

7. Saint Jérôme, *Epistola* XXX, n. 1, *PL* 22, col. 441-442.

8. *Cf.* E. Winkler, *Exegetische Methoden…, op. cit.,* p. 33; Averroès, *Aristotelis stagyritae libri tres de Anima, De an.* I, com. 2, Lugdunum, Iacobum Giunctam, 1542, p. 3; Albertus Magnus, *De anima*, lib. I, tract. 1, cap. 2, in *Opera omnia*, t. VII, Pars 1, Aschendorff, Monasterii Westfalorum in Aedibus, 1968, p. 5; Thomas d'Aquin, *Sentencia de anima*, lib. 1 lectio 1, p. 3, trad. fr.

Toutes ces traditions s'entremêlent certainement dans la formation d'Eckhart. Il connaît tous ces auteurs et toutes ces références. Comme Averroès, Albert et Thomas, Eckhart entend montrer que la science de l'âme a une dimension physique, éthique et théologique. Mais s'il a certes en vue de montrer la correspondance existante entre la philosophie et le contenu théologique de l'Écriture, il ne dissocie pas le caractère « scientifique » de l'Écriture de l'anagogie contenue en elle. L'idée d'une concordance par la source est primordiale; mais elle nous conduit vers le Christ, source de tout vrai, instructeur dans toutes les disciplines. Et cette idée vient d'Origène.

Eckhart ne reprend pas l'itinéraire établi par Origène en lien avec les livres de Salomon. Il est moins attentif que lui au mouvement ternaire ou à la correspondance trilogique des différents domaines. Pour Eckhart, nous l'avons vu, la césure se trouve entre l'altération et la génération, l'Ancien Testament et le Nouveau, la physique et la morale d'une part, l'Évangile et la métaphysique de l'autre. Mais chez lui, il y a bel et bien une correspondance, qu'Origène a été le premier à formaliser, entre les livres bibliques et l'itinéraire de l'homme *in via*, entre l'Ancien Testament qui symbolise la préparation – laborieuse, expectative – à la grâce et la génération, la venue instantanée du Verbe en l'âme, véritable métaphysique du Verbe révélé par l'Évangile de Jean.

Pour Origène – et avant lui Clément d'Alexandrie – comme pour Eckhart, le Christ est notre guide, notre maître, notre instructeur. On ne saurait comprendre que le christianisme est *la* philosophie si on cherche une homologie arbitraire entre son contenu et les classifications philosophiques extérieures. Il faut en premier lieu comprendre que le Christ est la source de toute vérité, la « moelle des Écritures » pour ensuite noter les similitudes entre le sacré et le profane, et faire se correspondre révélation et connaissance rationnelle.

Ce n'est pas le lecteur, livré à son activité, qui, par sa seule lumière naturelle, découvre, cachées sous les paraboles, les enseignements des sciences naturelles, morales et spirituelles : « Ainsi donc la Sagesse de Dieu, en assumant la chair, a voulu se révéler notre rédempteur pour rappeler qu'elle est notre instructeur dans les choses divines, naturelles et morales ». Cette affirmation du § 186 du *Commentaire de Jean* que nous avons déjà citée est essentielle. La tripartition origénienne des sciences est l'expression d'une unique sagesse, révélée en paraboles. Lorsque Maître Eckhart ponctue ses sermons et ses déclarations par : « Que celui qui a des oreilles pour entendre entende ! », ce ne peut être que volontairement qu'il reprend l'expression même que le Christ emploie à la fin de ses paraboles. En faisant de toute l'Écriture une expression parabolique de la vérité, Eckhart enseigne que ce qui est caché sous la parabole, à savoir les choses divines, naturelles et morales, n'est accessible qu'à celui qui se laisse guider par le Christ. Et, à la suite du Christ, il convoque son lecteur à dépasser le récit de la parabole

J.-M. Vernier, Paris, Vrin, 2007, p. 22-23. Chez Averroès et ses commentateurs, la source n'est qu'aristotélicienne. D'Averroès à Thomas, on raisonne sur les trois sciences, en tant qu'elles sont des parties de la philosophie, mais non sur leur présence dans l'Écriture.

pour aller chercher son sens. Il pourrait répéter, à la suite d'Origène: «Comprenons d'abord la lettre du récit et, avec l'aide du Seigneur, montons du sens littéral au sens spirituel»[1]; «Parce qu'il est venu et parce qu'il a réalisé l'Incarnation dans l'Évangile, le Sauveur a, par l'Évangile, fait de tout comme un Évangile»[2]. La vérité de l'Incarnation, les enseignements christiques, nous guident vers la vérité du Verbe: l'Écriture, les Évangiles tout particulièrement, sont alors le moyen adapté à notre humanité pour nous conduire vers celui qui est la Raison de toutes choses. D'où cette préférence pour le quatrième Évangile, qui énonce dans son Prologue qu'il n'y a de vérité que du principe, le Verbe lui-même:

> *Dans le Principe était le Verbe* (I, 1). «Le grand aigle aux vastes ailes, aux membres étirés, couvert de plumes multicolores, vint au Liban et prit la moelle du cèdre. Il arracha le plus haut de ses rameaux et le transporta au pays de Canaan», Ez 17. Cet aigle, c'est Jean l'Évangéliste lui-même qui «place son nid dans les hauteurs» d'où il guette, contemple et prêche, «parmi les rochers à pic et les rocs inaccessibles», Jb 35. «Il vint au Liban, prit la moelle du cèdre, arracha le plus haut de ses rameaux, le transporta au pays de Canaan» lorsque, puisant le Verbe au sein du Père, il le manifesta aux habitants de la terre en disant: Dans *le Principe était le Verbe*. Car «il surpasse les autres auteurs de l'Évangile au profond des mystères divins», comme le dit Augustin. [...] C'est lui «qui, pendant la Cène, reposa sur la poitrine du Seigneur et qui, de façon plus excellente que toutes les autres, puisant la sagesse céleste, but à la source même de la poitrine du seigneur [...] lui qui prit soin d'enseigner la divinité du Christ et le mystère de la Trinité»[3].

Seul Jean, celui qui reposait sur la poitrine du Christ au moment de la Cène, nous conduit à la connaissance de «la divinité du Christ» et du «mystère de la Trinité». Ce sont ces mystères qui doivent être le but de nos lectures; le savoir de leur existence, cachée sous la lettre, ne les supprime pas en tant que tels.

Si donc l'Écriture contient en elle-même les sciences, celles-ci se résorbent toutes dans le Verbe. C'est ici que nous touchons aux limites du rationalisme, puisque la vérité est, en dernière instance, une théologie du Verbe. Origène disait la même chose, dès la préface du *Traité des Principes*[4].

Entre Origène et Eckhart, il y a cette même conviction que la lecture allégorique de l'Écriture consiste à passer de la lettre à l'esprit, c'est-à-dire à la manifestation du Verbe. Chez Origène, l'allégorèse consiste à voir dans les passages et les personnages de l'Ancien Testament, des types et figures du Nouveau: les réalités cachées «arrivaient aux Juifs en figure (*τυπικῶς*) et ils sont été consignés pour nous qui sommes arrivés à la fin des temps»[5].

1. *HomNb*, V, 1, SC 29, p. 110.
2. *ComJn.*, I, § 33, SC 120, p. 78-79.
3. *In Ioh.*, § 1, *LW* III, p. 3-4; *OLME* 6, p. 24-25.
4. *PArch.*, SC 252, p. 76-77.
5. *ComJn.*, I, § 34, SC 120, p. 78-79.

Mais la venue du Christ ne supprime pas la lecture allégorique et typologique qui s'applique aussi au Nouveau Testament. De même que l'Ancien Testament est l'ombre des mystères du Nouveau Testament, « de même, l'Évangile, qu'on s'imagine compris de tout le monde, enseigne l'ombre des mystères du Christ »[1]. La lecture allégorique de l'Écriture consiste alors à passer d'une interprétation sensible et temporelle du Nouveau Testament, à une considération éternelle des biens spirituels du Royaume éternel, vis-à-vis duquel le Nouveau Testament est lui-même l'ombre. L'Ancien Testament est non seulement une figure du Nouveau Testament mais le Nouveau Testament lui-même n'enseigne que l'ombre des biens à venir[2].

Maître Eckhart, n'est pas sensible à la lecture typologique de l'Ancien Testament. Par contre il n'a de cesse de chercher dans le Nouveau Testament les biens spirituels et divins par la voie d'une nouvelle allégorisation. Les interprétations allégoriques qu'il tient d'Origène en donnent la preuve. Ainsi, Origène parle des « significations occultes et latentes » (*occultas et latentes sententias*), du « trésor de la divine sagesse », « caché dans les vases vils et négligés des mots »[3], du miel que l'on doit extraire des cellules[4]. Avec Augustin Eckhart rajoute la métaphore évangélique des épis que nous devons frotter pour en extraire les grains. Les textes d'Eckhart montrent que le lexique est le même, livré par la tradition. La lettre est une « écorce » pour Eckhart, une « outre » pour Origène[5].

La douceur et l'onctuosité du miel ne sont données qu'à ceux qui scrutent et méditent les Écritures. Une telle suavité est la récompense d'un effort moral et intellectif. La douceur n'est méritée qu'après une longue méditation et pérégrination intellectuelle. Comme les abeilles laborieuses qui ne peuvent produire du miel qu'en cherchant leurs plus beaux pistils, nous ne pouvons accéder à la quintessence délicieuse de l'Écriture que par une épure de soi et une concentration méditative sur l'esprit des Écritures. Et de même que lorsque « deux ou trois sont réunis en son nom »[6], de même la mise en commun des intelligences permet la compréhension de l'intelligence cachée au sein des saintes Écritures.

La raison de l'allégorie tient à la nature du texte lui-même. Si les significations demeurent cachées, c'est parce que nul ne peut y accéder s'il ne reçoit l'Esprit. Ici, le « rationalisme » d'Eckhart reçoit véritablement ses limites.

1. *Ibid.*, I, § 39-40, p. 81-83.
2. Le § 44 du commentaire distingue l'Évangile sensible de l'Évangile éternel ou spirituel.
3. *PArch.*, IV, I, 7, SC 268, p. 288-289.
4. Cf. *HomIs.*, II, 2, *PG* 13, col. 226-227.
5. Cf. *HomGn.*, VII, 5, SC 7 bis, p. 206-209.
6. Mt 18, 15-20.

L'ESPRIT-SAINT, SOURCE DE VÉRITÉ

Difficultés interprétatives

L'affirmation de l'Esprit-Saint comme source et dispensateur de toute vérité se trouve au § 2 du *Livre des Paraboles sur la Genèse* avec appui sur le livre XII des *Confessions* d'Augustin :

> La raison de ces prémisses apparaît. Car « par l'Esprit-Saint de Dieu des hommes saints ont parlé » 2 P 1, 21 ; l'Esprit-Saint enseigne toute vérité, Jn 16, 13. Donc, puisque aussi le « sens », « littéral, que l'auteur des Écritures atteint, tandis Dieu est l'auteur des Saintes Écritures », comme il a été dit, chaque sens qui est vrai relève du sens littéral. Il est évident en effet que tout ce qui est vrai l'est par cette vérité, est inclus en elle, dérive d'elle et y tend. Augustin au livre XII des Confessions donne l'exemple de la source et de la rivière qui descend d'elle ou en découle. D'où, plus haut dans le même livre parlant de Dieu il dit ainsi : « du moment que chacun s'efforce d'entendre les saintes Écritures comme les a entendues celui qui les a écrites, quel est le mal, si on les entend dans un sens que toi, lumière de tous les esprits véridiques, tu montres être vrai, même si celui qu'on lit ne les a pas entendues dans ce sens, puisque lui aussi les a entendues en un sens vrai, qui n'est pourtant pas celui-là ? » Et un peu avant au même endroit : « en quoi cela me gêne-t-il que l'on puisse comprendre ces paroles en des sens différents, pourvu cependant qu'ils soient vrais » et qui sont vrais dans la lumière d'une seule vérité ? « Dieu » en effet, la vérité elle-même, « l'auteur de l'Écriture », « embrasse », communique et dirige « dans en même temps dans son intellect » tout ce qui est vrai [1].

Augustin est utilisé par Eckhart pour expliquer 2 P 1, 21 : *Non enim voluntate humana adlata est aliquando prophetia sed Spiritu Sancto inspirati locuti sunt sancti Dei homines* et Jn 16, 13 : *Cum autem venerit ille Spiritus veritatis docebit vos omnem veritatem non enim loquetur a semet ipso sed quaecumque audiet loquetur et quae ventura sunt adnuntiabit vobis*. Le scribe humain, transcripteur de la parole divine peut entendre cette parole en un sens différent de l'intention première. La propre subjectivité de l'écrivain biblique peut infléchir, voire entendre en un sens différent la parole reçue de Dieu. De la même façon, le lecteur du texte sacré peut, lui aussi, comprendre un sens différent de celui voulu par le hiérographe. Une multiplicité d'interprétations peut donc dériver de la Parole de Dieu, à commencer par celle du hiérographe.

Eckhart cite un passage des *Confessions*, dans lequel Augustin illustre la multiplicité des sens possibles par l'image de la source unique qui irrigue de multiples ruisseaux. Dieu est la source et son flot, le « dispensateur de la parole » et tous les « discoureurs » sont les ruisseaux, distribués en « petit débit » et en « flots de limpide vérité » [2]. Il y a continuité entre les trois acteurs, Dieu laissant la liberté du choix des mots au hiérographe, les interprètes ayant en charge de continuer cette activité de compréhension et d'interprétation en portant

1. *In Gen. II*, § 2, *LW* I, p. 449-451.
2. Cf. *Conf.*, XII, XXVII, 37, BA 14, p. 406-407.

au loin la Parole. Mais que reste-t-il, une fois ces interprétations distribuées, de la vérité de la Parole? Augustin semble admettre une vérité plurielle, accordée à l'esprit humain et à la liberté de l'interprète, à partir du moment où l'usage de cette liberté est juste et légitime [1] :

La multiplicité d'interprétations *vraies* possibles se fonde sur le Dieu-source, garant vérace de toute lecture vraie, «lumière de tous les esprits véridiques». Pour Augustin, l'interprète ne peut se tromper si son effort et son intention sont portés par la charité. La liberté face à la lettre, guidée par la charité, autorise donc un décalage entre l'esprit du hiérographe et l'esprit de l'interprète, et Augustin le formule ici comme s'il entendait présenter ses excuses au scribe, comme si ce fossé, inéluctable dans la pratique exégétique, n'était néanmoins pas l'idéal auquel tend tout interprète. Il demeure néanmoins impossible pour Augustin de connaître l'intention de l'écrivain [2]. D'une telle impossibilité découle le fait que tout sens trouvé sous l'action de l'Esprit-Saint est vrai, même s'il ne correspond pas au sens voulu par l'écrivain. La norme de vérité est donc bien l'Eprit de Dieu [3].

«Tout vrai vient de l'Esprit-Saint» [4] : ce pourrait être un adage qui vaut pour Augustin, Eckhart, Origène, mais aussi tout chrétien qui considère la Bible comme un Livre inspiré par Dieu. La difficulté est l'agencement que fait le maître, au début du § 2 du *Livre des Paraboles*, de ces passages d'Augustin avec une citation implicite de la *Somme Théologique* de Thomas. Avec Augustin il affirme la pluralité des sens; avec Thomas il affirme que tout sens qui est vrai relève du sens littéral [5] : La combinaison semble donner : tous les sens vrais sont des sens littéraux. La suite du paragraphe contient l'affirmation selon laquelle Platon et les poètes ont eux-mêmes été inspirés par l'Esprit, et celle qui se réfère aux gloses des saints pour affirmer que tout ce qu'il y a dans l'Écriture sainte peut être exposée de manière mystique (*mystice*).

Eckhart cite Augustin, soit, mais c'est apparemment pour dire autre chose que ce que celui-ci entend: Augustin affirme la thèse d'une multiplicité des sens littéraux pour une seule lettre; Eckhart affirme qu'il y a diverses manifestations du vrai, qui ne se réduisent pas au texte sacré. En concluant son paragraphe sur la possibilité d'exposer le livre *mystice*, il ne parle plus des sens littéraux.

1. Cf. *La doctrine chrétienne*, l. III, VIII, 12, BA 11/2, *op. cit.*, p. 252-253 : l'interprétation du signe est la marque de la liberté spirituelle du chrétien qui ne reste pas esclave ou servile du signe compris dans sa stricte littéralité.

2. Cf. *Conf.*, XII, XXIV, 33, BA 14, p. 396-397 : «Mais, qui d'entre nous a si bien découvert cette intention, parmi tant de vérités que ces paroles comprises dans tel ou tel sens offrent à l'esprit des chercheurs, qu'il puisse dire avec assurance : "Voilà la pensée de Moïse, voilà le sens qu'il a voulu donner à ce récit" aussi bien qu'il dit avec assurance : "Ceci est vrai", que Moïse ait pensé ainsi ou autrement.»

3. Cf. *Ibid.*, XII, XXXII, 43, BA 14, p. 420-421.

4. Cf. *In Ioh.*, § 661, *LW* III, p. 576-577. Eckhart prend appui sur 1 Co 12, 3; J. Casteigt, *Connaissance…*, *op. cit.*, p. 78.

5. Cf. *ST*, Ia, q. 1, art. 10, resp.

> [...] de même que personne ne peut être juste sans la justice, de même, personne ne peut connaître la justice si ce n'est par la justice et dans la justice elle-même. Il en est ainsi universellement : de même que chaque chose dans la nature a l'être par la seule espèce, par exemple l'homme par l'humanité, de même chaque chose est connue dans l'âme connaissante [...]. Ainsi donc personne ne peut connaître la pensée de Dieu si ce n'est par l'Esprit et dans l'Esprit de Dieu. Et c'est ce qui est dit communément, et c'est la parole dans la Glose sur l'Épître aux Romains, à savoir, que personne ne peut connaître Paul s'il n'a pas l'esprit de Paul, et que c'est par le même Esprit qu'ont parlé les prophètes, que sont expliqués les prophètes. Sur ceci voir 1Co 2, 11 : « quel homme sait ce que sont les hommes, si ce n'est l'esprit de l'homme qui est en lui ? De même, ce qui appartient à Dieu, personne ne l'a connu si ce n'est l'esprit de Dieu ». Et c'est ce qui est dit ici : Mais qui connaîtras ta pensée, si tu ne lui donnes pas ? « Dans ta lumière nous verrons ta lumière » Ps 35, 10[1].

Dans le *Livre de la consolation divine*, Eckhart fait référence à un passage de *La doctrine chrétienne* d'Augustin[2] : Augustin y énonce les mêmes arguments que ceux qu'il a donné au livre XII des *Confessions* : l'Esprit, inspirateur des Écritures, permet des lectures multiples. Eckhart ne retient pas dans ce passage l'idée d'une pluralité possible de sens, mais insiste sur l'idée de la nécessité de se dépouiller de son esprit propre pour recevoir l'Esprit-Saint. Le prophète qui reçoit l'Esprit ne devient le *medium* de la parole divine que s'il renonce à sa propre individualité spirituelle. Ce n'est pas ce qui ressortait de l'analyse du livre XII des *Confessions*, dans lequel Augustin justifiait la diversité d'interprétations vraies par le fait même du *décalage* entre l'Esprit et son réceptacle initial, le hiérographe.

Ici, Maître Eckhart associe deux sources scripturaires : 2 P 1, 21 : *Non enim voluntate humana adlata est aliquando prophetia sed Spiritu Sancto inspirati locuti sunt sancti Dei homines* et 1 Co 2, 11 : *Quis enim scit hominum quae sint hominis nisi spiritus hominis qui in ipso est ita et quae Dei sunt nemo cognovit nisi Spiritus Dei.* Les prophètes ont parlé *dans* l'Esprit de Dieu : l'esprit humain ne s'appartient pas lui-même, mais, recevant l'Esprit, il permet de reconnaître tout esprit humain comme participant par grâce à l'Esprit. L'Esprit est donc aussi bien le principe de rédaction que de lecture de l'Écriture. En langage théologique, celui qui reçoit l'Esprit-Saint, reçoit en mission temporelle la troisième Personne divine. La compréhension de l'Écriture ne vient pas de l'effort d'une connaissance naturelle, mais se donne dans une réception de l'Esprit-Saint auquel le chrétien se sera au préalable disposé.

La cohérence théologique de Maître Eckhart est remarquable : la lecture *spiritualiter* de l'Écriture permet d'atteindre celui qui en est le « miel » ou la « moelle » : le Christ. Ce n'est rien moins qu'affirmer que l'exégèse nous met au cœur du mystère de l'Incarnation et de la kénose divine. Sa pratique, en nous

1. *In Sap.*, § 209, *LW* II, p. 543-545.
2. Cf. *La doctrine chrétienne*, III, XXVII, 38, *op. cit.*, BA 11/2, p. 38-40.

révélant le Verbe qui se cache et rayonne dans l'Écriture, est le support de la naissance du Verbe en l'âme. L'interprétation origénienne du Cantique des cantiques comme venue et visite du Verbe-époux en l'âme fiancée est étendue à toute l'Écriture[1].

La venue du Verbe en l'intelligence est tout à la fois une « illumination » de l'intelligence et une parole d' « amour ». La source est Jn 16, 13-15 : le Christ nous envoie le Paraclet, l'Esprit-Saint : *Cum autem venerit ille Spiritus veritatis docebit vos in omnem veritatem. Non enim loquetur a semet ipso sed quaecumque audiet loquetur et quae ventura sunt adnuntiabit vobis. Ille me clarificabit quia de meo accipiet et adnuntiabit vobis. Omnia quaecumque habet Pater mea sunt propterea dixi quia de meo accipit et adnuntiabit vobis.*

L'exégèse d'Eckhart est bien davantage qu'une explication par les raisons philosophiques, et l'Évangile enseigne ce que précisément Aristote échoue à faire : l'être en tant qu'être. Le Christ et le philosophe ne sont pas sur le même plan : le philosophe approche ce que le Christ réalise en sa Personne : parole proférée par le Père de toutes les raisons des créatures, il est donné à titre de médiateur dans son Incarnation pour notre propre déification.

Lorsque le maître affirme que le Christ est la vérité, cela signifie que les affirmations du philosophe, ne concernant que le monde en tant qu'effet créé par Dieu, appartiennent à l'ordre du vraisemblable, *verisimile*. La vérité, elle, se donne, dans une dimension supérieure aux raisonnements de la raison philosophique, que Maître Eckhart définit ailleurs comme naissance du Verbe en l'âme : la connaissance de l'étant en tant qu'étant se situe à un niveau ontologique et gnoséologique supérieur. L'Évangile ne peut être appréhendé de manière extérieure par la raison. Sa compréhension n'est livrée qu'à celui en lequel le Verbe est né. La lecture ne vise que cette naissance[2].

Le paragraphe cité du *Commentaire de la Sagesse* permet d'étendre, avec Eckhart, ce rapport du connaissant au connu à tout acte de connaître.

Exploitation de la source origénienne

Dans les deux textes cités, Eckhart mentionne d'abord Augustin pour alléguer ensuite implicitement Origène. Au § 209 du *Commentaire du livre de la Sagesse*, il discute les thèses noétiques d'Aristote et de Thomas, et transpose en philosophe, dans le domaine épistémologique et ontologique, ce que le théologien théorise, dans le domaine surnaturel de la grâce, comme la présence réelle de l'Esprit-Saint en l'âme. Le rapport du juste à la justice trouve son modèle dans le rapport de participation de l'esprit de l'homme, qui, dépouillé de lui-même, reçoit l'Esprit. À partir d'un texte d'Origène, la deuxième homélie sur Ezéchiel, Eckhart fonde une noétique et une épistémologie qui lui sont propres.

1. Cf. *ComCt.*, SC 375, I, 1, 13, p. 184-185.

2. *Cf.* R. J. Dobie, « Reason and revelation in the thought of Meister Eckhart », *The Thomist*, 67, 2003, p. 411.

> « Prophétise contre les prophètes d'Israël qui prophétisent d'après leur cœur, et dis-leur ». Autant avait besoin du saint Esprit celui qui recevait l'ordre de dire cela, autant a besoin du même Esprit celui qui désire expliquer les significations cachées, pour faire voir qu'il y a une prophétie pour qui enseigne contre la volonté de Dieu, « ceux qui prophétisent d'après leur cœur » [1].

Là où Origène entend montrer que la lecture spirituelle du texte sacré ne relève pas de l'effort humain, mais de la grâce de l'Esprit, imploré par la prière, Eckhart développe des thèses d'une portée extra-exégétique : le problème épistémologique de la connaissance par l'espèce intelligible, la question du rapport du juste avec la justice, qui est celle de la divinisation, s'ancre dans la pratique du texte sacré : comment lire les Écritures ? En quoi la lecture de la *sacra pagina* peut-elle être le modèle de toute connaissance, d'ordre naturel et surnaturel ? En étendant le modèle de la lecture de la *sacra pagina* à toute autre forme de connaissance, la « vraie philosophie » donnée par et dans la lecture du texte sacré devient le paradigme de toute connaissance. Eckhart relit les propos aristotéliciens à l'aide de ce qu'il a tiré et compris d'Origène et fait du rapport de l'exégète à l'Écriture le modèle de toute connaissance vraie.

Le paragraphe du *Commentaire de la Sagesse*, à partir de l'équation suivante : « de même que personne ne peut être juste sans la justice, de même, personne ne peut connaître la justice si ce n'est par la justice et dans la justice elle-même » établit un principe ontologico-gnoséologique universel : de même qu'une chose a l'être par l'espèce, de même, une chose est connue dans sa seule espèce intelligible dans l'âme. Il prend appui sur trois principes dont les deux premiers sont aristotéliciens : « il n'y a de connaissance que du semblable par le semblable » [2] ; « À partir de ce que la chose est ou n'est pas, un discours est dit vrai ou faux » [3]. Le troisième est une formalisation en langage philosophique d'une donnée évangélique et théologique : *Nemo novit Filium nisi Pater neque Patrem quis novit nisi Filius* [4] : la vérité n'est pas seulement adéquation, mais engendrement.

Eckhart se situe donc, pour une part, dans le sillage aristotélico-thomasien de la conception de la vérité. Mais pour une part seulement [5]. Thomas fait de la vérité une conformité ou adéquation du connu et du connaissant : « Le vrai ajoute donc à l'étant la conformité ou l'adéquation de la chose et de l'intellect, conformité de laquelle suit la connaissance de la chose » [6]. Dans le § 562 du *Commentaire de Jean*, Maître Eckhart interprète ainsi cet adage : « Le vrai, à partir de sa propriété, puisqu'il est l'adéquation de la chose et l'intellect et le rejeton du connu et du connaissant, appartient au Fils qui est engendré mais n'engendre pas » [7].

1. *HomEz.*, II, 2, SC 532, p. 102-103.
2. Aristote, *Métaphysique*, B, 4, 1000b 6, *op. cit.*, p. 152.
3. *Id.*, *Les Catégories*, 5, 4b 8, trad. fr. J. Tricot, Paris, Vrin, 1936, p. 19 ; Cf. *Métaphysique* α, 1, 993b 30, *op. cit.*, p. 110 : « autant une chose a d'être, autant elle a de vérité ».
4. Mt 11, 27.
5. *Cf.* J. Casteigt, *Connaissance…*, *op. cit.*, p. 46.
6. *QD de veritate*, q. 1 art. 1, resp., *op. cit.*, t. 1, p. 130.
7. *In Ioh.*, § 562, *LW* III, p. 490.

Le vrai n'est pas compris seulement comme adéquation extérieure de l'esprit à la chose, mais comme un « engendrement » : de la connaissance extérieure à la connaissance intérieure, il y a un saut, qui est celui de la connaissance naturelle des étants créés, abstrayant les formes de la matière, à la connaissance de toutes choses en leur principe, que le *Livre de la Consolation divine* caractérisait comme passage d'une nature inférieure à une nature supérieure. Cette seconde forme de connaissance qui ramène toutes choses en leur principe [1] est une connaissance par la grâce de l'Esprit. Ceci explicite la péricope de 1 Co 2, 11 : puisque seul le semblable est connu par le semblable, l'esprit humain, par sa seule puissance, ne peut connaître que ce qui relève de l'esprit humain; il doit recevoir l'Esprit-Saint pour comprendre l'Esprit-Saint. Mais ce qui est innovant est l'extension donnée par Eckhart à ce principe. Il ne concerne pas seulement la lecture de la *sacra pagina* : toute forme de connaissance intérieure est don de la causalité gracieuse de l'Esprit. Si la première est adéquation de la chose et de l'intellect dans l'ordre du créé, la seconde effectue, par l'action et la puissance anagogique et causale de l'Esprit-Saint, un *reditus* vers le Dieu cause de l'être et du connaître.

Ainsi les vérités interprétatives, philosophiques, théologiques, ne sont vraies que lorsqu'elles sont comprises comme des formes d'engendrement en l'âme du Verbe, contenant en lui toutes les raisons des créatures. Ce point engage en effet l'épistémologie et l'ontologie eckhartienne ainsi que la difficile question du rapport de la nature à la grâce ou du créé à l'incréé. Si la connaissance intérieure prend modèle sur la génération du Fils par le Père et du rapport de l'engendré à l'engendrant, se pose alors la question de savoir quelle est la frontière entre la nature et la grâce. Eckhart lit Origène pour affirmer l'insuffisance radicale du créé et la permanence vivante, dans son déploiement vital, de la grâce. L'intelligence de l'Écriture ne se réduit donc pas à l'habile maniement des concepts d'Aristote : à la suite d'Origène, Eckhart inscrit cette intelligence dans une prière demandant l'aide gracieuse de Dieu. Les sermons allemands finissent tous par cette formule, diversement étayée et énoncée : « Que Dieu nous aide ! ».

1. *Cf.* V. Lossky, *Théologie négative…*, *op. cit*, p. 248.

TROISIÈME PARTIE

CUJUS EST IMAGO HAEC ET SUPERSCRIPTIO ?

Si Origène axe essentiellement sa réflexion sur le caractère christologique de l'image de Dieu en l'homme – l'image de Dieu en l'homme étant image de l'Image parfaite du Premier-né de toutes créatures – Eckhart hérite de surcroît d'une tradition qui rend sa réflexion sur l'image beaucoup plus complexe. Le concept d'image est chez lui un concept transversal, mobilisé dans divers domaines de réflexion philosophique et théologique : l'anthropologie, la noétique, l'épistémologie, etc. Néanmoins tous se fondent sur et dérivent d'un rapport premier et archétypal : la génération intratrinitaire du Fils par le Père. Les textes dans lesquels Maître Eckhart analyse l'image en tant que telle, l'image prise dans son ontologie propre, sont ceux-là même qui étudient la production de l'Image parfaite qu'est le Fils au sein de la vie intradivine.

Depuis Platon, le statut de l'image oscille entre deux pointes extrêmes, en raison de la polysémie du terme : soit l'image est réalité inconsistante et falote n'existant que sur un mode participatif entièrement dépendant de son objet[1], soit elle est au contraire, avec la tradition chrétienne, identifiée au Fils, pensé comme image archétypale. Eckhart, héritier de ces problématiques, centrera son analyse notionnelle sur l'expressivité de l'image dont tout l'être est un être de renvoi et de relation à l'objet qu'elle exprime.

Il y a des degrés et des modes d'être de l'image : de l'Image parfaite, ressemblance du Père engendrée au sein de la vie divine, à l'homme créé *à l'image*, submergé par les images mondaines qui recouvrent sa nature première, puis réformé dans l'Image, le concept d'« image » (*bild*, *imago*) est l'axe autour duquel Eckhart construit son anthropologie. L'influence augustinienne a été largement soulignée par les commentateurs. Pourtant, si Augustin définit l'âme en sa trinité de facultés, comme image de la Trinité, Eckhart pense d'abord l'image de Dieu en l'homme dans sa relation avec le Fils. L'image de Dieu en

1. *Cf.* Platon : *Le Cratyle*, 432b-c, trad. fr. C. Dalimier, Paris, GF-Flammarion, 1998, p. 171-172 ; *République* VI, trad. fr. G. Leroux, Paris, GF-Flammarion, 2002.

l'homme n'est pas tant l'image de la Trinité que celle d'un moment de sa vie : l'engendrement du Fils. C'est ici la dette proprement origénienne de sa pensée, qu'il exprime à l'aide de l'expression « semen divinum ».

Cette reprise d'une conception christologique de l'image de Dieu sera développée par Eckhart à l'aide de termes empruntés à la tradition – *apex mentis, scintilla animae, castel, synderesis,* etc. qui vont lui servir à désigner le lieu propre de l'image de Dieu en l'âme.

CHAPITRE VII

LE CONCEPT ECKHARTIEN D'IMAGE ET SON EXTENSION

Dans son étude sur l'image et la désimagination dans la philosophie eckhartienne, Wolfgang Wackernagel consacre quelques pages de son travail à l'étude des niveaux sémantiques du vocable moyen-haut allemand pour désigner l'image : *bilde*. En d'autres termes, l'œuvre en langue vernaculaire d'Eckhart ne dispose que d'un seul terme (*bilde*) pour exprimer et transcrire ce que l'œuvre latine, avec l'aide des concepts différenciés d'*imago*, d'*exemplar* et de *forma*[1] – auquel nous pouvons rajouter celui de *species* (forme, espèce, image sensible ou intelligible) – a caractérisé comme autant de niveaux, ontologiques d'abord, noétiques ensuite. Trois niveaux sémantiques sont attachés au mot *bilde* : le premier concerne le Fils, image du Père, le deuxième, les images extérieures dissemblables en raison de leur être créaturel auxquelles l'homme dans son propre suppôt appartient, et, au milieu, l'homme, « fait à l'image et à la ressemblance du Créateur »[2].

À ces trois niveaux sémantiques correspondent trois niveaux ontologiques, dont le premier et le troisième représentent les pôles antinomiques – la ressemblance parfaite et la dissemblance totale. Le second niveau « aspire à la ressemblance et même à la fusion avec le premier, dans une interprétation mystique de 2 Co 3, 18, *in eandem imaginem transformamur* »[3]. La vie trinitaire, la relation imaginale du Fils avec le Père sert donc à la fois de modèle et de mesure pour penser le titre d'« image de Dieu » discerné à l'homme et de pôle d'attraction de l'image déchue dans la dissemblance vers la ressemblance.

1. *Cf.* W. Wackernagel, *Ymagine denudari…, op. cit.*, p. 109.
2. *Ibid.*, p. 109-110.
3. *Ibid.*, p. 110.

L'IMAGE, L'EXEMPLAIRE ET LE MODÈLE

L'engendrement de l'image

Les § 23 à 26 du *Commentaire de Jean* développent une analyse de l'image en tant que telle, dans son être propre d'image, à partir de l'image constituée par le Fils : ce qui est dit du Fils de Dieu, image parfaite du Père est donc valable, sur un mode analogique, pour toute image et lui sert de modèle. Par l'analyse d'un *topos* théologique, Eckhart déploiera une réflexion philosophique sur la nature de toute image, entée sur le processus noétique de la connaissance[1].

La relation d'engendrement du Fils par le Père au sein de la Trinité sert, en raison de sa perfection et de son essence purement intellectuelle, de paradigme permettant de penser toute image. Mais il s'agit bien de considérer *l'image en tant qu'image*, à savoir: dans sa pure forme d'image. Est exclue de l'analyse toute considération concernant le support ou sujet de l'image : c'est la première caractéristique donnée de l'image et l'on peut dire que toutes les autres en découlent.

1) L'image, en tant qu'image, ne reçoit rien du *sujet* où elle se trouve, mais elle reçoit tout son être de l'objet dont elle est l'image.

2) Elle reçoit son être de lui seul.

3) Elle reçoit tout l'être du modèle selon tout ce qui lui appartient comme modèle.

4) Réciproquement, il est manifeste que l'image est dans son modèle, car c'est là qu'elle reçoit tout son être[2].

En prenant l'engendrement divin comme modèle, Eckhart centre sa réflexion sur l'image comme *pure forme* et peut ainsi évacuer le problème platonicien des degrés d'être de l'image selon sa participation au modèle. L'image en tenant tout son être du modèle dont elle est issue, en reçoit aussi l'intégralité de son essence : l'image est dans le modèle et le modèle est dans l'image. Ne recevant rien de son support ou sujet, elle n'est ni mêlée à lui, ni altérée par lui : elle n'admet donc aucune composition.

D'où l'affirmation de l'unité de l'image et du modèle, unité et égalité de nature ou de substance, qui n'annule pas la production effective de l'image. L'image, de même nature que le modèle, fait nombre cependant avec lui du point de vue du suppôt : le Père et le Fils sont un, mais il y a un Père et un Fils qui se distinguent quant à la personne :

> À partir de ce cinquième point et du second déjà mentionné plus haut : l'image et ce dont elle est [l'image] ne peuvent s'additionner ni ne sont deux substances, *mais* [*chacun*] *est un dans l'autre*, « Je suis en mon Père et mon Père est en

1. *In Ioh.*, *LW* III, § 23-26, p. 19-21 ; *OLME* 6, p. 58-65.

2. O. Boulnois, *Au-delà de l'image. Une archéologie du visuel au Moyen Âge. V^{e}-XVIe siècle*, « Des Travaux », Paris, Seuil, 2008, p. 306.

moi » Jn 14, 10. [...] Et c'est la sixième propriété de l'image. Septièmement, il faut par conséquent que l'image soit dans la seule nature intellectuelle, là où le même revient sur lui « dans un retour complet », et celui qui engendre, avec l'engendré ou la progéniture, *est un et le même dans l'autre lui-même, et se trouve autre lui-même dans l'autre lui-même*. Huitièmement, note que pour cela, à savoir que l'image représente exactement ce qui est imagé, il est demandé que rien ne manque de ce qui est imagé, et que rien ne soit présent ni introduit de ce qui appartient à quelque chose d'autre. Rien ne manque donc de ce qui est en Dieu, rien n'est présent de ce qui appartient à une chose créée [1].

Le même *est* l'autre du point de vue de *l'essence* tout en se maintenant dans l'altérité constitutive de sa personne. L'essence divine n'engendre pas – *essentia non generat* –, ainsi qu'Eckhart le répète à la suite de Pierre Lombard et de Thomas notamment[2]. Les *Sentences*[3] mettent au point la difficile question du rapport entre la substance divine et la subsistance des Personnes au sein de la réalité trinitaire, en combattant deux hérésies : l'une qui ferait de la Trinité un trithéisme, l'autre qui concevrait l'expression des personnes comme un modalisme. Il distingue entre l'essence divine commune aux trois Personnes (leur consubstantialité) et ce qui revient en propre, ou ce qui est approprié à chacune d'entre elles lorsqu'on les envisage dans leur relation. Sans anéantir leur commune substance, chaque Personne manifeste sa propriété en étant corrélée aux autres : ainsi, le Fils procède du Père, l'Esprit-Saint de l'amour unissant le Fils au Père. Néanmoins, ce par quoi le Père engendre est l'essence divine elle-même, et non pas un attribut qui lui serait propre sans être partagé par les autres Personnes. Cela ne signifie pas que l'essence divine engendre le Fils comme Personne à l'extérieur d'elle-même, ce qui serait créer et non engendrer et concevoir l'essence elle-même comme faisant nombre avec les personnes – la conséquence en serait une forme de quaternité : le principe de l'engendrement est, dans le Père, l'essence divine, de même que l'on attribue au Fils la sagesse et à l'Esprit-Saint l'amour en raison de leur commune essence et non selon leur Personne. Dans le cas inverse, on serait conduit à attribuer une propriété à une personne et non aux deux autres, soit à nier leur consubstantialité[4].

Le Père engendre le Fils en tant que Personne au sens dérivé, et par l'essence commune aux trois au sens propre : c'est la raison pour laquelle Eckhart répète, dans la suite directe de Thomas qu'« en Dieu la puissance d'engendrer convient de façon directe et plus principielle à l'essence qu'à cette relation qu'est la paternité »[5]. Du point de vue de l'essence divine, les trois sont un en une seule substance; du point de vue de leur Personne, chacune se manifeste selon leur

1. *S* XLIX, 2, § 510, *LW* IV, p. 425; Mangin, p. 408-409 (nous soulignons).

2. *Cf. S.* XI/1, § 115, *LW* IV, p. 109; Mangin, p. 135 : « D'où le fait que l'essence n'engendre pas dans les personnes divines et ne produit pas le Verbe. En effet, elle n'engendre pas le Verbe, si ce n'est en tant qu'intellect. Le Fils ne procède que par la propriété de l'intellect. »

3. Cf. *Sentences*, L. I, dist. V, chap. 1, *op. cit.*, p. 191-192.

4. *Cf.* Thomas d'Aquin, *ST*, Ia, q. 41, art. 5, ad. 1, Cerf, t. 1, p. 444-445.

5. *In Ioh.*, § 44, *LW* III p. 36; *OLME* 6 p. 96–97. *Cf.* Thomas d'Aquin, *ST*, Ia, q. 41, art. 5, cor.

origine et leur relation aux deux autres. Il n'y a de personne que sous la raison de la relation, par laquelle chacune reçoit des propriétés. L'essence divine, en tant qu'elle est spirituelle, est la condition de la différenciation personnelle. L'essence se connaissant soi-même, son acte est la procession d'un Verbe substantiel ou Image; s'aimant soi-même, il y a procession de l'Esprit dont le nom propre est Amour :

> Troisièmement, note que : *en lui sont toutes choses*, de telle sorte que le Père ne serait pas dans le Fils, ni le Fils dans le Père, si le Père n'était pas un (*unum*), cet [un] même (*id ipsum*) avec l'Esprit-Saint, ou si le Fils [n'était pas] cet [un] même (*id ipsum*) qu'est l'Esprit-Saint [1].

Eckhart souligne l'unité d'essence des trois personnes en reprenant le terme employé par Augustin pour désigner Dieu : *Idipsum*[2], « le même, la chose même ». Les *trois* Personnes sont une, *une* même chose par essence. Cette égalité de nature associée à la distinction est exprimée par Eckhart à l'aide de la distinction entre les termes *alius* et *aliud*, soit le masculin et le neutre : le Fils est autre (*alius*) selon la Personne, et non pas autre (*aliud*) selon la nature ou l'essence : « C'est pourquoi ce qui procède est fils de ce qui produit. Car un fils devient autre selon la personne et non autre chose selon la nature » [3].

L'unité selon l'essence ou la forme et la distinction selon la personne s'appuient aussi sur les analyses aristotéliciennes de l'identité du genre chez le géniteur et l'engendré, numériquement distincts cependant quant à l'individu : « C'est l'homme qui engendre l'homme » [4]. En termes théologiques, l'image – ou le Fils – est autre selon la subsistance personnelle, mais non autre selon l'essence. Identique en essence à ce dont elle est l'image, l'image est autre que son exemplaire selon le suppôt ou la personne. L'analyse eckhartienne de l'image a un fondement noétique. Le Fils-Image est engendré par le Père selon un mode d'engendrement purement intellectif : l'essence divine est pure intellectualité et la relation entre le Père et le Fils s'explique, dans un rapport d'analogie avec l'intellection humaine, dans les termes noétiques du rapport entre l'espèce intentionnelle et l'objet d'où elle provient et duquel elle reçoit son être[5]. Le Fils est Image et *proles* du Père : le nœud théologique de la distinction des Personnes dans leur consubstantialité est éclairé par l'élucidation philosophique du fonctionnement de la vie divine comme vie intellective. Ce point est expressément énoncé

1. *S.* IV/1, § 24, *LW* IV, p. 25 ; trad. Mangin, mod., p. 68.

2. *Cf.* J.-L. Marion, *Au lieu de soi...*, *op. cit.*, p. 389-414. L'auteur montre que la traduction abusive, dans une optique thomiste, par l'« être lui-même » aboutit à un contre sens qui alimente la critique de l'onto-théologisme. *Idipsum* signifie l'identité de Dieu avec lui-même et son immutabilité « face à la caductité de tout le reste » (p. 407).

3. *In Ioh.*, § 5, *LW* III p. 7 ; *OLME* 6, p. 32-33.

4. Cf. *Métaphysique*, Z, 8, 1033b 29-32, *op. cit.*, p. 391.

5. *Cf.* É.-H. Wéber, « Le Christ selon Maître Eckhart », *in* K. Emery, J. Wawrykow (ed.), *Christ among the medieval dominicans*, Indiana, USA, University of Notre Dame Press, 1998, p. 415-416.

dans la seconde *Question Parisienne* : « L'être et le connaître intellectif sont-ils identiques en Dieu ? »

> Il n'est en Dieu aucune puissance passive. Mais ce serait le cas si le connaître intellectif (*intelligere*) et l'être n'étaient pas identiques en lui. [...]
> Il y a la même relation entre le connaître intellectif et l'espèce intelligible (*speciem*) qu'entre l'être et l'essence. Or l'essence divine tient la place de l'espèce intelligible. Donc, en Dieu l'être est identique à l'essence, de même que toutes ces réalités sont absolument identiques en lui.
> En troisième lieu, je montre ceci : il ne me semble plus maintenant que c'est parce que Dieu est qu'il connaît, mais que c'est parce qu'il connaît qu'il est. Ainsi Dieu est intellect (*intellectus*) et connaître (*intelligere*) et c'est ce connaître intellectif même qui est le fondement de son être [...] [1].

C'est l'épistémologie effective au niveau de l'intellect humain qui permet d'approcher, sans prétendre la déterminer, la vie intellective de l'essence divine.

De la noétique humaine à la noétique divine

La première *Question parisienne* est censée concerner l'être de l'ange : « Le connaître intellectif de l'ange, en tant qu'il désigne une activité, est-il son être ? » À cette question, Eckhart répond rapidement « non », puisqu'une telle coextension entre le connaître et l'être ne peut se dire que de Dieu seul. Elle est en revanche un véritable exposé d'épistémologie et de noétique humaine :

> [...] la pensée intellective (*intellectus*), en tant que pensée intellective, n'est rien des choses qu'elle connaît. Il lui faut être du « non-mélangé », « n'ayant rien de commun avec autre chose » afin de les connaître toutes, comme il est dit dans le *De anima* au livre III, tout comme la vue doit n'avoir aucune couleur pour les voir toutes. Si donc la pensée intellective en tant que telle n'est aucune autre chose (*nihil est*), par conséquent l'exercice du connaître intellectif lui non plus n'est pas un être.
> [...] L'espèce-intelligible se trouve dans l'âme non comme dans un sujet, mais comme dans un lieu. « L'âme en effet est le lieu des espèces intelligibles, non pas l'âme tout entière, mais l'intellect ». Or il est clairement établi que si l'espèce intelligible avait un sujet, c'est l'âme qui serait son sujet. C'est pourquoi l'espèce intelligible n'est pas un étant [2].

L'accent est donc porté sur l'essence de l'intellect qui, considéré dans son activité, n'a d'autre être formel que celui qu'il reçoit des formes intelligibles. En effet, l'intellect en tant que tel est pure réceptivité, néant d'être et vide de tout

1. *Q.P* 1, § 2-4, *LW* V p. 49-55 ; trad. fr. É. Zum Brunn *et al.*, *Maître Eckhart à Paris, Une critique médiévale de l'ontothéologie*, Paris, P.U.F., 1994, p. 177-179. De nombreux sermons allemands expriment dans un langage moins technique cette génération éternelle du Verbe. *Cf.* par exemple le *S* 49, *DW* II, p. 433-434 ; A.-H. 2, p. 119, [*S.* 21] : « Le Père lui-même n'entend rien que ce même Verbe, il ne connaît rien que ce même Verbe, il ne prononce rien que ce même Verbe, il n'engendre rien que ce même Verbe. »

2. *Q.P* 1, § 2, 3, 5, 7, *LW* V, p. 50-51 ; *Maître Eckhart à Paris, op. cit.*, p. 169-172.

être déterminé. Maître Eckhart s'en réfère ici au Livre III du *Traité de l'âme* d'Aristote :

> Par suite, pensant toutes choses, l'intellect doit nécessairement être sans mélange, comme le dit Anaxagore, afin de commander, c'est-à-dire de connaître; car, en manifestant sa propre forme à côté de la forme étrangère, il met obstacle à cette dernière et s'oppose à sa réalisation. Il en résulte qu'il n'a pas non plus d'autre nature propre que celle d'être en puissance. Ainsi cette partie de l'âme qu'on appelle intellect (et j'entends par intellect ce par quoi l'âme pense et conçoit), n'est, en acte, aucune réalité avant de penser [1].

Le caractère « non mélangé » de l'intellect est souvent référé, implicitement ou explicitement, à Anaxagore [2]. L'intellect ne devient en entéléchie que par la forme qu'il reçoit et intellige; étant passif, il devient cette forme elle-même [3]. L'intellect, en raison de sa nature même devient ce qu'il pense; or ce qu'il pense est l'espèce intentionnelle ou intelligible reçue à partir de l'objet. L'intellect n'a d'être que sous la modalité de l'*ens intelligibile* ou de l'*ens in anima*. Actué par la *species*, prenant sa forme, il ne peut être déterminé ni comme substance, ni comme prédicat ou attribut de la substance. C'est la raison pour laquelle, Eckhart, dans son premier *Commentaire de la Genèse*, s'appuie sur le livre X de la *Métaphysique* d'Avicenne, afin de montrer que l'être de l'âme rationnelle est constitué par les formes et images provenant des objets :

> Avicenne l'explique aussi au livre X de sa Métaphysique : « L'accomplissement de l'âme rationnelle (*animae rationalis*) est de devenir un monde intelligible, que vienne s'inscrire en elle la forme (*forma*) de tout (l'être) », « au point que s'y imprime de façon parfaite l'ordonnancement de tout l'être de l'univers » [4].

C'est donc une thèse particulière, appuyée sur Avicenne, qui est défendue ici : l'intellect devient l'image qu'il reçoit de l'être. Cette image est l'image de tout, l'image du monde [5]. L'être de l'intellect est à comprendre sur le mode intentionnel et expressif de l'image. De même que l'image, ou l'espèce intelligible n'est pas un être, mais est causée par l'être-modèle dont elle dépend, de même, le sujet en lequel elle échoit comme en son lieu, en s'assimilant à elle, n'est rien d'autre que pure activité intellectuelle. Le non-être de l'image est donc constitutif du non-être de l'intellect. C'est ce que Vladimir Lossky a nommé le

1. *Traité de l'âme*, III, 4, 429a 18-24 ; *Maître Eckhart à Paris, op. cit.*, p. 174-175.

2. Cf. *In Ioh.* § 38, *LW* III, p. 32 ; *OLME* 6, p. 88-89. *LCD*, *DW* V, p. 11 ; Libera, p. 131. *THN*, *DW* V, p. 116 ; Libera, p. 179.

3. *Cf.* O. Boulnois, *Au-delà de l'image…*, *op. cit.*, p. 309.

4. *In Gen. I*, § 115, *LW* I, p. 270-271 ; *OLME* 1, p. 385.

5. Cette thèse se trouve aussi chez saint Bonaventure dans son commentaire sur les six jours de la création. Cf. *Collationes in Hexaemeron*, Florentiae, Ad Claras Aquas, 1934, Visio quarta, collatio I, § 1, p. 225, trad. fr. M. Ozilou, *Les six jours de la création*, Paris, Desclée/Cerf, 1991, p. 429-430 : « Considère que dans l'âme tout entière s'inscrit l'univers tout entier, y compris chacun des esprits célestes qui porte l'univers tracé en lui, et même le rayon supersubstantiel qui contient l'univers tout entier et la totalité des êtres spirituels. »

« nihilisme intellectuel »[1], expression reprise par beaucoup de commentateurs comme éclairante et aiguisée. En effet, la théorie de l'image ou espèce intentionnelle chez Eckhart permet non seulement de saisir la particularité de l'intellect humain[2], mais aussi de comprendre sur un mode analogique la nature de l'intellect divin[3].

L'incréabilité de l'intellect humain se conçoit dans son opposition aux êtres créés qui possèdent un être déterminé et formel : l'intellect possède par essence une forme d'incréabilité et de surnaturalité dans la mesure où il n'est néant d'être. Un pont explicatif se constitue entre l'intellection humaine et l'intellection divine : l'intellection humaine se fait sur le mode réceptif, passif, de l'espèce intelligible ; il devient donc à l'image de l'objet reçu. En revanche, l'intellect divin est acte pur et est à lui-même sa propre espèce intelligible, ce qui le définit comme un retour immanent sur lui-même. L'intellect divin est vie ; Eckhart le définit volontiers comme un bouillonnement :

> [...] « Je suis celui qui suis » désigne un certain bouillonnement ou parturition de soi, s'échauffant en soi et se liquéfiant et bouillonnant par soi-même et en soi-même, lumière dans la lumière et vers la lumière se pénétrant totalement tout entière, réfléchie tout entière sur elle-même totalement et renvoyée de partout, selon ceci du sage : « La monade engendre ou a engendré la monade – et réfléchit sur elle-même son amour – ou son ardeur ». C'est pourquoi il est dit au chapitre premier de l'Évangile de Jean : « En lui était la vie » car la vie signifie un certain jaillissement par lequel une chose, s'enflant intérieurement par soi-même, se répand en elle-même totalement, toutes ses parties en toutes ses parties, avant de se déverser et de déborder à l'extérieur[4].

À l'aide d'un langage imagé, avec appui sur la première proposition du *Livre des XXIV Philosophes*[5], Eckhart reprend ici la définition aristotélicienne de Dieu comme acte pur, « Pensée de la pensée » : « L'intelligence suprême se pense donc elle-même, puisqu'elle est ce qu'il y a de plus excellent, et sa Pensée est Pensée de la Pensée (ἡ νόησις νοήσεως νόησις) »[6]. Celle-ci nous permet de comprendre les affirmations des *Questions Parisiennes* citée plus haut : toute l'essence divine consiste en une pure auto-intellection. Cette nature intellective divine en parfaite entéléchie d'elle-même est comprise à partir du modèle humain de l'intellection. L'intellect est en acte par la réception de la forme intelligible ; Dieu, pur entéléchie de lui-même, se pense lui-même : être et connaître sont identiques en Dieu.

1. *Cf.* V. Lossky, *Théologie négative...*, *op. cit.*, p. 242-249.
2. *Cf.* O. Boulnois, *Au-delà de l'image...*, *op. cit.*, p. 306-307.
3. *Cf.* V. Lossky, *Théologie négative...*, *op. cit.*, p. 244-245.
4. *In Ex.*, § 16, *LW* II, p. 21-22 ; Gire, p. 25. Cf. *S.* XLIX, 3, § 511, *LW* IV, p. 426 ; Mangin, p. 409-410.
5. « *Deus est monas, monadem gignens, in se suum reflectens ardorem.* »
6. Aristote, *Métaphysique*, Λ, 9, 1074 b33-35, *op. cit.*, p. 701.

Ici, Eckhart est en partie l'héritier de son confrère dominicain Thomas d'Aquin [1]. L'intellect divin, étant, à la différence de l'intellect humain, acte pur, il ne peut recevoir aucune forme ou espèce qui lui serait extérieure, car alors il faudrait admettre en Dieu une quelconque passivité, signe d'imperfection : « On doit dire nécessairement que le connaître, en Dieu, est identique à sa substance » [2].

Les thèses d'Eckhart sont une adaptation de celles de Thomas. Eckhart en effet passe de l'affirmation d'une identité de l'être et du connaître à celle de la priorité de l'intellect sur l'être. Le § 4 de la deuxième *Question Parisienne* donne à lire le revirement suivant : « [...] il ne me semble plus maintenant que parce que Dieu est qu'il connaît, mais que parce qu'il connaît qu'il est » [3]. Considéré dans son essence, Dieu est intellect, c'est-à-dire que tout son être est purement intellectif. Eckhart préserve en même temps Dieu de toute univocité avec l'étant créé [4].

Dieu s'intellige lui-même en intelligeant sa propre forme : il n'y a donc dans l'intellect divin aucune puissance passive ou réceptive, marque d'imperfection ou d'inachèvement. De même, il nous est possible de saisir la place du Verbe dans la pensée divine comme étant son terme propre par analogie avec le verbe humain. En effet, l'espèce intentionnelle reçue par l'intellect, avec laquelle il est uni, conduit à l'engendrement, la production d'une nouvelle image. Le § 57 du *Commentaire de Jean* l'énonce explicitement :

> [...] En toutes nos puissances sensibles ou rationnelles il faut qu'avant toute chose soit engendrée une espèce, rejeton de l'objet, de sorte que la vue en acte s'avère être quelqu'un d'autre (*alius*) sans être autre chose que le visible en acte (*non alium quam visibile in actu*) et qu'ils soient un, comme le dit Aristote : le visible qui engendre et son rejeton dans la vision, le père et le fils, l'image elle-même et ce dont elle est l'image, sont coéternels en tant que tels, c'est-à-dire en tant qu'ils sont en acte.
>
> C'est le cas dans l'art : en effet, si un peintre ou un écrivain veut peindre ou écrire dans les règles de l'art, il faut que s'engendre et se forme en son esprit d'artiste un rejeton, une image, un fils issu d'une maison extérieure, je veux dire d'un modèle (*ab exemplari*), s'il veut faire une maison.
>
> De la même façon, c'est à partir d'une maison dans l'âme qu'est formée la maison extérieure dans la matière : il ne s'agit pas ici et là de choses différentes (selon la nature), mais de quelque chose d'absolument identique qui n'est distingué que par quelque autre propriété. En effet, comme le dit Averroès, s'il n'y avait pas de matière, le concept de bain et le bain réel seraient la même chose [5].

1. *Cf.* É.-H. Wéber, « Eckhart et l'ontothéologisme : histoire et conditions d'une rupture », dans *Maître Eckhart à Paris..., op. cit.*, p. 53.
2. *ST*, Ia, q. 14, art. 4, resp, Cerf t. 1, p. 256.
3. *QP* 2, § 4, *LW* V p. 40 ; *Maître Eckhart à Paris, op. cit.*, p. 179.
4. *Cf.* É. Zum Brunn, « Dieu n'est pas être », dans *Maître Eckhart à Paris..., op. cit.*, p. 84-108.
5. *In Ioh.*, § 57, *LW* III, p. 47-48 ; *OLME* 6, trad. légèrement mod., p. 120-125.

Ce paragraphe commence par énoncer la thèse aristotélicienne de l'union en acte du sentant et du senti, du visible et du vu, de l'intellect et de l'espèce [1]. L'intellect doit d'abord n'être rien et sur un mode de pure passivité afin de recevoir les espèces intentionnelles des objets et de s'unir en acte avec elles. Mais le processus de la connaissance ne s'arrête pas à ce seul stade de passivité : cette passivité de la réception devient, en l'instant même de la réception, formation. L'union de l'intellect avec l'intelligible qu'il reçoit est dans le même moment production, engendrement d'une image ou espèce cognitive [2].

Eckhart donne des exemples relatifs à l'activité technique : dans l'esprit d'un peintre il doit y avoir, comme condition nécessaire à l'artefact qu'il veut produire, un rejeton ou image d'une maison extérieure à son esprit, c'est-à-dire : l'idée de la maison. L'âme se règle donc sur cette forme, avec laquelle elle s'unit pour pouvoir produire ou engendrer l'image de la maison à peindre. Il y a donc le processus noétique suivant : objet-forme ou espèce intelligible – réception par l'intellect – formation d'une image intérieure – réalisation extérieure [3].

Eckhart reprend ici, une tradition noétique qui, héritière d'Augustin, d'Aristote et d'Averroès [4], est lisible chez Thomas. À la thèse aristotélicienne que la perception est union du sentant et du senti, du connaissant et du connu, s'associe celle d'un verbe conçu et engendré en l'âme, tel qu'Augustin le caractérise au Livre IX de *La Trinité* : « On doit donc tenir avec certitude que toute chose que nous connaissons co-engendre (*congenerat*) en nous la connaissance que nous avons d'elle. C'est en effet à la fois le connaissant et le connu qui engendrent la connaissance » [5]. Augustin achèvera le livre IX en montrant que ce processus de co-engendrement, complété par l'amour, est l'image même en l'âme des processions des Personnes divines de la Trinité [6].

L'âme est, chez Augustin, image de la Trinité : en ce sens elle reflète le mystère des processions trinitaires, en particulier l'engendrement du Verbe. L'activité noétique humaine, formée sur le modèle divin, renvoie, en raison de son titre d'image, à un modèle. Ce dernier s'en trouve éclairé. En effet, l'image engendrée en l'âme sur le modèle de l'image intelligible n'est pas autre par nature (ils sont une même réalité intelligible), mais autre cependant selon le sujet : elle passe du statut d'exemplaire ou de modèle à celui de rejeton ou de fils [7].

1. *Cf.* Aristote, *Traité de l'âme*, III, 2, 425b 26, *op. cit.*, p. 154 : « L'acte du sensible et celui du sens sont un seul et même acte, mais leur quiddité n'est pas la même. »

2. Cf. *In Ioh.*, § 109, *LW* III, p. 93-94 ; *OLME* 6, p. 213-214. O. Boulnois, *Au-delà de l'image…*, *op.cit.*, p. 303.

3. Cf. *OLME* 6, n. 2 p. 123.

4. Averroès, *Aristotelis Metaphysicorum libri Quatordecim*, Venise, Apud Iunctas, 1562, p. 318.

5. *De Trin.*, IX, XII, 18, BA 16, p. 108-109, trad. légèrement mod. Ce passage est repris par Eckhart en *In Gen. I*, § 199, *LW* I p. 346 ; *OLME* 1, p. 506-509.

6. Cf. *De Trin.*, IX, XII, 18, BA 16, p. 112-113.

7. *Cf.* K. Flasch, *Maître Eckhart…*, *op. cit.*, p. 218-219.

À Thomas, Maître Eckhart emprunte le parallélisme entre la production du Verbe et le verbe de notre intellect :

> [...] Le verbe de notre intellect (*intellectus*), suivant la ressemblance duquel nous pouvons parler du verbe divin, est ce que l'opération de notre intellect a pour terme, cela même qui est pensé; on l'appelle conception de notre intellect. [...] Cette conception est l'effet de l'activité de l'intellect; donc, même lorsque l'esprit (*mens*) se pense lui-même, sa conception n'est pas l'esprit lui-même; mais une chose exprimée à partir de la connaissance de l'esprit. Ainsi donc, en nous, le verbe de l'intellect a deux propriétés par sa nature même : il est pensé, et il est exprimé par autre chose [1].

Le verbe humain, verbe conçu, est une similitude du Verbe divin. Comme le Verbe de Dieu, il est pensé comme terme de la vie intellective : de même nature ou essence qu'elle, il s'en distingue néanmoins en tant que *res expressiva* [2].

La noétique humaine est donc une expression analogique de la noétique divine. Le verbe humain est similitude du Verbe divin en raison d'une ressemblance première : l'homme est créé à l'image de Dieu et l'opération cognitive est image de la vie intellective de Dieu, ou pour le dire plus simplement : L'intellect est l'image de Dieu en l'homme. Parce que l'homme est créé à l'image de Dieu, les opérations de son âme intellective ont le titre d'image de la fécondité intellective divine.

ÊTRE IMAGE ET L'ÊTRE À L'IMAGE

> Que l'image de la Trinité dans l'âme est une expression de la Trinité sans volonté ni intellect, et que cette image de l'âme n'est pas à elle-même (*sibi ipsi*), mais qu'elle est par excellence à celui dont elle a reçu son essence et sa nature, non point une autre essence, mais la même [que celle de Dieu]. Et cela se trouve expliqué dans trois exemples : une image dans un miroir, un mur dans l'œil, une branche émanant de l'arbre. C'est pourquoi il est ajouté, à propos de cette image, ceci : elle est une expression unifiée de soi-même, ce qui sort est identique à ce qui reste à l'intérieur et ce qui reste à l'intérieur est identique à ce qui sort; cette image, le Fils l'est du Père, et cette image, je la suis, moi (*ista imago sum ego*) [3].

Ce texte est la transcription latine par les censeurs de Cologne du sermon allemand 16a, texte omis par les copistes du sermon 16b [4]. Eckhart semble affirmer que l'image de Dieu dans l'âme est : 1) image de la Trinité; 2) en tant qu'image, elle est une expression de la Trinité « sans volonté ni intellect » : l'image de Dieu en l'âme est donc sans intermédiaire. 3) l'image est de la même essence que son modèle : elle est l'expression, sans dégradation ni perte,

1. *QD de veritate*, q. 4, art. 2, resp., *op. cit.*, t. 1, p. 416 (trad. mod.).
2. *Cf.* É.-H. Wéber, *Le Christ selon saint Thomas d'Aquin*, Paris, Desclée, 1988, p. 51-68.
3. Propositions condamnées de Maître Eckhart, *Proc. Col* I, § 62, art. 8, *LW* V, p. 220-221. Nous empruntons la traduction d'O. Boulnois, *Au-delà de l'image...*, *op. cit.*, p. 289.
4. Cf. *DW* I, p. 257.

de l'essence divine. 4) l'image n'est donc pas l'âme elle-même, mais ce qui est exprimé par Dieu dans l'âme, à savoir le Fils. Elle jaillit directement de la vie bouillonnante et féconde du Père. Le début de la proposition affirme donc une conception devenue classique depuis Augustin : l'image de Dieu dans l'âme est la Trinité. Mais la fin affirme une position qui n'est plus augustinienne : l'image de Dieu en l'âme est le Fils, et l'on peut en rendre compte, comme nous l'avons vu, selon la relation d'engendrement et de fécondation Père/Fils.

Censée retranscrire le propos eckhartien en moyen-haut allemand, la version latine cependant introduit des termes supplémentaires, et en omet d'autres. Le sermon en langue vulgaire dit :

> Je dis bien plutôt que cette image est une expression d'elle-même sans volonté ni connaissance (*dit beelde si een uutdruc sijns selfs sunder wille ende sunder bekenntnisse*). Je vais vous donner une comparaison. On place un miroir devant moi ; que je le veuille ou non, sans ma volonté et ma connaissance, je me reflète dans le miroir. Cette image n'est pas celle du miroir, elle n'est pas non plus celle d'elle-même, l'image provient bien plutôt de celui dont elle a reçu son essence (*wesen*) et sa nature (*nature*). Quand le miroir qui était devant moi est enlevé, je ne me reflète plus longtemps dans le miroir, car je suis cette image elle-même.
> Encore une autre comparaison. Quand une branche émane de l'arbre, elle porte le nom et l'être de l'arbre, ce qui sort est identique à ce qui demeure à l'intérieur et ce qui reste à l'intérieur est identique à ce qui sort. Ainsi la branche est une expression d'elle-même.
> Je dis absolument de même pour l'image de l'âme. Ce qui sort est identique à ce qui reste à l'intérieur et ce qui reste à l'intérieur est identique à ce qui sort. Cette image, le Fils l'est du Père (*Dit beelde es die sone*), et cette image, je la suis, moi [1].

Dans le texte en moyen-haut allemand, l'image n'est plus l'expression de la Trinité, mais, introduite directement avec ses qualités essentielles, elle apparaît identique au Fils, Image engendrée du Père. Le début du sermon précisait en effet :

> Un maître dit [2] : si tout intermédiaire entre moi et le mur était supprimé, je serais près du mur, mais je ne serais pas dans le mur. Il n'en est pas ainsi pour les choses spirituelles car l'un est toujours dans l'autre : ce qui reçoit est [identique] à ce qui est reçu, car il ne reçoit rien que lui-même [3].

Les espèces visuelles, ou, en général, sensibles, nécessitent un milieu – tel le milieu diaphane de l'air, *medium* entre la chose et le sens. Mais, l'objet connu l'étant sur un mode intentionnel et non réel ou matériel, l'image est elle-même médiation, la seule médiation qui reproduit parfaitement ce dont elle est l'image [4]. L'image sensible a certes besoin d'un milieu pour parvenir à l'organe qui lui correspond ; mais, *en tant qu'image*, elle n'a besoin d'aucun intermédiaire. À plus

1. *S.* 16a, *DW* I, p. 259-260 ; A.-H. 1, p. 144-145, [*S.* 87].
2. Il s'agit d'Averroès.
3. *S.* 16a, *DW* I, p. 259-260 ; A.-H. 1, p. 144-145, [*S.* 87].
4. *Cf.* O. Boulnois, *Au-delà de l'image…*, *op.cit.*, p. 302.

forte raison, l'image intellectuelle, n'ayant ni support matériel, ni milieu sensible, ne nécessite-t-elle aucun intermédiaire.

L'image de Dieu en l'homme réalise donc parfaitement les critères que nous avons dégagés de l'image en tant que telle, de *l'image en tant qu'image*. Il serait alors justifié d'affirmer que l'image de Dieu en l'homme est le Fils lui-même, puisque les mêmes caractéristiques peuvent s'y trouver : de la génération du Verbe-Image en Dieu à celle en l'homme, la conséquence serait bonne. Pourtant, dans la version plus étendue du sermon allemand 16b, Eckhart précise :

> Vous devez savoir que l'image divine et simple est imprimée dans l'âme, au plus intérieur de la nature, est reçue directement, et le plus intime et le plus noble dans la nature divine est reproduit très véritablement dans l'image de l'âme, et ni la volonté ni la sagesse ne sont médiation, comme je l'ai dit précédemment; si la sagesse est médiation, c'est du fait qu'elle est l'image elle-même. Ici, Dieu est directement dans l'image et l'image est directement (*âne mittel*) en Dieu. Cependant Dieu est dans l'image bien plus noblement que ne l'est l'image en Dieu. Ici, l'image ne saisit pas Dieu en tant que Créateur, elle le saisit en tant qu'être intelligible, et ce que la nature divine a de plus noble se forme très véritablement dans l'image. C'est une image naturelle de Dieu que Dieu a imprimée naturellement dans toutes les âmes. Je ne peux pas attribuer davantage à l'image; si je lui attribuais quelque chose de plus, elle serait Dieu elle-même, mais il n'en est pas ainsi, car alors Dieu ne serait pas Dieu [1].

Ces affirmations sont ambivalentes et délicates à éclaircir : l'image de Dieu est dans l'âme; elle n'est donc pas toute l'âme. Elle ne supporte aucune médiation, ce qui signifie que, image expresse de l'essence divine, elle n'est pas le fruit d'une reproduction dans le créé de la vie divine incréée : sans médiation, l'image est directement imprimée dans l'âme de l'homme [2]. Comme Eckhart aime à le répéter : l'image n'a pas d'image. Or, si l'image tient tout son être du modèle dont elle est issue, cela signifie : l'image du Père étant le Fils, l'image de Dieu en l'homme procède de la même façon que le Fils lui-même procède du Père. L'engendrement du Fils par le Père se fait dans l'essence divine incréée, dans la déité; mais l'homme est créé. Eckhart peut donc dire que l'image est en Dieu, mais que Dieu est dans l'image sur un mode plus élevé ou « noble », en supposant une différence ontologique. La créature rationnelle se rapporte donc à Dieu comme à la source et au modèle de l'image qu'elle recèle en elle, sans confusion entre son être de créature et son origine incréée : néanmoins, si elle envisage l'être de l'image en tant que tel, elle y voit l'expression immédiate et naturelle de la vie divine intellective. Dieu reste Dieu et l'image reste l'image lorsqu'on les considère dans la relation de la création *ab extra*. Soit l'image est considérée en tant que telle et elle partage l'identité de nature avec son exemplaire. Soit l'image est considérée dans sa relation avec le créé et il convient, pour en saisir sa nature, de la rapporter à sa source incréée. Soit donc elle est envi-

1. *S.* 16b, *DW* I, p. 268; A.-H. 1, p. 150, [*S.* 88].
2. *Cf.* B. McGinn, *The spiritual…*, *op. cit.*, p. 106-110.

sagée dans son univocité avec la Déité, soit dans son rapport analogique à Dieu comme source du créé [1].

Susanne Köbele remarque, dans son analyse du sermon 16b, que le passage de la langue vernaculaire à la langue latine de l'Inquisition obscurcit la pensée dialectique du maître [2]. Le terme d'*imago* appauvrit la tension dialectique du terme *bilde* qui peut aussi bien signifie *Urbild* qu'*Abbild*: en traduisant de manière indifférenciée le terme de *bild* par *imago*, les Inquisiteurs ont trahi la pensée d'Eckhart. Cette trahison porte sur la différence ontologique entre le créé et l'incréé [3] mais aussi sur la conception théologique de l'image.

En effet le terme d'*imago*, employé pour désigner l'image de Dieu chez les créatures spirituelles, est, au XIVe siècle, surchargé du sens augustinien, si bien que les Inquisiteurs traduisent spontanément *bild* par *imago Trinitatis*: l'image de Dieu en l'homme est image de la Trinité tout entière, ainsi que l'a affirmé Augustin [4] et, à sa suite, la tradition théologique [5] et magistérielle. Or, Eckhart ne dit pas que l'image de Dieu en l'homme est l'image trinitaire, mais qu'elle est celle que le Fils est lui-même: l'image en l'âme n'est ni image de la Trinité, ni image de l'Image, mais la même Image, le Fils, Verbe du Père. Est-ce parce que le sermon 16b est donné en l'honneur de la saint Augustin que les censeurs n'ont pas saisi la conception proprement eckhartienne, en la rabattant sur celle de l'évêque d'Hippone? Est-ce parce qu'il s'inspire ailleurs de ses textes que la confusion était inévitable? Il y a chez Eckhart un legs augustinien indéniable. Pourtant, sa conception de l'image n'est pas, *a priori*, celle d'Augustin.

L'interprétation d'Augustin

Trois textes évoquent néanmoins explicitement l'image trinitaire. Le sermon 14 commence par expliquer Is 60, 1 : *Surge illuminare Iherusalem* en invoquant l'autorité de maîtres et de saints. Ces derniers font de l'âme une image de la Trinité :

> Les maîtres et les saints disent généralement que l'âme a trois puissances par lesquelles elle est semblable à la Trinité. La première puissance est la mémoire, ce qui veut dire un savoir secret, caché; elle désigne le Père. L'autre puissance se nomme intelligence, c'est une représentation, une connaissance, une sagesse. La troisième puissance se nomme volonté, un flux de l'Esprit-Saint. Nous ne nous y attardons pas, car ce n'est pas là un sujet nouveau [6].

1. *Cf.* B. Mojsisch, *Meister Eckhart…*, *op. cit.*, p. 112.

2. *Cf.* S. Köbele, « zu Predigt 16 b: Quasi vas auri solidum », *in* G. Steer, L. Sturlese (Hrsg.), *Lectura eckhardi, Predigten Meister Eckharts von Fachgelehrten gelesen un gedeutet*, Stuttgart-Berlin-Köln, Kolhammer, 1998, p. 52.

3. Cf. *ibid.*, p. 61-62.

4. Cf. *De Trin.*, livre XIV.

5. *Cf.* notamment Thomas d'Aquin, *ST*, Ia, q. 93, art. 5, ad. 4.

6. *S.* 14, *DW* I, p. 230-231; A.-H. 1, p. 134, [*S.* 12].

Ce ternaire de facultés en l'âme renvoie directement à celui qu'Augustin discerne au sein de la *mens*, partie supérieure de l'âme. Le paragraphe suivant semble en donner une variante en invoquant l'*irascibilis*[1], associé au Père : on peut supposer qu'Eckhart allait, en suivant la distinction traditionnelle des puissances, mentionner le *concupiscibilis* et le *rationalis*. Si Eckhart l'évoque, c'est néanmoins, dans ce sermon, pour en faire peu de cas. Il choisit de ne pas le traiter. Ici encore, le maître se déleste sur les analyses de ses prédécesseurs. En privilégiant le rare ou le nouveau, il suppose bien connues les analyses de tendance augustinienne de ceux qui l'ont précédé. Le reste du texte peut ainsi porter sur l'homme noble et humble, un avec Dieu dans l'opération. Ce sermon ne parle pas tant de l'image que de son retour dans la source divine.

Deux autres sermons font mention de la doctrine augustinienne. Le sermon 83 mentionne explicitement Augustin pour expliquer Ep 4, 23 :

> « Soyez renouvelés dans votre esprit » qui se nomme *mens*, c'est-à-dire *gemüte*. Ainsi parle saint Paul.
> Or Augustin dit que, dans la partie supérieure de l'âme, qui se nomme mens ou gemüte, Dieu a créé, en même temps que l'être de l'âme, une puissance que les maîtres nomment réceptacle ou écrin de formes spirituelles ou d'images [« idées »] formelles. Cette puissance fonde la ressemblance de l'âme avec le Père, par la diffusion de sa déité à partir de laquelle il a répandu tout le trésor de son être divin dans le Fils et dans le Saint Esprit selon la distinction des Personnes, de même que la mémoire de l'âme répand le trésor de ses « images » dans les [autres] puissances de l'âme. Quand alors l'âme contemple, au moyen de cette puissance, des images – qu'elle contemple l'image d'un ange, qu'elle contemple sa propre image, c'est en elle une insuffisance. Si elle contemple Dieu en tant qu'il est Dieu, ou en tant qu'il est image, ou en tant qu'il est trinitaire, c'est en elle une insuffisance. Mais quand toutes les images de l'âme sont écartées et qu'elle contemple seulement l'unique Un, l'être nu de l'âme rencontre l'être nu sans forme de l'unité divine qui est l'être superessentiel reposant impassible en lui-même. Ah ! merveille des merveilles, quelle noble souffrance c'est là que l'être de l'âme ne puisse souffrir rien d'autre que la seule et pure unité de Dieu[2].

L'image de Dieu dans l'âme, située dans sa partie supérieure, semble répondre au schème augustinien et s'accorder à sa noétique. L'activité du ternaire *memoria – intellectiva – voluntas*, est image de l'économie relationnelle des Personnes au sein de la Déité. Mais cette image est vouée, dans le renouvellement de l'âme par la grâce, à disparaître en même temps que doivent disparaître toutes les images, y compris celle du Dieu trinitaire. L'image ne peut donc connaître que ce qui est image, de même que le semblable connaît le semblable. C'est là pour Eckhart la limite de l'image pensée sous un mode trinitaire qui s'arrête à un Dieu perçu en ses relations personnelles et non en son essence propre. L'âme doit donc se désimaginer elle-même et seule cette âme sans image, sans ressemblance, ce

1. Le texte est défectueux et lacunaire.
2. *S.* 83, *DW* III, p. 437-438 ; A.-H. 3, p. 151, [*S.* 62].

« fond », peut avoir accès au Dieu innommable. Ainsi : « Tu dois totalement échapper à ton être-toi et te fondre dans son être-Lui et ton être-toi et son être-Lui doivent si totalement devenir un "mien" que tu comprennes éternellement avec lui son être originaire incréé et son Néant innomé »[1].

L'image, conçue comme trinitaire, est en même temps conçue comme créature : en tant que telle elle doit disparaître pour laisser place à l'unité « originaire et increéée » de l'essence divine avec le moi. L'image est donc reconduite à son principe pour s'anéantir dans son être-image. Cette œuvre est celle du don de l'Esprit-Saint – et non de la *voluntas*, image créée de l'Esprit. Pour l'exprimer, Eckhart emploie une image : « Or saint Paul dit : "Soyez renouvelés dans votre esprit". Si nous voulons être renouvelés en esprit, les six puissances de l'âme, les supérieures et les inférieures, doivent avoir un anneau d'or, recouvert de l'or de l'amour divin »[2].

Ce renouvellement des puissances de l'esprit par l'Esprit, en conduisant à la suppression des images dans l'âme, puis de l'image de l'âme elle-même, ramène celle-ci à sa source, la déité, appréhendée sans image dans l'union, c'est-à-dire sans sa relation au créé. En effet, puisque « l'émanation des personnes divines dans la divinité est la raison et le préambule de la création »[3], la recherche de Dieu en lui-même se doit de franchir toutes les images ou représentations de Dieu, y compris celle de la Trinité; celle-ci, prise dans son économie relationnelle, est encore une image de Dieu relative au créé. Le sermon 48 affirme :

> Je dis donc : quand l'homme se détourne de lui-même et de toutes choses créées – autant tu agis ainsi, autant tu es uni et bienheureux en l'étincelle dans l'âme qui ne touche jamais le temps ni l'espace. Cette étincelle refuse toutes les créatures et ne veut que Dieu dans sa nudité, tel qu'il est en lui-même. Ne lui suffit ni le Père, ni le Fils, ni l'Esprit saint, ni les trois Personnes dans la mesure où chacune d'elles demeure dans sa particularité. Je dis en vérité qu'à cette lumière ne suffit pas l'unicité de la nature divine en tant que féconde. Je dirai davantage qui rendra un son plus étrange encore; je le dis en bonne vérité et en éternelle vérité et en perdurable vérité : à cette même lumière ne suffit même pas l'être divin simple et impassible qui ne donne ni ne reçoit; elle veut savoir d'où vient cet être; elle veut pénétrer dans le fond simple, dans le désert silencieux où jamais distinction n'a jeté un regard, ni Père ni Fils ni Esprit saint, le plus intime où nul n'est chez soi. C'est là seulement que cette lumière trouve sa satisfaction et là elle est plus intimement qu'elle n'est en elle-même, car ce fond est un silence simple, immobile en lui-même [...][4].

Le parcours de l'âme est décrit identiquement, selon une voie apophatique réditive de plus en plus étroite et épurée. Saisir Dieu comme Trinité n'est pas encore saisir la déité dans son essence, mais déjà du point de vue de la création,

1. *S.* 83, *DW* III, p., p. 443; A.-H. 3, p. 152-153, [*S.* 62].
2. *Ibid.*, p. 444; A.-H. 3, p. 153.
3. *In Ex.*, § 16, *LW* I, p. 99; Gire, p. 25.
4. *S.* 48, *DW* II p. 419; A.-H. 2, p. 114, [*S.* 116].

puisque l'émanation des Personnes est le moment métaphysique qui précède la création *ad extra*[1]. Le Dieu trinitaire nous renvoie encore au Dieu dans sa relation avec le créé, non pas tel qu'il est *en lui-même*, mais tel qu'il se manifeste pour les créatures. La Trinité n'est pas encore le « fond » divin, l'essence non manifestée, mais son orée qui peut encore se dire dans un langage conceptuel. Dieu en lui-même, en son essence, Dieu à qui nous devons être pleinement uni, ne se laisse dire ni penser par aucune distinction, c'est-à-dire par aucun limitation langagière et conceptuelle. L'âme en son fond ne peut être l'image du Dieu trine, puisqu'elle a pour vocation, en raison de son essence, de s'unir au Dieu innomé et innommable[2].

C'est la raison pour laquelle Eckhart reprend dans ces textes le schème augustinien de l'âme, sans pour autant en donner un traitement augustinien. Le sermon 16b notamment utilise les exemples choisis par saint Augustin, et en ajoute d'autres de nature similaire. Eckhart, donne plusieurs exemples pour justifier l'identité essentielle de l'image avec le modèle (envisagée en tant qu'image, compte non tenu du sujet) : deux œufs également blancs sans relation d'image, un miroir placé devant le visage et une branche émanant de l'arbre[3]. Les Inquisiteurs mentionnent l'exemple très fréquent chez le maître du « mur dans l'œil ».

Toute image contient en elle la ressemblance et il ne peut y avoir d'image sans ressemblance alors que la relation inverse n'est pas vraie ; il peut y avoir ressemblance sans image : deux œufs de même espèce se ressemblent, mais il n'y a pas de relation d'image car l'un n'est pas produit par l'autre, ne provient pas de lui ou encore n'est pas exprimé par lui. Eckhart considère en outre la relation imaginale du point de vue de la nature et non de l'artefact. Il n'y a image que lorsque celle-ci est engendrée naturellement, par l'expression de la seule nature et non par la médiation de la volonté ou de l'intellect pratique : cette spontanéité naturelle est illustrée par l'exemple de la branche issue de l'arbre, rejeton d'essence identique à ce dont elle provient. L'image reflétée dans le miroir[4] laisse apparaître le visage, sa bouche, son nez, ses yeux. Mais la relation entre le visage et le miroir n'est pas une relation d'engendrement naturel puisque le reflet n'est pas dans la continuité du visage mais nécessite l'intermédiaire du milieu. Cet exemple sert donc ici à illustrer la spontanéité de l'image, l'absence de médiation entre l'image et le modèle – compte non tenu du milieu. Il indique cette différence : dans l'intentionnalité de l'espèce, visible ou intelligible, ce n'est pas « la nature », la chose même, qui est transmise, mais sa « forme » ; dans le cas de l'émanation divine au contraire, Dieu (le Père) se transmet à son image. Il y a une même nature et deux

1. Cf. *In Ex.*, § 16, *LW* II, p. 22.

2. *Cf.* A. de Libera, *La mystique rhénane d'Albert le Grand à Maître Eckhart,* « Sagesses », Paris, Seuil, 1994, p. 243-244.

3. Cf. *S.* 16 b., *DW* I, p. 365-266 ; A.-H. 1, p. 149, [*S.* 88].

4. Cet exemple est récurrent chez Eckhart.

formes[1]. Or, ces exemples sont en partie empruntés à un texte d'Augustin où il réfléchit sur la nature de l'image :

> Il faut distinguer l'image, l'égalité et la ressemblance. Car là où il y a *image*, il y a toujours ressemblance, mais pas toujours égalité ; là où il y a *égalité*, il y a toujours ressemblance, mais pas toujours image; là où il y a *ressemblance*, il n'y a pas toujours image, et pas toujours égalité.
> Là où il y a *image*, il y a toujours ressemblance, mais pas toujours égalité. Ainsi, dans un miroir, il y a image de l'homme, puisqu'elle en est tirée (*expressa*) ; il y a aussi nécessairement ressemblance, et pourtant pas égalité, car beaucoup [de traits] manquent à l'image, qui pourtant sont inhérents à la chose dont elle est tirée.
> – Là où il y a *égalité*, il y a toujours ressemblance, mais pas toujours image. Ainsi, dans deux œufs de même espèce (*paribus*) : puisqu'il y a égalité, il y a aussi ressemblance; en effet, tout ce qui est présent à l'un est aussi présent à l'autre ; pourtant, il n'y a pas image, car aucun des deux n'est tiré (*expressum*) de l'autre.
> – Là où il y a *ressemblance*, il n'y a pas toujours image et pas toujours égalité. Car tout œuf, en tant qu'il est œuf, ressemble à tout œuf; mais l'œuf de perdrix, quoiqu'il soit semblable à l'œuf de poule en tant qu'œuf, n'en est pourtant ni l'image, car il n'en est pas tiré, ni l'égal, car il est plus petit, et d'une autre sorte d'animaux[2].

On reconnaît dans le propos augustinien les exemples des œufs et du miroir. Augustin distingue trois relations :

– l'image implique la ressemblance mais non l'égalité.

– l'égalité implique la ressemblance mais non l'image.

– la ressemblance n'implique ni l'image, ni l'égalité.

L'exemple du visage dans le miroir sert à Augustin à affirmer l'inégalité et l'asymétrie entre l'image et son modèle, en raison de la dépendance constitutive de l'être de l'image. Celui des œufs sert à penser deux relations : deux œufs de même espèce sont égaux et se ressemblent, sans relation causale de provenance ; deux œufs d'espèces différentes se ressemblent mais ne sont ni égaux, ni dans une relation imaginale. Ces distinctions lui permettent de différencier deux sortes d'image : l'image imparfaite qu'est l'homme, inégale et dépendante de son principe, l'image parfaite qu'est le Fils, égal au Père et Ressemblance du Père : « L'enjeu en est la différence entre l'humain et le divin. Chez l'homme, l'image est une marque de dépendance et d'inégalité, dans le divin, elle est compatible avec l'égalité »[3].

Le miroir reflète la forme de mon visage mais non sa nature. Le reflet est engendré par la présence du visage sans qu'il y ait donation d'être. Ici, le reflet donne l'illusion de l'être par sa fonction de renvoi, mais il ne possède en lui-même

1. *Cf.* L. Sturlese, *Eckhart, Tauler, Suso. Filosofi e mistici nella Germania medievale*, Firenze, Le Lettere, 2010, p. 59.

2. Augustin, *Quatre-vingt trois Questions*, q. 74, *op. cit.*, BA 10, p. 326-328. *Cf.* O. Boulnois, *Au-delà de l'image…*, *op. cit.*, p. 27-29.

3. O. Boulnois, *Au-delà de l'image…*, *op. cit.*, p. 30.

aucune densité ontologique. Lorsque le visage disparaît, l'image s'évanouit. Dans le cas de l'émanation divine, Dieu en tant que Père transmet son essence à l'engendré, au Fils. Il y a une même essence pour deux formes en lesquelles se trouve la distinction numérique. Le processus est inversé : l'essence est identique quand bien même elle se trouve être dans d'autres suppôts. L'image de Dieu en nous est communication de ce qu'il est en son essence et c'est pourquoi il peut y avoir unité d'image entre le Fils et les fils dans l'intimité de la productivité de l'intellect divin.

Pour penser l'inégalité entre la génération humaine de l'image et la divine, Augustin a recours à deux exemples : un jonc né de l'eau et le fils engendré par le père[1] : le reflet du jonc sur l'eau sert à penser la contemporanéité de l'image avec son modèle; néanmoins, le reflet est inégal au modèle. L'exemple de l'engendrement d'un fils par son père donne à voir au contraire une égalité de nature sans contemporanéité. Les deux exemples associés permettent de penser par similitude l'engendrement du Fils par le Père, en haussant au niveau de l'éternité la contemporanéité. L'image parfaite ne peut se dire que du Fils, engendré de toute éternité et égal au Père.

L'image créée, marquée du sceau de la temporalité et de l'inégalité, sera image imparfaite. Cette image créée est l'œuvre de la Trinité toute entière : la relation n'est pas celle du Fils au Père, mais celle de la Trinité à la créature, « [...] parce que l'homme a été fait non à l'image du Père seul ou du Fils seul, ou de l'Esprit-Saint seul, mais à l'image de la Trinité »[2].

Le pluriel de Gn 1, 26 : *Et ait faciamus hominem ad imaginem et similitudinem nostram* est interprété par Augustin comme un « nous » indiquant la création de l'homme par les trois Personnes consubstantielles. Ceci est la première rupture d'Augustin avec les Pères grecs qui pensaient l'image de Dieu en l'homme comme image du Fils. En pensant l'homme comme image de la Trinité, Augustin rompt encore avec la distinction traditionnelle entre « être image de » et « être à l'image de ». Les prédécesseurs d'Augustin, Origène en particulier, distinguaient en effet entre le Fils Image et Ressemblance parfaite et la créature, et l'homme à l'image du Fils et devant conquérir par la grâce son titre de ressemblance. Ici encore, chez Augustin, l'image créée n'est pas image du Fils, mais, image *et* ressemblance[3] de la Trinité. L'écart entre la Trinité incréée et la créature humaine raisonnable est préservé par l'inégalité entre l'ordre de l'incréé et celui du créé. L'homme est image imparfaite et ressemblance participative de l'essence trinitaire parfaite. Augustin affirme donc les thèses suivantes :

1. *Cf.* Augustin, *Homélie* 117, chap. 9, § 12 *PL* 38, col. 667-668. Le texte est cité par O. Boulnois, *Au-delà ..., op. cit.*, p. 45.

2. *Sur la Genèse au sens littéral, livre inachevé*, XVI, 61, 3-4, *op. cit.*, BA 50, p. 502-505. Cf. *La Genèse au sens littéral*, III, XIX, 29, *op. cit.*, BA 48, p. 258-259.

3. Seul le Fils est la Ressemblance parfaite du Père. Les créatures sont semblables au Père par participation au Fils, Ressemblance primordiale, forme de toute ressemblance. Cf. *Sur la Genèse au sens littéral, livre inachevé*, XV, 57-58, BA 50, p. 492-497.

1) L'image de Dieu en l'homme est image de la Trinité tout entière et non image du Fils. L'homme est *image* et non *à l'image*.

2) L'inégalité, conséquence de la création elle-même, permet à elle seule de penser la différence entre l'Image parfaite qu'est le Fils et l'image en l'homme. Ainsi, l'homme est image et ressemblance sur un mode imparfait ou défectueux. L'image est à la fois imparfaite et inamissible. Elle est donnée sur un mode inchoatif, puisqu'il « faut considérer l'âme en elle-même avant qu'elle ne soit participante de Dieu, et y découvrir l'image de Dieu »[1].

3) Augustin pensera le déploiement de cette capacité dans les termes d'une imitation de Dieu, qui, en tant que conversion (*conversio*), rendra forme ou rénovera (*reformatio*) l'image déformée (*deformis*) par le péché[2].

À la différence d'Augustin, Eckhart ne réfléchit pas dans les termes d'une dépendance ontologique et causale de l'image à son modèle, mais dans ceux d'une relation formelle, compte non tenu de la causalité efficiente et finale[3] qui est l'affaire du physicien – dont l'objet est la réalité créée – et non du métaphysicien. En effet, Eckhart réfléchit sur la notion d'image séparément de tout support ou substrat. Puisque l'image parfaite est pure émanation intellective, elle ne compose pas avec et ne relève pas de la sphère sublunaire que régissent les causes efficientes et finales. Sa réflexion porte, encore une fois, sur *l'image en tant qu'image* : elle est fondée sur la relation imaginale parfaite du Fils avec le Père. L'image en l'homme n'est pas inégale : au contraire, ses propos envisagent toujours cette image dans son identité formelle avec le Fils-Image. Eckhart s'appuie sur Augustin en utilisant parfois sa terminologie : mais sa conception de l'image essentielle n'est pas augustinienne.

Présence d'Origène

Dans son premier *Commentaire de la Genèse*, lorsqu'il s'agit d'expliquer l'usage du pluriel en Gn 1, 26, Eckhart s'appuie sur l'autorité de Maïmonide et, secondairement, d'Aristote et de Platon, là où l'on s'attendrait à trouver celle de saint Augustin :

> Le pluriel *Faisons* est expliqué par Maïmonide : « Les Intelligences séparées » selon Aristote, « les anges » selon nous, « sont intermédiaires entre le Créateur et les autres étants. Ils meuvent les sphères du ciel dont le mouvement est cause de toute génération et de tout ce qui est engendrable ». Tu ne découvriras aucune œuvre que le Créateur accomplisse sans la main de l'ange. C'est pourquoi des

1. *De Trin.*, XIV, VIII, 11, BA 16, p. 373.
2. Cf. *De Trin.*, XIV, XVI, 22, XVII, 23, BA 16 p. 404-411.
3. Cf. *S.* XLIX/2, § 511, *LW* IV, p. 425-426; Mangin, p. 409 : « *Image* (Mt 22, 20). Note que l'image est au sens propre une simple émanation de la forme à travers laquelle est répandue toute l'essence pure et nue, telle que la considère le métaphysicien, faisant abstraction de la cause efficiente et de la cause finale, qui appartiennent aux choses de la nature et relèvent des considérations du physicien. »

sages ont interprété l'expression « Faisons l'homme » comme un langage tenu par plusieurs sujets (*sermo multorum*), comme si le Créateur n'opérait rien qu'il ne l'ait d'abord examiné de concert avec une assemblée supérieure [1].

Eckhart rend donc raison de l'acte créateur non pas en invoquant la Trinité, mais la tradition aristotélicienne des intelligences séparées [2], médiations entre le premier Moteur et le monde sublunaire. Maïmonide [3] l'accorde avec le récit biblique et la tradition rabbinique en appelant « anges », ces intelligences pures. Le point d'appui scripturaire qui sert l'interprétation augustinienne de la création de l'homme à l'image de la Trinité n'est donc pas exploité par Eckhart dans la même perspective. Dans le second *Commentaire de la Genèse*, la même source scripturaire est reprise, associée cette fois-ci à 1 Co 15, 49 : *Igitur sicut portavimus imaginem terreni portemus et imaginem caelestis* :

> De plus, deuxièmement : *deux peuples et deux races* sont l'image du ciel et l'image de la terre, au sujet duquel 1 Co 15, 49 : « de même que nous avons porté l'image du terrestre, nous portons aussi l'image du céleste ». À ce sujet Origène écrivait ceci : « l'image du céleste est en toi et ne vient pas de l'extérieur ». « En toi, réellement, a été mis l'image du roi céleste », suivant ceci : « Faisons l'homme à notre image et à notre ressemblance ». Elle ne peut être perçue en toi, tant que ta maison est souillée d'immondices « et des affections terrestres » ; elle ne peut se répandre ni briller, « parce que les Palestiniens l'ont recouverte de terre et ont fait en toi une image terrestre ». [...] « Le Fils de Dieu est le peintre de cette image. Et parce qu'il est un peintre si grand et si immense, son image peut être obscurcie par négligence, mais ne peut être détruite par malignité. L'image de Dieu demeure toujours « en toi », même si tu peux y surajouter « l'image terrestre ». Cette image, toi-même tu la peins ». Ce sont les paroles d'Origène [4].

Le texte d'Eckhart est ambigu en ce qu'il joue sur la limite entre le naturel et le surnaturel. Faut-il entendre ici l'image au sens donné par Paul sur lequel Eckhart s'appuie ici, à savoir du côté d'une régénération par le Christ, ou au sens d'une donnée naturelle ?

Le texte distingue deux images. La première est l'image de Dieu en l'homme, l'image en tant qu'image qui ne compose pas avec l'étant créé, ne relevant ni de l'efficience, ni de la finalité. La deuxième image qui se surajoute à la première peut au contraire être comprise sous la raison des causes finale et efficiente, puisqu'elle est produite, créée par notre volonté au sein du monde sublunaire. Elle est donc un effet mondain qui, en tant que tel et dans une optique eckhartienne, est accidentel et non substantiel. Cette seconde image, résultat de nos actions injustes ou mauvaises, coupées de leur source divine, se superpose à la première comme l'accident à la substance. Suffit-il alors d'ôter les différentes strates constitutives de cette seconde image pour que la première brille de tout son éclat ?

1. *In Gen I.*, *LW* I, p. 273 ; *OLME* 1, p. 388-389 (trad. mod.).
2. *Cf.* Aristote : *Métaphysique*, Λ, 8, 1073a10-1074b10, *op. cit.*, p. 686-699.
3. Cf. *GdE*, II, 5-7, *op.cit*, p. 256-263.
4. *In Gen. II*, § 193, *LW* I, p. 665-666.

La même ambigüité se retrouve dans l'homélie sur la Genèse XIII, 14 d'Origène que cite Eckhart. Tantôt l'image, en tant que céleste, apparaît comme antérieure et inamissible, tantôt elle est le résultat d'une recréation [1].

Les deux images se retrouvent chez Origène : Dieu peint en l'âme sa propre image transparente que l'homme recouvre d'images terrestres. Deux mouvements doivent être accomplis pour que l'image resplendisse de nouveau. Le premier est celui d'une connaissance intérieure de soi, d'un savoir de sa propre filiation divine intime ; l'autre consiste en une mise en pratique de ce savoir : l'homme doit se purifier, émonder l'âme de ses vices dont lui-même est la cause. Néanmoins, Origène précise que le secours de Dieu est indispensable puisque, si nous nous efforçons de nous purifier, c'est Dieu qui mène cet effort à son accomplissement en détruisant toute forme de malice. L'image divine est alors recréée, non au sens d'un ajout supplétif, mais au sens d'un donc gracieux donné en aide pour effectuer cette entreprise de purification.

L'image de Dieu chez Origène

La théologie de l'image de Dieu chez Origène a été traitée dans une monographie par Henri Crouzel [2] dont les lignes qui vont suivre s'inspirent en partie.

L'homélie XIII, 4 sur la Genèse est construite sur l'opposition de l'« homme intérieur » et de l'« homme extérieur » [3]. Cette opposition joue à un niveau scripturaire, théologique et philosophique : elle est classique chez les Grecs [4] et sert en premier lieu à Origène pour combattre les interprétations anthropomorphiques de la *Genèse*.

Dans les sources scripturaires, on trouve tout d'abord la différence entre les deux récits de la création de l'homme, Gn 1, 26 : *Faciamus hominem ad imaginem et similitudinem nostram* et Gn 2, 7 : *Formavit igitur Dominus Deus hominem de limo terrae, et inspiravit in faciem eius spiraculum vitae, et factus est homo in animam viventem,* exploitées en premier lieu par Philon. La deuxième source importante est constituée par les Épîtres de saint Paul. On peut lire en Rm 7, 22 : *Condelector enim legi Dei secundum interiorem hominem* ; Ep 3, 14-16 : *Huius rei gratia flecto genua mea ad Patrem Domini nostri Iesu Christi, ex quo omnis paternitas in caelis et in terra nominatur, ut det vobis secundum divitias gloriae suae, virtute corroborari per Spiritum eius in interiorem hominem* ; 2 Co 4 14-16 : *Propter quod non deficimus : sed licet is, qui foris est, noster homo corrumpatur, tamen is, qui intus est, renovatur de die in diem* ; Col 3 9-10 : *Nolite mentiri invicem, expoliantes vos veterem hominem cum actibus suis, et induentes novum eum, qui renovatur in agnitionem secundum imaginem eius qui creavit illum.*

1. Cf. *HomGn*, XIII, 4, SC 7 bis, p. 326-329.
2. H. Crouzel, *Théologie de l'image de Dieu chez Origène*, Paris, Aubier, 1956.
3. Nous retrouverons la formulation de cette opposition dans le *Traité de l'homme noble* d'Eckhart.
4. *Cf.* P. Hadot, *Éloge de la philosophie antique*, *op. cit.*

Origène, à la suite de Philon d'Alexandrie distingue entre le récit de la première création conférant à l'homme son titre d'image par le don de l'intelligence et le second récit de l'homme façonné avec de la terre, composé d'âme et de corps[1]. L'homme-image de Dieu n'est pas l'homme individualisé par la matière mais l'homme en général, l'homme primordial et archétypal. L'homme modelé à partir du limon de la terre est composé de corps et d'âme, il est sexué et corruptible[2]. Les analyses philoniennes sont reprises par Origène :

> Certes, cet homme qui, d'après l'Écriture, a été « fait à l'image de Dieu » (*ad imaginem Dei factum*), nous ne l'entendons pas corporel. Le modèle du corps, en effet, ne contient pas l'image de Dieu, et il n'est pas dit que l'homme corporel a été « fait » (*factus*), mais qu'il a été « façonné » (*plasmatus*), comme porte l'Écriture dans la suite. Elle dit en effet : « Et Dieu façonna (*plasmavit*) l'homme », c'est-à-dire le modela (*finxit*), « du limon de la terre ».
> Celui qui a été « fait (*factus*) à l'image de Dieu », c'est notre homme intérieur (*interior homo noster*), invisible, incorporel, incorruptible et immortel[3].

On reconnaît dans la traduction latine de Rufin l'opposition philonienne entre πλάττειν/plasmare et ποεῖν/facere[4]. Elle sert à Origène pour exclure la possibilité que le corps soit à l'image de Dieu, puisque Dieu est incorporel, pur Intelligible. Associée à l'expression paulinienne de l'« homme intérieur » et de son opposition ici tacite à l'« homme extérieur », elle permet de circonscrire, par la négative, ce qu'est l'image. Contre les représentations anthropomorphistes de Dieu, Origène précise que l'image de Dieu en l'homme ne peut être que spirituelle en raison de l'essence de son Créateur, esprit pur non mêlé de matière ; contre la représentation d'Irénée, posant que l'image étant celle du Fils-Homme et non du Verbe seulement, elle se trouve dans le composé âme-corps de l'homme, Origène réplique que l'image n'appartient qu'à l'âme, sans quoi il faudrait admettre un Dieu lui-même composé. Ces deux positions sont affirmées dans le *Contre Celse*[5]. Enfin, contre les représentations gnostiques, Origène affirme que l'image divine est donnée à tous les hommes et non aux seuls pneumatiques.

L'appui sur la distinction paulinienne entre l'« homme intérieur » et l'« homme extérieur », associée à celles de l'« homme nouveau » et du « vieil homme »[6], de l'« homme terrestre » et de l'« homme céleste »[7] sert à Origène pour affirmer à la fois la naturalité de l'image de Dieu en l'homme et la nécessité de sa régénération par la grâce. Alors que Paul pense l'image comme don

1. *Cf.* Philon d'Alexandrie, *De opificio mundi,* § 134, trad. fr. R. Arnaldez, Paris, Cerf, 1961, p. 230-233 ; *cf.* H. Crouzel, *Théologie…*, *op. cit.*, p. 54.

2. Notons que chez Philon, la distinction entre l'homme-image et l'homme fabriqué de terre ne recoupe pas la distinction âme/corps.

3. *HomGn.*, I, 13, SC 7 bis, p. 56-58.

4. *Cf.* Philon d'Alexandrie, *Legum allegoriae*, I, 31, trad. fr. C. Mondésert, Paris, Cerf, 1962, p. 54-57 ; H. Crouzel, *Théologie de l'image…*, *op. cit.*, p. 54-57.

5. Cf. *CCels*, VI, 63, SC 147, p. 336-339.

6. *Cf.* Ép 4, 20-24.

7. *Cf.* 1 Co 45-49.

christique, rachetant le péché d'Adam par lequel l'humanité a perdu le sceau de l'image divine originelle, Origène fait de l'image divine un don originel, gâté mais non perdu par le péché[1].

Chez Paul, l'image est celle du Christ en sa kénose auquel nous devons nous conformer, tandis que le terrestre est Adam, qui, par son péché, a perdu l'image divine. Pour que l'homme nouveau puisse vivre, le vieil homme, l'Adam de la Genèse par lequel le péché a été introduit et communiqué au genre humain, doit mourir.

Origène use du lexique paulinien sans suivre totalement la doctrine de Paul. Le passage de l'homélie sur la Genèse, XIII, 4 affirme la subsistance et l'inamissibilité de l'image de Dieu en l'homme, recouverte mais non détruite par le péché : le céleste est premier, devant le terrestre. Le terrestre se superpose au céleste sans parvenir à l'anéantir : l'image demeure à titre de potentialité et c'est la même image qui est renouvelée par la grâce. On voit bien la tension suivante : s'il y a recréation, rénovation de l'image, cela suppose la présence inamissible de l'image de Dieu en l'homme, donnée par l'acte créateur, mais recouverte par les actes terrestres et peccamineux de l'homme. Ici déjà, la grâce ne détruit pas la nature mais l'amène à son accomplissement en la perfectionnant[2]. Origène, dans la suite de Paul, comprend l'image dans les termes d'une potentialité et d'une dynamique[3]. Elle devient ce que l'homme en fait : elle peut aussi bien resplendir de toute son origine céleste qu'être déformée, souillée par les désirs corporels. Néanmoins, l'image recouverte de vices est le fait de l'homme seul, séduit certes par le diable, tandis que l'image rénovée est l'œuvre de la grâce.

Dans l'ordre de la vie morale et religieuse, la conséquence en est que ni l'image du terrestre, ni celle du céleste ne sont acquises une fois pour toutes. De même que nous naissons totalement fils de Dieu à chaque acte de vertu, de même nous naissons totalement fils du diable à chaque acte vicieux[4]. Pourtant, à chacun de ces actes le fils ou le diable sont engendrés une fois pour toutes en nous, dans l'instant même où ils sont engendrés.

La position origénienne est d'une grande cohérence : son anthropologie est du début à la fin christocentrique. En effet, seul le Christ, le Logos fait homme peut dégager les scories qui empêchent l'âme de briller[5] en sa nature céleste car lui-même est créateur de cette image. L'œuvre de la rédemption est pensée en continuité avec celle de la création par la médiation de la personne du Christ[6].

1. *Cf.* H. Crouzel, *Théologie de l'image…, op. cit.,* p. 59-60.

2. *Cf.* Thomas d'Aquin, *ST*, Ia, q. 1, art. 8, sol. 2.

3. *Cf.* H. Crouzel, *Théologie de l'image…, op. cit.,* p. 156-157.

4. Cf. *HomJr*, IX, 4, SC 232, p. 392-393. Cette thèse se retrouve chez Eckhart sans l'insistance mise par Origène sur la part du diable.

5. *Cf.* Grégoire de Nysse, *De beatitudinis*, *Oratio* VI, *PG* 44, col. 1270-1271, trad. fr. J.-Y. Guillamin, G. Parent, « Les Pères dans la foi », Paris, Desclée de Brouwer, 1979, p. 85-87 : sous le terme de « rouille » Grégoire désigne toutes les souillures et impuretés dont l'âme doit être purifiée.

6. Cf. *CCels*, VI, 63, SC 147, p. 334-337.

Eckhart reprendra ces thèses origéniennes avec néanmoins des adaptations essentielles. Si le maître pense l'image divine *en tant qu'image du Fils*, il ne la conçoit pas néanmoins comme image de l'Image: « il n'y a pas d'image de l'image »[1]. Cette immédiateté de l'image ne se trouve pas chez Origène. Aussi bien dans son émanation dans la vie divine que dans sa restauration depuis la création, l'image de Dieu est le Verbe. L'image essentielle déposée au fond de l'âme est vouée à retrouver son unité essentielle avec le Fils image. Avec Origène, Eckhart pense cette restauration de l'image comme le procès progressif d'un dépouillement des scories inévitables dues à notre insertion dans le monde.

La thèse d'Origène s'appuie sur une lecture précise de Gn 1, 27. L'homme n'est pas directement une image de Dieu mais, « à l'image », image de la première Image, qu'il nomme dans les textes cités de ses différentes dénominations d'Image intermédiaire. Le Fils, conçu sous l'aspect d'Image intermédiaire est appelé, dans les *Homélies sur la Genèse*, « Sauveur » et, avec saint Paul, « Premier-né de toute créature », dans le *Contre Celse* « Logos en personne », « Vérité en personne », « Sagesse en personne », « Image du Dieu invisible ».

« À l'image du Verbe », l'homme, en tant qu'être rationnel – *logikos* – n'est donc pas directement image, mais image de l'Image : le Verbe-Fils peint en nous l'image que lui-même est selon le rapport d'une similitude première. Il fait l'homme « à sa ressemblance », ce qui interdit de penser une égalité de l'image avec son modèle et introduit entre le Logos et les *logika* faits à son image une différence de nature et non de degré.

L'image naturelle est donc tout entière tendue entre deux pôles : la possibilité d'une dégradation et celle d'un développement de sa nature propre. Le rapport de l'image à l'Image est celui de la participation (μετοχή) qui comporte des degrés, de la seule présence en puissance de l'image, à son plein accomplissement comme image rénovée puis glorieuse[2].

L'image en l'homme participe naturellement, à la manière de l'*εἰκών* platonicien participant aux Idées-Formes[3], à l'Image première et intermédiaire. Mais ce rapport ontologique, chez Origène et chez Platon, ne peut parvenir à établir une égalité entre le modèle et le paradigme. Chez Platon, les images que sont les choses sensibles restent rétives, en raison de leur matérialité, à toute assimilation à leur paradigme. Origène transpose ce rapport de l'image au paradigme à celui des *logika* avec le *Logos* : la différence ontologique et substantielle entre le *Logos* et les *logika* est telle que, naturellement, une assimilation est impensable.

1. *Cf.* A. de Libera, *La mystique rhénane d'Albert le Grand…, op. cit.*, p. 245 *sq.* ; É. Zum Brunn, A. de Libera; *Métaphysique du Verbe …, op. cit.*, p. 129.

2. *Cf.* H. Crouzel, *Théologie de l'image…, op. cit.*, p. 110.

3. Cf. *Parménide*, 132d, trad. fr. L. Brisson, Paris, GF-Flammarion, 1994, p. 101 : « Alors que ces Formes sont comme des modèles (*παραδείγματα*) qui subsistent dans leur nature, les autres choses entretiennent avec elles un rapport de ressemblance et en sont les copies; en outre, la participation (μέθεξις) que les autres choses entretiennent avec les Formes n'a pas d'autre explication que celle-ci : elles en sont les images. »

Une autre médiation est nécessaire, qui est celle de l'Incarnation, du Logos devenu homme.

La participation naturelle de l'image à l'Image n'est qu'inchoative et nécessite la pratique humaine des vertus, dans laquelle le Christ agit lui-même afin de développer en nous la ressemblance perdue. La ressemblance, qui n'est pas donnée avec l'image, est le fruit d'une conformation du chrétien au Verbe incarné. Elle passe par l'imitation.

Origène hérite ici d'un autre thème de la philosophie medioplatonicienne. L'âme humaine a une parenté avec le monde divin, elle est de la race des dieux. Alors que les images sensibles sont pensées selon un rapport de participation figée, l'âme, n'est pas chez Platon « image » de la divinité, et ce en raison de sa nature divine. Même chue dans un corps, l'âme garde cette nature originelle à laquelle elle aspire et dont elle garde la nostalgie. Par le renoncement ascétique aux désirs du corps, par la pratique de la vertu, l'âme tend à s'assimiler le plus possible à Dieu, jusqu'à le connaître, en vertu de l'adage selon lequel seul le semblable connaît le semblable. C'est ce qu'affirment ces célèbres passages de la *République* : « Celui qui met son cœur à vouloir devenir juste et qui cherche par l'exercice de la vertu à se rendre, autant que cela est possible à un homme, semblable à un dieu (ὁμοιοῦσθαι θεῷ), celui-là ne saurait jamais devenir objet de négligence des dieux » [1], et du *Théétète* : « C'est pourquoi aussi il faut essayer de fuir d'ici-bas le plus vite possible. Et la fuite, c'est de se rendre semblable à un dieu selon ce qu'on peut; se rendre semblable à un dieu, c'est devenir juste et pieux, avec le concours de l'intelligence » [2].

Chez Origène, l'âme est image de la nature divine du Fils : image de l'Image, marquée du péché, elle a besoin du secours de la grâce. L'assimilation à Dieu qui consiste essentiellement en un travail négatif cathartique de dégagement et de purification des scories chez les platoniciens est une vision philosophique que l'on retrouve chez Origène, en même temps qu'en sont pensées les limites. Si l'effort ascétique et moral est suffisant dans une optique philosophique pour faire rayonner la parenté divine de l'âme – il s'agit alors d'une restauration de la nature originelle – et ainsi imiter la vie divine, il se révèle insuffisant chez un penseur chrétien qui, tel Origène [3], ne peut les concevoir que comme les dons de la grâce. Artisan de la première image, le Verbe est, par la grâce de son Incarnation, l'artisan de sa recréation. L'image effectivement divine n'est pas une restauration naturelle, mais un don offert par le Christ. Surnaturelle, elle suppose que tout effort humain soit effort dans et par le Christ :

> Car si l'homme, fait à l'image de Dieu, et devenu semblable au diable par le péché, en regardant, à rebours de sa nature, l'image du diable, à combien plus forte raison,

1. *République*, X, 613a-b, *op. cit.*, p. 510.
2. *Théétète*, 176a-b, trad. fr. M. Narcy, Paris, GF-Flammarion, 1994, p. 210.
3. À la suite de l'injonction paulinienne, en Ep 5, 1 : *Estote ergo imitatores Dei sicut filii carissimi et ambulate in dilectione sicut et Christus dilexit nos et tradidit se ipsum pro nobis oblationem et hostiam Deo in odorem suavitatis.*

> s'il regarde l'image de Dieu à la ressemblance de laquelle il a été fait, recevra-t-il par le Verbe et sa puissance la forme qui lui avait été donnée par la nature [1].

Nous ne pouvons imiter le Christ que parce que lui-même nous rend au préalable conformes à sa nature, en prenant forme en nous. Ce développement de l'image par la grâce est exprimé en d'autres termes comme parcours de l'image vers la ressemblance, l'image étant une donnée naturelle, la ressemblance étant le fruit de la grâce :

> C'est, à mon sens, pour avoir mal compris encore la parole : « Faisons l'homme à notre image et ressemblance » que Celse a imaginé des vers disant : Créés par Dieu, nous sommes entièrement semblables à lui. Si pourtant il avait compris la différence entre créer un homme à l'image de Dieu, ou le créer à sa ressemblance, et vu d'après l'Écriture que Dieu a dit « Faisons l'homme à notre image et ressemblance », mais que Dieu a fait l'homme « à l'image » de Dieu, et pas encore « à sa ressemblance » il ne nous aurait pas fait dire que nous sommes entièrement semblables à Dieu [...] [2].

L'image, définie dans son inchoativité, permet de faire de la ressemblance la fin propre de toute image. L'image doit donc gagner le titre de ressemblance jusqu'à l'unité parfaite qui aura lieu dans la gloire. Cette ressemblance parfaite est celle qui, pour Origène, nous attend dans la gloire et qui transformera l'image-similitude en identité [3].

L'image, donnée à la création, ne reçoit le sceau de la ressemblance que par l'intercession du Christ, jusqu'à son plein accomplissement dans l'unité. Ce parcours est celui des degrés de participation de l'image à son modèle, participation qui passe par l'imitation et s'achève dans l'unité. Il ne suffit donc pas de déblayer son âme et de la ciseler par la pratique de la vertu : le don de la ressemblance est un don divin, qui permet de penser toute la distance entre une restauration naturelle et une rénovation par don de grâce. La restauration dit l'action négative de déblai et de nettoyage; dans une perspective chrétienne, elle ne saurait suffire : elle suppose un don supplémentaire que le sujet ne possède pas originellement et qui lui est octroyé simultanément à sa conversion [4].

La reprise eckhartienne

L'image de Dieu en l'homme est, chez Origène, pensée dans sa dimension eschatologique. Elle est saisie comme tension dynamique entre son être-présent et sa dimension à venir, parcours qu'elle commence dès ici-bas et dès maintenant. Si Origène reprend indéniablement les idées medioplatoniciennes de participation, de parenté de l'âme avec Dieu, d'imitation, il ne pense cependant pas les rapports de l'âme et de la divinité sur le mode de l'univocité, ou dans les termes

1. *HomGn.*, 1, 13, SC 7 bis, p. 62-63.
2. *CCels*, IV, 30, SC 136, p. 254-255.
3. Cf. *PArch.*, III, 6, 1, SC 268, p. 236-239.
4. *Cf.* H. Crouzel, *Théologie de l'image..., op. cit.*, p. 221.

d'une identité de nature : seul le Fils est *Imago*, les créatures raisonnables étant créées et non engendrées à son image. Sa pensée christocentrique justifie l'indispensable intervention de la grâce. Ainsi, les affirmations d'Endre von Ivanka[1], selon lesquelles la reprise par les penseurs chrétiens du néoplatonisme effacerait les limites entre le naturel et le surnaturel par le simple déploiement ontique d'une nature, ne nous paraissent pas adaptées à Origène. Si la cosmogonie d'Origène, sa théorie du refroidissement des âmes et celle de la création de la matière comme lieu offert pour leur rachat ont des accents platoniciens – la matière étant le lieu de la chute – seul le Christ permet le retour des âmes vers leur lieu céleste originaire. De même, le seul désir (*érôs*) d'un retour n'est pas suffisant, comme il l'est dans le platonisme : le don de charité (*agapè*) d'un Dieu-Personne, parce qu'il est divin et surnaturel, peut seul être salvateur[2].

Une tension analogue se retrouve dans les propos du maître. Ceux sur l'image essentielle, sur l'*image en tant qu'image*, pourraient nous faire penser que le souci de l'âme, sous la forme que lui donne Eckhart du détachement (*Abegescheidenheit*) et du délaissement (*Gelâzenheit*), suffirait à faire resplendir l'image divine en l'âme. Certains textes pourraient donner à penser que toute différence ontologique est supprimée dans une forme de panthéisme confondant les niveaux. Par exemple, le sermon 22 affirme :

> « *In principio* ». Par là il nous est permis de comprendre que nous sommes un Fils unique que le Père a éternellement engendré dans la ténèbre cachée de l'éternelle impénétrabilité, demeurant intérieurement dans le principe premier de la pureté première qu'est une plénitude de toute pureté. Là j'ai éternellement reposé et sommeillé dans la connaissance cachée du Père éternel, demeurant intérieurement inexprimé. *Dans cette pureté il m'a éternellement engendré comme son Fils unique dans la même image de son éternelle paternité afin que je sois père et engendre celui qui m'a engendré.* De la même manière que si quelqu'un se trouvait devant une haute montagne et s'écriait : « Es-tu là ? » S'il disait : « Sors ! » l'écho répondrait aussi : « Sors ! » Oui, pour celui qui, dans cette lumière, regarderait un morceau de bois, celui-ci deviendrait un ange doué d'intellect et non seulement doué d'intellect, il deviendrait un intellect pur dans la première pureté qui est une plénitude de toute pureté. Ainsi fait Dieu : il engendre son Fils unique dans la partie la plus élevée de l'âme. En même temps qu'il engendre son Fils unique en moi, je l'engendre à mon tour dans le Père[3].

Dans la vie divine, tout se tient dans une égalité essentielle. Il n'y a aucune place pour des degrés d'être : ceux-ci n'apparaîtront qu'avec la création *ad extra*. Le morceau de bois et l'ange sont identiques dans la lumière de l'intellect divin, puisqu'ils sont immédiatement dans la pure émanation intellective de Dieu. Eckhart en effet distingue deux niveaux. Le premier niveau est celui de la vie divine, de la *bullitio*, de l'émanation des Personnes au sein de la Déité increée.

1. E. von Ivanka, *Plato Christianus…., op. cit.*, p. 60-61.
2. *Cf.* A. Nygren, *Érôs et Agapè*, nouvelle éd., Paris, Cerf, 2009, vol. 2, p. 161-178.
3. *S.* 22., *DW* I, p. 518-519, A.-H. 1, p. 193-194, [*S.* 5] (nous soulignons).

Ici, étant non encore créé, ne possédant aucun être propre et déterminé, je suis engendré en même temps et sous le même rapport que le Fils, Verbe inexprimé, tandis que les créatures dépourvues de raison sont en lui à l'état d'Idées : c'est ce qui distingue le morceau de bois des êtres rationnels. Les deux sont idéaux et formels dans l'entendement divin, avec cette distinction que les êtres rationnels ont pour modèle Dieu et non une Idée en Dieu [1]. Le deuxième niveau concerne la créature *in via*, créée et non pas engendrée *in divinis* : ici, « je » exprime la créature répondant à l'appel de Dieu, depuis et avec son essence inengendrée, *mais à partir de* son état de créature possédant l'être formel de créature. Ici, l'être est distendu entre l'*esse primum* et l'*esse secundum* créé, l'*esse virtuale* et l'*esse formale extra* [2].

C'est lors de son procès que Maître Eckhart est conduit à préciser ses thèses sur l'image de Dieu. Alors que l'œuvre latine et les sermons allemands mentionnent la majeure partie du temps l'identité de l'image de Dieu dans l'âme avec l'Image du Fils unique en affirmant que l'homme est « image », Maître Eckhart, lors de sa défense, revient sur cette thèse :

> [...] « moi, je suis cette image », est une erreur et est faux. En effet, quelque chose de créé n'est pas une image (*imago*), mais l'ange et l'homme sont créés à l'image (*ad imaginem*). L'image en effet et la similitude n'est pas proprement faite et n'est pas une œuvre de la nature [3].

La distinction entre *être l'image* et *être à l'image* est clairement affirmée [4]. Cette distinction est surtout sollicitée par Eckhart lors de son procès. On la trouve assez peu dans l'œuvre d'Eckhart : elle est mentionnée, dans le *Commentaire de la Sagesse* et dans le *Commentaire de Jean* :

> En outre, sixièmement, il importe principalement qu'un *silence paisible enveloppe toutes choses*, pour que Dieu, le Fils, naisse en nous, et vienne dans notre esprit. Le Fils en effet est *l'image du Père*, et l'âme est *à l'image de Dieu*. De plus, l'image est, de par sa raison et sa propriété, une certaine production formelle dans le silence des causes efficientes et finales, qui concernent la créature extérieure et sont l'expression de l'ébullition. Or l'image, comme émanation formelle, n'a le goût propre que de la bullition. C'est donc ce qui est dit ici : *alors qu'un silence paisible enveloppait toutes choses*, et plus loin : *ta parole*, Seigneur, c'est-à-dire le Verbe, le Fils, vient [5].

> Lui le Fils unique, engendré du seul Père, et nous fils, en vérité, mais pas d'un unique père. Lui qui est donc [Fils] par la génération, laquelle concerne l'être, l'espèce et la nature – ce pourquoi il est Fils par nature, tandis que nous le sommes par la régénération, qui concerne la conformité de la nature. Lui qui est « l'image

1. Cf. *In Gen. I*, § 115, *LW* I, p. 270 ; *OLME* 1, p. 382-385.

2. Cf. *In Gen. I.*, § 77, *LW* I, p. 238-239 ; *OLME* 1, p. 334-337 ; V. Lossky, *Théologie négative...*, *op. cit.*, p. 46-50.

3. *Proc. Col.* I, § 142, *LW* V, p. 301.

4. *Cf.* B. McGinn, *The mystical thought...*, *op. cit.*, p. 110-111.

5. Cf. *In Sap.*, § 283, *LW* II, p. 615-616.

du Père », Col 1, nous qui sommes à l'image (*ad imaginem*) de toute la Trinité, Gn 1 : « Faisons l'homme à notre image ». Car c'est à lui qu'on rend témoignage, et nous sommes ses témoins [1].

En quoi le statut de créature fait-il passer du statut d'être-image à celui d'être à l'image ? En considérant l'image du point de vue de la création, il faut aussi envisager Dieu non plus dans sa vie bouillonnante et immanente à son essence, mais en tant que créateur, dans l'acte d'opération *ad extra*, ou, comme le dit le *Commentaire de la Sagesse*, en tant qu'*ebullitio*. Seul le Fils est Image alors que nous sommes à l'image de la Trinité.

L'homme, en raison de son être créé, passe du statut d'*imago* à celui d'*ad imaginem*. Le chemin de l'homme *in via* consistera à cheminer de l'*ad imaginem* à celui d'*imago* : dans le devenir qui lui est imparti, l'homme chemine vers l'Image, vers le Verbe, vers sa réintégration dans la pure forme idéelle increéée. La création ne supprime pas l'image en tant qu'image, l'identité de l'image avec le Fils-Image. Mais cette image première, essentielle, par laquelle nous sommes identiques au Fils n'est pas celle qui constitue la création de l'homme. L'âme est, en son fond divin et increé, *imago Filii*; cette image, univoque à l'âme et à Dieu ne relève pas de la création, mais de l'essence divine. Lorsque l'âme est considérée dans son être de créature, elle n'est pas image mais *à l'image*, non plus *image identique au Fils*, *image de Dieu*, mais *à l'image du Dieu trinitaire*. Dans le créé, il n'y a qu'un être *à l'image*. L'image du Fils est l'image de Dieu dans le fond increé de l'âme.

Eckhart concilie alors les pensées d'Augustin et d'Origène : lorsqu'il considère l'être formel de la créature, il affirme que l'image se trouve en l'homme sous un mode analogique et dérivé. Il faut alors dire que l'homme est *à l'image*, expression qu'il emprunte à la tradition patristique grecque, à Origène notamment et non à Augustin [2]. Alors qu'Origène disait que nous sommes l'image de l'Image, Eckhart combine les traditions et concepts et obtient le mixte suivant : l'homme est créé à l'image de la Trinité. Lorsqu'il considère l'image en l'âme dans sa relation purement formelle et essentielle avec la vie divine, il parle alors de l'image *en tant qu'image* : avec Augustin, il dit que l'âme est image de Dieu; avec Origène, que cette image est le Fils. Un troisième niveau de l'image concerne la régénération par la grâce par laquelle est restaurée l'image essentielle : celle-ci est l'œuvre de la naissance du Verbe dans l'âme. Dans le *ad imaginem* en effet, est laissé l'espace pour toute l'œuvre de la grâce. Dans les propos d'Eckhart, ontologie, morale et mystique sont inséparables. Ainsi, l'homme-image marche vers la restauration de la plénitude de cette image : « L'image appartient à la nature dans laquelle l'homme marche même en péchant,

1. *In Ioh.*, § 123, *LW* III, p. 107 ; *OLME* 6, p. 242-243.

2. La désignation de l'homme créé *ad imaginem* n'est pas, nous l'avons vu, augustinienne. Elle n'apparaît chez Augustin que dans les *Révisions*, I, XXVI (25), 2, trad. fr. G. Bardy, Paris, Desclée de Brouwer, 1950, BA 12, p. 434-435. Lorsqu'Augustin mentionne la distiction entre être image et être à l'image, il le fait pour affirmer la nouveauté de sa position de l'homme-image.

la ressemblance à la grâce par laquelle l'image est reformée pour qu'elle apparaisse »[1].

Avec Augustin, Eckhart affirme à la fois l'inamissibilité de l'image, non détruite par le péché, mais aussi la nécessité d'une réforme gracieuse qui s'accomplira dans la ressemblance. Son procès l'oblige à préciser ces niveaux ontologiques :

> [...] C'est pourquoi, aussi fils que nous soyons, nous ne sommes pas héritiers car nous ne sommes fils qu'en tant que par sa filiation en nous nous sommes conformés à celui qui est l'unique engendré et le premier-né, comme l'imparfait au parfait, le second au premier, le membre à la tête. Et c'est pourquoi il est dit aussi « premier-né ». C'est pourquoi, alors que l'apôtre avait dit clairement : « si nous sommes fils, nous sommes aussi héritiers », il ajoute : « héritiers de Dieu, certes, mais cohéritiers du Christ », Rom 8[2].

> En outre, ce qui est dit plus bas dans le même article que « Dieu m'engendre, son propre fils sans aucune distinction », sonne mal au premier abord. C'est cependant vrai, parce que le Fils engendré en moi est le Fils lui-même sans aucune distinction de nature (*sine omni distinctione naturae*) avec le Père, lui-même un, non distinct par aucune division, non pas un autre en moi (*non alius in me*) et autre dans un autre homme (*alius in alio homine*). De même, il est indistinct de moi et indivis ou non séparé, comme s'il n'était pas en moi. En effet, il est le même en tous et partout, en tant qu'il est Dieu. Je pense que là est la foi chrétienne vraie et pure, et c'est rendre honneur à Dieu et à son Fils unique, par lequel le Père nous a régénérés et nous a adoptés comme fils dans son ineffable charité. Ce que dit Thomas dans la Prima secundae, q. 108, art. 1 correspond à ce qui a été dit[3].

Nous devenons fils de Dieu en devenant le Fils, en étant rendus conformes au Premier-Né. Le Fils hérite du Père la même essence, son engendrement étant donation d'essence. En nous conformant au Christ, nous devenons frères du Christ par grâce et participons de l'essence divine.

Eckhart peut alors justifier que « Dieu m'engendre, son propre fils sans aucune distinction » : dans l'union à Dieu, je deviens identique – « le Fils lui-même » – sans distinction ni division. Eckhart s'appuie sur la *Somme Théologique* de Thomas : « L'élément principal de la loi nouvelle, redisons-le, c'est la grâce du saint Esprit, grâce qui s'exprime dans la foi agissant par charité. Or, c'est par le Fils de Dieu fait homme que nous obtenons cette grâce, qui a d'abord comblée son humanité et s'est répandue jusqu'à nous »[4] afin de confirmer que la mêmeté que nous avons avec le Fils est l'œuvre de la grâce. Nous ne pouvons bénéficier du statut du Fils ; mais la grâce de l'Incarnation nous rend fils et frères :

1. *In Ioh.*, § 575, *LW* III, p. 503-505.
2. *Proc. Col.* I, § 130, *LW* V, p. 295.
3. *Proc. Col.* I, § 131, *LW* V, p. 296.
4. *ST*, Ia-IIae, q. 108, art. 1, resp., Cerf t. 2, p. 136.

> Mais ce qui suit à la fin du même article, « nous sommes transformés et nous sommes convertis en Dieu », est une erreur. En effet, l'homme saint ou bon, quel qu'il soit, ne devient pas le Christ lui-même, ni le premier-né, ni celui par lequel les autres sont sauvés, et il n'est pas l'image de Dieu, le Fils unique de Dieu mais à l'image de Dieu, il est un membre de celui qui est vraiment et parfaitement le Fils premier-né et héritier, tandis que nous sommes cohéritiers, comme on l'a dit, et la comparaison qui est introduite veut dire cela. De même en effet que de nombreux pains sur divers autels sont convertis en le vrai et unique corps du Christ, conçu et né de la Vierge, qui a souffert sous Pilate, alors que les accidents de chacun des pains demeurent, ainsi notre esprit par la grâce d'adoption est uni au vrai Fils de Dieu, et nous sommes rendus membres de l'unique tête de l'Église qui est le Christ[1].

Eckhart se place ici devant ses détracteurs du point de vue de l'homme en tant qu'il est créé et non du point de vue de son image incréée. Il use d'une analogie parlante : de même que les pains consacrés sur l'autel deviennent la véritable substance qu'est le corps du Christ, tout en conservant leurs propriétés accidentelles (forme, taille etc.), de même, la conformation au Christ ne supprime pas notre être dans ses propriétés accidentelles. La créature en tant que créature conserve son caractère créé et accidentel tout en participant substantiellement au Fils : Eckhart joue sur la différence ontologique entre l'*esse* véritable et l'être créé[2].

Eckhart donne un sens à notre parcours d'être incarné sur terre. C'est parce que nous sommes créés que la ressemblance primordiale que nous possédons par essence en cette partie de l'âme qui relève du divin et de l'increé doit regagner son titre originel. Notre parcours sur terre nous fait marcher dans l'image, vers la ressemblance parfaite. L'image parfaite est déjà présente en nous. Le sens de notre incarnation est celui d'un dévoilement, qui se fait tout entière dans et par le Christ.

1. *Proc. Col.* I, § 132, *LW* V, p. 295.

2. Cf. *S.* IX, § 96, *LW* IV, p. 92 ; Mangin, p. 122. *Proc. Col.* I, § 137, *LW* V, p. 298 ; *Proc. Col* II, § 98-99, *LW* V, p. 341-342, § 136, *LW* V, p. 350.

CHAPITRE VIII

L'IMAGE EN SES NOMS

ARCHÉOLOGIE

Pour désigner l'image essentielle en son identité avec le Fils, Maître Eckhart utilise un vocable, chargé de toute une tradition, qui remonte à Origène. Tous ces noms donnés à l'image sont des métaphores. Elles sont la conséquence d'une impossibilité d'exprimer cette image de Dieu, qui identique et égale à lui, est aussi indicible. De même que la théologie s'achève souvent sur un constat d'indicibilité et sur la reconnaissance des limites de notre intellect créé pour penser le Dieu incréé [1], de même, l'image, parce qu'elle est de nature divine, est en elle-même ineffable. Eckhart a donc recours à un langage imagé et poétique.

L'opposition entre l'homme intérieur et extérieur, l'homme céleste et l'homme terrestre se retrouve dans le *Traité de l'homme noble* [2]. D'abord expliquée sous un mode platonicien comme l'opposition du corps et de l'esprit [3], puis, axiologiquement comme la différence entre l'esprit bon et l'esprit mauvais [4], l'homme intérieur devient très vite identique au réceptacle de l'image :

> L'homme intérieur (*inner mensche*), c'est Adam. L'homme dans l'âme. C'est lui le bon arbre dont Notre-Seigneur parle, qui toujours et sans cesse produit de bons fruits. C'est lui également le champ où Dieu a semé son image et sa ressemblance et où il jette la bonne semence, la racine de toute sagesse, de tout art, de toute vertu, de toute bonté : la semence de nature divine. Et cette semence, la semence de nature divine, c'est le Fils de Dieu, le Verbe de Dieu !

1. *Cf.* par exemple : *S* 71, *DW* III, p. 222-223 ; A.-H. 3, p. 77-78, [*S*. 66].

2. *Cf.* M. de Gandillac, art. cit., dans *Voici Maître Eckhart…*, *op. cit.*, p. 79-93.

3. Cf. *THN*, *DW* V, p. 109 ; Libera, p. 173 : « Il faut d'abord que l'on sache, c'est d'ailleurs une évidence première, qu'il y a dans l'homme deux natures : le corps et l'esprit. »

4. Cf. *ibid.*, *DW* V, p. 109 ; Libera, p. 174 : « Il faut encore savoir que selon saint Jérôme et l'enseignement commun des maîtres, tout homme, dès qu'il est homme, a un bon esprit, un ange, et un mauvais esprit, un démon. »

> L'homme extérieur est l'homme ennemi. C'est le méchant qui a semé et jeté par-dessus l'ivraie [1].

Maître Eckhart s'appuie ici sur trois sources scripturaires : Mt 7, 17 : *Sic omnis arbor bona fructus bonos facit, mala autem arbor fructus malos facit*; Mt 13, 24-25 : *Aliam parabolam proposuit illis dicens : Simile factum est regnum caelorum homini, qui seminavit bonum semen in agro suo. Cum autem dormirent homines, venit inimicus eius et super seminavit zizania in medio tritici et abiit*; Lc 8, 11 : *Est autem haec parabola : Semen est verbum Domini.*

À l'aide de ces appuis néo-testamentaires, Eckhart identifie l'homme intérieur à l' « homme dans l'âme », par opposition à la femme [2], référée aux cinq sens et aux puissances inférieures : dans cet homme intérieur, Dieu a déposé son *image*, ou *semence*, « racine de toute sagesse, de tout art, de toute vertu, de toute bonté » [3]. L'image de Dieu est une « semence » (*sâme*, *semen*) : ce terme évoque la potentialité d'une donnée naturelle qui peut aussi bien se déployer en arbre et donner des fruits, que rester à l'état de germe. Elle ne peut être cependant détruite. Eckhart prend appui sur deux représentants du stoïcisme, Cicéron et Sénèque :

> Est indiqué aussi dans ces paroles les racines elles-mêmes ou les semences des vertus et des vices dans ce qui est dit : elles « procèdent » de notre « cœur » (*corde*). Et c'est ce que dit Cicéron sur ces questions, au livre III des *Tusculanes*, peu de temps après le début : « la nature nous a donné de petites étincelles (*parvulos igniculos*), que, par nos mauvaises mœurs et nos opinions dépravées nous délaissons, pour que jamais la lumière de la nature n'apparaisse. Les semences innées de vertu (*semina innata virtutum*) appartiennent à notre esprit, qui si on les laissait croître, par leur nature, nous conduirait à la vie divine ». Sénèque aussi dans la Lettre 74, qui commence [par] « Ils semblent se tromper » s'exprime ainsi : « les semences (*semina*) dans les corps humains sont divines ». Si elles bénéficient d'un bon jardinier, elles produisent des naissances similaires et de qualité semblable, par lesquelles elles sont nées, et s'élèvent : si [le jardinier] est mauvais, il ne fait rien d'autre que rendre la terre stérile et marécageuse et ensuite, produit des immondices au lieu de fruits » [4].

> Au quatorzième point, lorsqu'il est dit : « Aucune âme rationnelle n'est sans Dieu » etc. C'est la doctrine et les paroles de Sénèque dans la Lettre 74, l'avis de Cicéron dans *Les Tusculanes*, livre III et la doctrine d'Origène au sujet de Gn 26. Eux-mêmes répondent à cela. Bien plus, en Jn 3 il est dit : « chacun qui est né de Dieu ne commet pas de péché, puisque la semence de celui-ci », à savoir Dieu, « demeure en lui » [5].

1. *THN*, *DW* V, p. 110 ; Libera, p. 174.
2. Cf. *S* 20 a, *DW* I, p. 337 ; A.-H. 1, p. 170-181, [*S*. 56].
3. Cf. *TNH*, *DW* V, p. 111, Libera, p. 175 et le sermon parallèle mais moins référencé : *S* 94, *DW* IV, p. 146, [*S*. 58].
4. *In Gen. II.*, § 198, *LW* I, p. 670-671.
5. Cf. *Proc. Col.* I, § 102, *LW* V, p. 285.

Eckhart cite régulièrement le même groupe de citations : Sénèque, Cicéron, Origène[1]. Avec Origène, Eckhart adapte, instrumentalise et christianise la philosophie stoïcienne, matérialiste et panthéiste, afin d'exprimer en un langage philosophique des données scripturaires et théologiques[2]. Certes, dans le passage de l'homélie sur la Genèse qu'Eckhart allègue[3], aucune mention n'est faite du terme « semen »[4]. Mais, Eckhart ne s'y est pas trompé, l'idée d'une semence divine[5] est employée par Origène, à la suite des stoïciens[6], avec cette différence propre au christianisme que ce *Logos spermatikos* est pour lui incorporel. Celui-ci pénètre toute la création : « Car *il pénètre toute la création*, de sorte que toujours les êtres en devenir deviennent par lui et que de toute chose, quelle qu'elle soit, il était toujours vrai de dire : "Tout fut par lui et sans lui rien ne fut" et "Tu as tout fait dans ta sagesse" »[7].

L'idée d'une préfiguration, d'une précontenance des créatures à titre de raisons ou d'idées, développée amplement par Augustin[8], se trouve déjà chez Origène, afin de justifier la présence virtuelle du Logos dans la création. Les idées, genres et espèces des réalités créées se trouvent dans le Verbe divin, qui ne saurait cependant être assimilé au « lieu intelligible » séparé de Platon. Le Verbe étant Sagesse, cette épistémologie du monde créé se double d'une affirmation de la bonté de la création et du règne de la Providence[9], qui rend raison de la possibilité d'une croissance spirituelle des êtres raisonnables. Le Logos est déposé en germe, en semence dans les intelligences :

> Vois si, puisqu'au milieu de tout le corps se trouve le cœur (τὴν καρδίαν), et dans le cœur la raison (ἐν δὲ τῇ καρδίᾳ τὸ ἡγεμονικόν) qui guide l'homme, ce n'est pas au sujet du verbe présent en chacun que l'on peut comprendre ces paroles : « Au milieu de vous se trouve quelqu'un que vous ne connaissez pas »[10].

Origène répond à la question que posait Eckhart dans le *Sermon de l'homme noble* : où Dieu a-t-il imprimé son image ? Interprétant allégoriquement Jn 1, 26, Origène établit une analogie : de même que le cœur est le milieu du corps, qu'il en

1. *Cf.* Cicéron, *Tusculanes*, Livre III, trad. fr. J. Humbert, Paris, Les Belles Lettres, 1931, t. II, p. 2-3.

2. Sur les rapports entre Cicéron et Eckhart, *cf.* N. Bray, « Eckhart e Cicerone », in *Studi sulli…*, *op. cit.*, t. II. p. 39-60.

3. Il s'agit de *HomGn.*, XIII, 4.

4. *Cf.* M. de Gandillac, « Le *"Sermon de l'Homme noble"* et le premier *Sermon allemand* », trad., introd. et notes de M. de Gandillac, dans *Voici Maître Eckhart…*, *op. cit.*, n. 28 p. 84.

5. Cf. *ComJn*, XIII, XLI, 273, SC 222, p. 178-179.

6. Origène ne peut admettre le matérialisme stoïcien ; mais il emprunte aux philosophes de la Stoa l'idée d'un *Logos spermatikos*, présent par degrés dans la hiérachie des êtres. Cf. *CCels*, VI, 71, SC 147, p. 356-359.

7. *ComJn.*, VI, XXXVIII, 188-189, SC 157, p. 268-269 (nous soulignons).

8. *Cf.* Augustin, *Conf.*, XII, XX, 29, BA 14, p. 386-389 ; *De Trin.*, VI, X, 11, BA 15, p. 496-497 ; Thomas d'Aquin : *QD de veritate*, q. 3, art. 1.

9. Cf. *PArch.*, II, 3, 6, *SC* 252, p. 264-267.

10. *ComJn.*, II, XXXV, 215, SC 120, p. 354-355. Cf. *PArch.*, I, 3, 6, SC 252, p. 154-157 ; *ComJn*, XIII, XLI, 273, SC 222, p. 178-179.

est l'organe le plus central et vital, de même la partie essentielle de l'âme se situe dans le cœur, comme partie supérieure de l'âme ou faîte de celle-ci. Les êtres rationnels, *logika*, participent donc à la Raison, *Logos*, par une semence de nature divine, située dans cette partie naturelle de l'âme appelée l'ἡγεμονικόν : il y a en l'homme, dans sa constitution psychologique, un lieu où une semence divine est déposée, germe rendant tout homme participant, dès sa conception, au Logos[1]. Ou encore : le Verbe est présent dans l'ἡγεμονικόν, organe psychique de la plus haute connaissance spirituelle en raison de cette présence germinale divine en elle. Ce n'est donc pas une partie de l'âme rationnelle qui est semblable au Logos, mais quelque chose qui est déposé en elle et qui la rend capable de Dieu. Dieu, en créant l'âme et ses parties, dont cette partie supérieure, l'ἡγεμονικόν, y dépose le germe de sa divinité, laissé au libre arbitre des créatures. S'il y a un organe psychique spécial et approprié à la connaissance des mystères divins, ce n'est pas en raison de sa constitution créée, mais de la présence, à même celui-ci, du Logos, dans un état virtuel, inchoatif, donné au libre usage de l'homme.

La filiation et la participation en acte à Dieu *via* l'imitation du Christ sont exposées dans les termes d'une croissance, d'un développement du germe (σπερμα) en enfant (τέκνον)[2]. Mais ce germe peut aussi bien, non pas mourir, mais rester à l'état embryonnaire.

Présent en germe dans notre intelligence, le Verbe y dépose en même temps les semences de toutes ses *épinoiai* : nous possédons des germes de sagesse, de justice et de toute vertu en général.

Eckhart est l'héritier de cette réflexion. L'idée d'une semence divine en l'âme est le point de départ d'affirmations anthropologiques et théologiques essentielles dans sa pensée. En effet, les textes cités reprennent cette idée d'une instance qui est en l'âme sans être de l'âme et qui porte l'image de la divinité. La semence divine implantée en l'âme est la forme sous laquelle le Logos est présent en nous, qui nous rend participants par nature à lui. L'*hégémonikon* est ce point de rencontre entre Dieu et l'homme, le lieu inassignable de la naissance du Verbe. Eckhart se saisit de cette idée, et donne ainsi à ce lieu en l'âme diverses appellations qui toutes, tentent de rendre compte de cette présence du Logos.

1. Crouzel affirme dans *Théologie…*, *op.cit.*, p. 215 que « la participation des logos au *Logika*, qui se confond avec le selon-l'image, est avant tout surnaturelle, et correspond à notre doctrine de la grâce. » Cette thèse ne sous semble pas juste : il y a une participation naturelle de la raison au Logos, certes inchoative, mais réelle. Sans quoi, tout serait grâce, ce qui n'est pas non plus le propos d'Origène ; sans quoi aussi, l'affirmation de la permanence de l'image perdrait son sens.

2. Cf. *ComJn.*, XX, V, 32, SC 290, p. 172-173.

Eckhart

Eckhart affirme avec force le caractère caché et inamissible de l'image de Dieu en l'âme et, de ce fait, une participation naturelle et inchoative de l'âme à Dieu[1]. Le développement de cette participation jusqu'à sa plénitude revient à l'homme. Ce dernier néanmoins, s'il peut cacher cette image et se la cacher à lui-même, ne peut la détruire.

La semence en l'âme est d'essence divine : il y a donc quelque chose en l'âme de divin, où le Fils de Dieu peut se révéler et prendre naissance. C'est cette semence qui, en dernière instance, constitue la dignité du titre d'image de Dieu.

L'identification de l'image avec l'Image, rend compte de la constitution de l'intellect comme l'image de l'intellect divin, Fils proféré par le Père. Dans les § 189 à 203 du second *Commentaire de la Genèse*[2], Eckhart développe les conséquences anthropologiques de cette présence en l'âme de cette semence divine :

– l'image divine de l'homme est imprimée en l'âme, mais elle doit coexister avec « l'image du terrestre, qui est animale » (§ 189, 193 et 194).

– la volonté bonne en nous, en laquelle se trouve les racines des bonnes opérations cohabite avec la volonté mauvaise, en laquelle se trouve les racines des opérations mauvaises. (§ 190 et 195).

– la nature humaine comporte, pour son intégrité, deux parties : la partie sensible et la partie rationnelle (§ 190 et 196).

– il y a d'un côté : vertus, formes naturelles, science et leur racine ou semence : la syndérèse (intellect des principes) ; de l'autre, et sur le mode de l'opposition : vices, privations des formes naturelles, ignorance, et leur racine ou semence : le foyer des péchés. (§ 190 et 197).

Eckhart rapporte et fonde son anthropologie sur le principe métaphysique d'une nature première et divine en l'homme de laquelle procède toutes les formes de savoir théoriques et pratiques ; le contraire de cette nature, l'image terrestre, n'est pas dans une position d'égalité métaphysique. L'image de Dieu, précise le § 194, ne vient pas de l'extérieur, n'est pas le fruit d'un habitus : elle est véritablement « concréée » (*concreatum*) par Dieu. L'image terrestre est le résultat du « monde », au sens où Jean l'entend lorsqu'il rapporte ces paroles de Jésus : *Si de mundo fuissetis mundus quod suum erat diligeret quia vero de mundo non estis sed ego elegi vos de mundo propterea odit vos mundus*[3]. Le « monde » englobe tout ce qui relève des images, captatrices de notre attention et dont nous devons nous libérer par la pratique du détachement : le « monde » est l'attachement matériel, moral, spirituel. Le § 195 fait allusion aux deux cités augustiniennes pour souligner l'exigence sous-jacente : dès que l'homme poursuit sa volonté

1. Cf. *TNH*, *DW* V, p. 113 ; Libera, p. 176-177.
2. *Cf.* p. 20-23.
3. Jn 15, 19.

propre, dès qu'il ne laisse pas Dieu être en lui en sa divine volonté, il est terrestre et bâtit, couche après couche, cette image terrestre.

La morale eckhartienne est non seulement fondée métaphysiquement, mais aussi porteuse de l'éthique de l'exercice spirituel du discernement. Eckhart admet à la suite d'Origène, que l'image terrestre est image de nos actes mauvais, ceux qui ont cédé à la tentation du diable. Mais plus qu'Origène encore, qui fait porter sur l'homme la responsabilité de l'image terrestre, il sollicite la liberté, éclairée par le discernement intelligent[1]. Au § 199, Eckhart décrit la syndérèse comme ce qui « demeure nous formulant des reproches au mal, inclinant au bien même chez les damnés ». Elle est : « sans hérésie, c'est-à-dire sans séparation du bien ». Son étymologie est la suivante : « la syndérèse vient de – *syn* – et – *con*, et de *haereo*, comme étant toujours attaché au bien »[2]. Conçue comme principe inamissible et infaillible du bien, la syndérèse est, dans ce paragraphe, envisagée dans son sens moral. Dans ces textes, Eckhart parle de la syndérèse dans l'acception traditionnelle du terme, telle qu'elle se trouve déjà chez les Pères. Elle est synonyme d' « étincelle de l'âme », soit ce que les stoïciens entendaient par les « petites étincelles » innées et immuables[3].

En effet, dès saint Jérôme, la syndérèse est définie comme un principe inné supérieur en l'âme, située au-dessus de ses parties/facultés. Alléguant Ez 1, 6-8 : *Ex quatuor facies uni, et quatuor alae uni, et crura eorum recta, et pennati pedes eorum. Et scintillae quasi fulgurans aeramentum et leves pennae eorum, et manus hominis sub pennis eorum in quatuor partibus eorum*, saint Jérôme fait de la syndérèse une « étincelle de conscience (*scintilla conscientiae*), qui ne s'éteint pas même dans le cœur de Caïn après son expulsion du paradis »[4]. Cette étincelle de la conscience est toujours référée au bien même dans le cœur de Caïn après le meurtre de son frère Abel. Le Moyen Âge hérite de cette conception[5], en même temps que d'un problème délicat posé par le texte de Jérôme. Qu'est-ce que la syndérèse, si elle est au-dessus des facultés de l'âme ? Une faculté supérieure ? Un habitus ? Eckhart caractérise, avec Thomas, la syndérèse comme l'*habitus* des principes pratiques : dans la *Somme Théologique*, la syndérèse est définie comme

1. La notion de péché n'est d'ailleurs pas centrale pour Eckhart. La « chute » se situe davantage dans la diffférence ontologique entre *l'esse virtuale* et *l'esse formale* que dans le péché d'Adam qu'il n'évoque que très peu.

2. *In Gen. II.*, § 199, *LW* I, p. 671-672.

3. *Cf.* É.-H. Wéber, « Petite étincelle et fond de l'âme », dans *Voici Maître Eckhart..., op. cit.*, p. 109.

4. *Commentaire sur le prophète Ezéchiel*, I, 1, § 8, trad. fr. Abbé Bareille légèrement mod., Paris, Louis Vivès, 1878-1885, t. 6, p. 431.

5. *Cf.* Augustin, *Cité de Dieu*, XXII, XXIV, 2, *op. cit.*, BA 37, p. 660-661. Pierre Lombard, *Sent.* II, d. 39, c. 3, § 3, t. 2, *op. cit.*, p. 435. Albert le Grand, *Summa de creaturis*, II, q. 71, a. 1 ; H. Hof, *Scintilla animae..., op. cit.*, p. 198-201 ; M. Tardieu, « ΨΥΧΑΙΟΣ ΣΠΙΝΘΕΡ, Histoire d'une métaphore dans la tradition platonicienne jusqu'à Eckhart », *Revue des études augustiniennes*, 21, 1975, p. 225-255 : l'auteur montre, sur la base de textes, l'origine gnostique du concept de syndérèse, origine ignorée par H. Hof ; O. Lottin, « La syndérèse chez Albert le Grand et saint Thomas d'Aquin », *Revue néo-scolastique de philosophie*, 30/17, 1928, p. 18-44.

un *habitus*, et non comme une faculté, rattaché à la raison pratique et non à la volonté. Son rôle est analogue à l'« intellect des principes », *habitus* de la raison spéculative[1].

Eckhart infléchit et élargit, de manière subreptice, le sens que Thomas lui donne. L'article 11 de la question 79 de la *Prima pars* avait distingué nettement, afin de clarifier le rôle propre de la syndérèse, l'intellect spéculatif et l'intellect pratique : les principes évidents dans l'ordre spéculatif appartiennent à l'intellect des principes, les principes évidents dans l'ordre pratique à un *habitus* naturel distinct, appelé syndérèse. Entre les deux il y a analogie et non identité. Or, Eckhart semble identifier et faire de la syndérèse l'habitus commun à l'intellect théorique *et* à l'intellect pratique.

> Aussi, la semence des sciences est l'habitus des principes, qui sont connus naturellement par tous, par lesquels l'homme peut juger du vrai et du faux, en tant qu'intellect spéculatif, et entre le bien et le mal, en tant qu'intellect pratique. Donc, la lumière de la raison en nous, qui est une participation au divin et à la lumière suprême, est la semence aussi bien des vertus que des sciences, au sujet de laquelle peut être exposé ceci : « beaucoup disent : qui nous montrera le bien ? » Ps 4, 6 ; et le Psaume répond : « Seigneur, la lumière de ta face est marquée sur nous » Ps 4, 7. Cette lumière demeure toujours et son auteur est Dieu. À cause de cela, « elle peut être obscurcie par négligence, mais ne peut être détruite par le mal » comme il a été dit plus haut à partir d'Origène. Cette « semence est le verbe de Dieu » Lc 8, 11. Au sujet de cette semence il est dit en Jn 1, 9 : « il était la vraie lumière, qui illumine tout homme », à savoir, en tant qu'intellect spéculatif dans la connaissance du vrai et en tant qu'intellect pratique dans l'opération du bien[2].

L'intellect pratique et l'intellect spéculatif apparaissent référés à un seul *habitus* des principes identifié à la fin du texte à la semence divine, Verbe de Dieu. Eckhart utilise Thomas pour orienter l'analyse de la semence divine en nous en un sens moins moral, plus intellectuel, que ne le fait Origène ; mais il utilise à rebours Origène pour identifier la syndérèse à l'image de Dieu semée en notre âme, « semence aussi bien des vertus que des sciences ». La syndérèse est le lieu de la participation à Dieu, participation d'abord naturelle, élevée dans un second temps à un ordre surnaturel par le don de la grâce[3].

Les sermons prêchés en langue vernaculaire vont multiplier les métaphores pour rendre compte de ces aspects. Elles sont toutes destinées à désigner et indiquer l'image de Dieu en l'homme[4]. Les sermons 20a et 20b identifient syndérèse et étincelle :

> En troisième lieu, il me semble que ce serviteur est la petite étincelle de l'âme (*daz vünkelîn der sêle*) qui est créée par Dieu et qui est une lumière imprimée d'en

1. Cf. *ST*, Ia, q. 79, art. 12, resp., Cerf, t. 1., p. 707.
2. *In. Gen. II*, § 200, *LW* I, p. 672-673.
3. *Cf.* É.-H. Wéber, « Petite étincelle... », dans *Voici Maître Eckhart..., op. cit.*, p. 112.
4. *Cf.* H. Hof, *Scintilla animae..., op. cit.,* p. 209 : Eckhart identifie la syndérèse avec l'étincelle, « image de la nature divine. ».

> haut. C'est une image de la nature divine (*ein bilde gœtlîcher natûre*) qui toujours s'oppose à ce qui n'est pas divin; ce n'est pas une puissance de l'âme (*enist niht ein kraft der sêle*), comme l'on voulu quelques maîtres, et elle est toujours inclinée vers le bien; même en enfer elle est encore inclinée vers le bien. Les maîtres disent: cette lumière est de telle nature que sa lutte est constante, elle se nomme syndérèse (*sinderesis*), ce qui veut dire unir et détourner. Elle a deux opérations. Par l'une d'elles, elle est en conflit avec ce qui n'est pas pur. L'autre opération est d'attirer sans cesse vers le bien – et elle est imprimée directement dans l'âme – même encore chez ceux qui sont en enfer [1].

Dans cette version du sermon 20, nous retrouvons les résultats des analyses de l'œuvre latine: la «petite étincelle de l'âme» ou «syndérèse» n'est pas une puissance de l'âme, mais une «image de la nature divine»: elle est, en conséquence, toujours dirigée vers le bien et indestructible. L'autre version précise:

> Quand, dans la Cène, l'âme goûte la nourriture et que la petite étincelle de l'âme (*daz vünkelin der sêle*) saisit la lumière divine, elle n'a plus besoin d'autre nourriture, elle ne cherche pas au-dehors et se tient complètement dans la lumière divine. [...]
> La puissance du saint Esprit prend aussi véritablement ce qu'il y a de plus pur, de plus subtil et de plus élevé, la petite étincelle de l'âme, et l'emporte tout en haut, dans le brasier, dans l'amour, ainsi que je le dis maintenant de l'arbre: la puissance du soleil prend le plus pur et le plus subtil dans la racine de l'arbre et le fait monter jusqu'au rameau où il devient fleur. Absolument de la même manière, la petite étincelle dans l'âme est élevée dans la lumière et dans le saint Esprit, emportée de cette manière vers sa première origine; elle devient ainsi totalement une avec Dieu (*wirt sô gar ein mit got*), tend absolument à l'unité et est une avec Dieu plus véritablement que la nourriture avec mon corps, bien davantage même, dans la mesure où elle est plus pure et plus noble. [...]
> La petite étincelle de l'intellect ressemble à ces bons anges, créés par Dieu sans intermédiaire, lumière transcendante, image de la nature divine et créée par Dieu. L'âme porte en soi cette lumière. Les maîtres disent qu'il est dans l'âme une puissance qui se nomme syndérèse, mais il n'en est pas ainsi. Car «syndérèse» désigne quelque chose qui est en tout temps attaché à Dieu et ne veut jamais le mal. Même dans l'enfer, elle est inclinée au bien; elle s'oppose dans l'âme à tout ce qui n'est pas pur ni divin et invite constamment à ce festin [2].

Ici, Eckhart envisage l'étincelle lorsqu'elle reçoit le don de la grâce, qui la rend une en acte avec la lumière divine. Par la grâce, sa nature ignée est déployée et transmuée en feu divin, de la même manière que, par l'Eucharistie, nous sommes assimilés au Verbe. Le rôle de l'Esprit-Saint est souligné en son rôle conducteur. La dernière partie de l'extrait porte une identification importante: la petite étincelle est aussi la syndérèse, qui n'est pas une faculté, ou encore l'intellect qui n'est pas dans l'âme comme le serait une puissance, mais en-deçà.

1. *S* 20a, *DW* II, p. 332-333, A.-H. 1, p. 175, [*S*. 56].
2. *S* 20b, *DW* I, p. 342-348; A.-H. 1, p. 178-180, [*S*. 57].

Elle est « créée sans intermédiaire » : tout ceci montre clairement qu'Eckhart parle ici de l'image en tant qu'image, d'une image intellective essentielle.

Dans les autres sermons, des expressions différentes sont avancées : « château fort » (*bürgelîn*)[1], « fond de l'âme » (*grund der sêle*), « tout à fait secret et caché » (*heimlîches und verborgens*)[2] qui est « aussi inexprimable [que Dieu est] inexprimable » (*ouch unsprechelich, als er unsprechelich*)[3], « tête » (*houbete der sêle*)[4] et « mari » (*der man der sêle*)[5] de l'âme, ou encore un « quelque chose de pur (*lûter*), noble (*hôch*), élevé (*êdel*) en soi (*im selben*) »[6]. Les textes montrent la difficulté face à laquelle se trouve le prêcheur pour rendre intelligible à son auditoire cette image, aussi ineffable que l'essence divine dont elle émane essentiellement. Dans les sermons 2 et 17, Eckhart cherchant le mot adéquat pour qualifier cette étincelle, finit sur un constat d'indicibilité : tout comme Dieu, elle ne peut se dire[7].

Ces propos ont une tonalité mystique, non au sens d'un déficit de l'intellect, mais en celui d'un couronnement de celui-ci. L'intellect porte naturellement l'image de Dieu et c'est lui qui sera le lieu de la divinisation et de la naissance du Verbe. Il ne s'agit pas pour Eckhart de se livrer aveuglément à l'élan d'un cœur qui, par nature plus intuitif, serait l'organe de l'amour unifiant à Dieu et de sa connaissance, mais de reconnaître que l'intellect, dans sa compréhension la plus fine et subtile, renvoie à l'intellect divin et est, de ce fait, voué à lui être uni. Eckhart n'est pas un mystique au sens où il ferait appel à une expérience intime inénarrable, doublée d'élans affectifs et extatiques suspects pour la saine raison philosophique aussi bien que théologique[8].

Eckhart n'exprime jamais aussi bien cela que lorsqu'il parle de « quelque chose d'incréé et d'incréable en l'âme »[9] dans quatre des ses sermons. Cela lui sera reproché au procès de Cologne et constituent l'article trois de la deuxième liste d'accusation[10] :

> « Il est dans l'âme une puissance », « si l'âme était ainsi, elle-même serait incréée et incréable ». Or il n'en est pas ainsi. Car, dans son autre partie, elle est en dépendance avec le temps, où elle atteint elle-même le créé et est créée. Or pour cette

1. *S* 2, *DW* I, p. 38 ; Libera, p. 235, [*S.* 81].
2. *S* 7, *DW* I, p. 123-124 ; Libera, p. 268, [*S.* 61].
3. *S* 17, *DW* I, p. 284 ; A.-H. 1, p. 156, [*S.* 100]
4. *S* 38, *DW* II, p. 230 ; A.-H. 2, p. 49, [*S.* 6].
5. *S* 37, *DW* II, p. 211 ; A.-H. 2, p. 42, [*S.* 22].
6. *S* 42, *DW* II, p. 308 ; Libera, p. 341, [*S.* 59].
7. Cf. *S* 2, *DW* I, p. 39-41 ; Libera, p. 235, [*S.* 81]. *S* 17, *DW* I, p. 284 ; A.-H. 1, p. 156, [*S.* 100].
8. *Cf.* É.-H. Wéber, « Mystique parce que théologien : Maître Eckhart », *La vie spirituelle*, n° 652, t. 136, 1982, p. 730-749.
9. Cf. *S* 12, *DW* I, p. 477 ; Libera, p. 297, [*S.* 90]. *S* 13, *DW* I, p. 482 ; A-H. 1, p. 129, [S. 65a]. *S* 28, *DW* II, p. 66 ; Libera, p. 325, [*S.* 73]. *S* 48, *DW* II, p. 418 ; A-H 2, p. 113, [*S.* 116].
10. Elle figurera encore dans article 27 de la Bulle de Jean XXII *In agro dominico*.

puissance, à savoir l'intellect, est aussi présent ce qui est au-delà de la mer que le lieu dans lequel moi je me trouve [1].

Eckhart répond :

> Il est faux qu'un fragment ou qu'une partie de l'âme soit incréable. Mais il est vrai que l'âme est intellective, à l'image de Dieu et *de la race de Dieu* Act 17 ; si elle-même était pur intellect, comme l'est Dieu seul, elle serait incréée, mais ne serait pas l'âme. Ainsi, de la même manière, si l'homme était tout entier une âme, il serait immortel, mais alors il ne serait pas homme [...] [2].

Dans cette différence entre quelque chose d'incréé déposé en l'âme qui n'appartient pas à l'âme créée, et l'âme créée, Eckhart synthétise toute sa métaphysique de l'image [3] : quelque chose en l'âme est de nature divine incréée, mais, par là-même, cela n'appartient pas à l'homme mais à Dieu. L'image est un don divin, un prêt, qui, ne recevant rien du sujet dans lequel elle se trouve, doit être tout entière référée à l'objet dont elle est l'image. L'image est don divin : n'est-ce pas dire que, du début à la fin où est réalisée la ressemblance, elle est offerte par grâce ? L'usage du concept de « nature » s'est révélé opératoire lorsqu'il s'agissait de distinguer ce qu'est l'image en son inchoativité et ce à quoi elle est destinée par le don de grâce. Mais don divin, diffusé en l'âme en-deçà de sa dimension créée, l'image apparaît comme ce « quelque chose d'incréé et d'incréable », aussi ineffable en son essence que l'essence dont elle émane.

Eckhart est imprégné de pensée augustinienne – tout comme sont présentes en son esprit les analyses de Thomas. Mais le recours à Augustin, lorsqu'il s'agir de penser la nature de l'image de Dieu en l'homme, n'est ni une répétition, ni une reprise des thèses augustiniennes. La conception de l'image divine en l'âme de l'homme prend son appui sur Origène. Sur ce point-là, Eckhart est beaucoup plus proche d'Origène, et de la patristique grecque, que d'Augustin, et de la tradition latine. L'image de Dieu est bien pensée en continuité avec l'engendrement *in divinis* du Fils. Il y a chez Eckhart un « fond » qui transcende la *mens* augustinienne.

Le maître considère tour à tour l'image essentielle et l'image créée. Il s'appuie sur cette distinction lors de sa défense. Mais ce n'est que lorsqu'il est amené à se justifier qu'il se sent tenu à cette différence. Pour Eckhart, l'image de Dieu est le Verbe, Premier engendré, incréé et incréable. Origène donne à Eckhart les outils conceptuels et théologiques pour penser l'image en lien essentiel avec la première image, le Fils. À la différence d'Origène cependant, il pense l'image en des termes univoques, là où l'Alexandrin établit une distance entre image et ressemblance.

1. *Proc. Col. I*, § 59-60, *LW* V, p. 218.

2. *Magister Echardi Responsio ad articulos sibi impositos II*, *LW* V, p. 322.

3. *Cf.* W. Wackernagel, *Ymagine denudari....*, *op. cit.*, p. 44-48 ; O. Boulnois, *Au-delà de l'image...*, *op. cit.*, p. 327-329 ; F. Brunner, *Maître Eckhart...*, *op. cit.*, p. 71-75 ; É.-H. Wéber, « La théologie de la grâce chez Maître Eckhart », *Revue des sciences religieuses,* 70e année, Janvier 1996, p. 57-60.

QUATRIÈME PARTIE

DE L'IMAGE À LA RESSEMBLANCE. LA QUESTION DE LA DIVINISATION

Dans l'image est donnée, à titre de virtualité, la ressemblance : l'homme est « capax dei », ainsi qu'Eckhart aime à le répéter en alléguant Augustin[1]. L'acquisition de la ressemblance est la fin propre de l'homme vagabond sur terre et incarné, celle-là même qui est voulue par Dieu, ainsi que Pierre l'annonce dans sa deuxième Épître : *quomodo omnia nobis divinae virtutis suae quae ad vitam et pietatem donata est per cognitionem eius qui vocavit nos propria gloria et virtute, per quae maxima et pretiosa nobis promissa donavit ut per haec efficiamini divinae consortes naturae fugientes eius quae in mundo est concupiscentiae corruptionem*[2].

Mais, entre le début et la fin, entre l'enfant qui ne supporte que le lait à l'adulte qui se nourrit d'aliments solides, une question se pose : comment l'homme peut-il (re)devenir celui qu'il était en son origine divine, lorsqu'il n'avait pas de Dieu et qu'il n'était pas encore[3] ? Comment avoir, face au monde, à ses représentations et tentations de toutes sortes et origines, l'attitude convenable et adéquate ? Pour Origène comme pour Eckhart, l' « homme intérieur » ne peut vivre si l' « homme extérieur » ne meurt pas : on ne peut les servir tous deux à la fois. La participation pleine à la nature divine est rendue possible par l'Incarnation. En effet, selon la formule de saint Irénée qui deviendra quasiment proverbiale : « le Verbe de Dieu, Jésus-Christ notre Seigneur, […] à cause de son surabondant amour, s'est fait cela même que nous sommes pour faire de nous cela même qu'il est »[4]. Néanmoins, si

1. Cf. *De Trin.*, XIV, VIII, 11, BA 16, p. 374.

2. 2 P 3-4.

3. Cf. *S* 52, *DW* II, p. 492-493 ; Libera, p. 350, [*S.* 108] : « Quand j'étais dans ma cause première, là je n'avais pas de Dieu, et j'étais cause de moi-même. Je ne voulais rien, je ne désirais rien, car j'étais un être libre, me connaissant moi-même dans la jouissance de la Vérité. C'est moi-même que je voulais et rien d'autre ; ce que je voulais, je l'étais et ce que j'étais, je le voulais ; là, j'étais libre de Dieu et de toutes choses. »

4. *Contre les hérésies*, l. V, Préface, trad. fr. A. Rousseau, Paris, Cerf, 1969, SC 153, p. 14-15.

cette naissance du Verbe en l'âme par laquelle nous devenons participants de la vie trinitaire est le but commun partagé par Origène et Eckhart, elle suppose chez l'un et chez l'autre deux attitudes qui ne se recoupent pas totalement. Chez Origène, la participation passe par l'imitation du Christ : elle engage toute une morale. Chez Eckhart, elle passe par le détachement (*Abegeschiedenheit*) et la défiance vis-à-vis de la dépendance, affective, psychologique et intellectuelle que peuvent induire les actes extérieurs.

De là suivent deux orientations : l'une morale et contemplative, l'autre métaphysique et intellective. Chez Origène, le Verbe prend naissance dans nos actes dans un effort de purification morale et de connaissance contemplative du Verbe. Chez Eckhart, il prend naissance lorsque nous nous sommes détachés de toute forme de subjectivité à l'origine des actes. Chez Origène, le Verbe incarné est un modèle que nous devons imiter et auquel nous devons conformer notre vie pratique et spirituelle. Chez Eckhart, l'homme doit tout délaisser, y compris son désir de Dieu.

Cette naissance a lieu dans le « fond de l'âme » : elle se produit *simul et semper*. Le théologoumène de « la naissance du Verbe dans l'âme » est, à l'instar de celui d'« image », surdéterminé de commentaires, notamment depuis l'édition par Georg Steer, en 2003, dans le quatrième volume de l'édition Kohlhammer, des *Sermons* 87 à 105[1] : les *Sermons* 101 à 105 forment le « Predigtzyklus » *Von der êwigen Geburt*, dans lequel Maître Eckhart centre ses prêches sur la naissance éternelle de Dieu dans l'âme.

La filiation entre Origène, qui formule en premier : « Car, à quoi me servirait que le Verbe soit venu pour le monde si moi je ne l'ai pas ? »[2] et Eckhart, la riche tradition qui s'interpose entre eux, obligent, non seulement à une enquête généalogique, mais surtout à l'effort d'un discernement de ce qui fait l'originalité du maître.

1. G. Steer a fourni un immense travail de critique interne et externe afin de prouver l'authenticité de ces derniers sermons eckhartiens, en s'intéressant plus particulièrement au « Predigtzyklus » *Von der êwigen Geburt* constitué par les *Sermons* 101 à 104. Par la recherche des sources, trois Codex ont pu être authentifiés et comparés par G. Steer : le premier, datant du XIVe siècle provient de la *Staatsbibliothek* de Munich – le texte est cependant fragmentaire. Le deuxième est le Codex manuscrit 221 de la *Stadtbibliothek* de Mayence, datant de 1454. Les sermons sont tous certifiés. Enfin, un groupe de six sermons a été retrouvé à Stuttgart (Codex brev. 4° 88), sans le sermon 104 dont Steer montrera qu'il est bien d'Eckhart. Pour ces questions techniques d'authentification et de datation, voir la dissertation consacrée aux Sermons 101-104 de C. F. Mösch, « *Daz disiu geburt geschehe* », *Meister Eckharts Predigtzyklus* Von der êwigen geburt *und Johannes Taulers Predigten zum Weihnachtsfestkreis*, Fribourg, Academic Press Fribourg, 2006, p. 39-51.

2. *HomJr*, IX, 1, SC 232, p. 379.

CHAPITRE IX

CAPAX DEI ET PARTICEPS DEI

L'*IMITATIO DEI* CHEZ AUGUSTIN ET ORIGÈNE

Augustin

Eckhart aime à citer cette phrase d'Augustin : « Ce qui fait que l'âme est image de Dieu, c'est qu'elle est capable de Dieu ». Nous la retrouvons chez le maître comme une des caractéristiques essentielle de l'image de Dieu en nous. À plusieurs reprises, Maître Eckhart allègue Augustin [1] et exploite cette référence augustinienne pour développer l'idée que nous sommes *à l'image*, dans cette tension entre une image naturelle et inamissible, mais admettant des degrés de participation qui sont autant de déploiements de sa nature de semence. Quel sens va prendre chez lui l'expression augustinienne « capax Dei », si sa conception de l'image, intellect-étincelle dans l'âme, n'est pas augustinienne ? Augustin pense l'image de Dieu en l'homme comme étant ressemblante mais inégale à la Trinité créatrice : l'homme n'est pas « à l'image », mais « l'image inégale » de la divinité ; il est, en sa *mens*, une reproduction pâle et affaiblie de Dieu Trinité : « [...] ce qui fait qu'elle est image, c'est qu'elle est capacité de Dieu, qu'elle peut participer à Dieu. Un si grand bien n'est possible, que parce qu'elle est image de Dieu » [2].

Dans le *De Trinitate*, Augustin réaffirme l'inamissibilité de l'image, ce que confirme un texte de ses *Révisions* dans lequel il revient sur la question 67 des *83 Questions*. Le péché déforme, souille, défigure l'image sans néanmoins la détruire [3]. Sur ce point, il n'y a pas d'opposition avec Origène :

> [...] j'ai dit : « La créature elle-même, c'est-à-dire l'homme, qui, après avoir perdu par le péché le sceau de l'image, n'est plus resté qu'une créature ». Il ne faut pas

1. Cf. *In Gen. I*, *LW* I, p. 271 ; *OLME* 1, p. 386-387. *S* XXIV, 1, § 234, *LW* IV, p. 217-218 ; *In Sap.*, § 94, p. 427-428 et § 261, p. 593 ; *In Ioh.*, § 610, *LW* III, p. 532-533.

2. *De Trin.*, XIV, VIII, 11, BA 16, p. 372-375.

3. Cf. *Ibid.*, XIV, IV, 6, BA 16, p. 358-359.

entendre ces mots comme si l'homme avait perdu tout ce qu'il possédait de l'image de Dieu. Car s'il n'avait rien perdu du tout, il n'y aurait pas de raison de dire : « Soyez réformés dans la nouveauté de votre esprit », et : « Nous sommes transformés dans la même image » [1].

L'argument est donné par saint Paul, en 2 Co 3, 18 : *In eandem imaginem transformamur* : c'est dans la *même* image que nous sommes transformés et rénovés, ce qui suppose une continuité, une permanence, et un lien naturel indestructible de l'homme à Dieu. Ce qui peut être perdu ou acquis n'est donc pas le don de nature, mais le don de grâce : la grandeur de l'homme ne vient pas de ce qu'il est image de Dieu, mais de la possibilité ouverte que lui donne ce titre. Sa grandeur, ou sa noblesse, est celle d'un possible et relève de son intention, ou, pourrions-nous dire, de son attitude. Ordonné à la vie divine, l'homme ne peut être réformé que par le don de grâce. Autant dire que l'homme se révèle ici dans toute la fragilité d'une créature, image et ressemblance imparfaite du Dieu trine, tout entière tendue vers l'unique Image parfaitement ressemblante qu'est le Verbe. Si elle n'est pas image de la première Image, c'est dans et par cette Image parfaite qu'elle reçoit son être naturel et surnaturel.

Ce renversement est celui de la conversion, non pas celle qui serait donnée une fois pour toutes dans l'acte sacramentel du baptême, mais celle qui volontaire, et libre réponse à la grâce [2], nécessite l'acte permanent d'imitation du Verbe :

> Dans cette conversion et cette formation, la créature, à sa manière, imite le Verbe de Dieu, c'est-à-dire le Fils de Dieu toujours uni au Père par une pleine ressemblance et une égalité d'essence qui font que le Père et lui ne sont qu'un Io. X, 30 ; mais la créature n'imite pas cette forme du Verbe, si, faute d'être tournée vers le Créateur, elle demeure informe et imparfaite ; voilà pourquoi il n'est pas fait mention du Fils en tant que Verbe, mais seulement en tant que principe, lorsqu'il est dit : *Dans le principe Dieu créa le ciel et la terre*, car ces paroles désignent une ébauche de créature qui est encore dans l'imperfection d'un état informe. Par contre, mention est faite du Fils, en tant qu'il est aussi le Verbe, dans la formule : *Dieu dit : Qu'il y ait.* Ainsi, lorsqu'elle fait mention du Fils comme principe, l'Écriture nous présente une ébauche de créature qui reçoit de lui son existence encore imparfaite ; par contre, lorsqu'elle fait mention de lui comme Verbe, elle nous présente la perfection d'une créature qui a été tournée vers lui pour recevoir sa forme en s'unissant au Créateur et en imitant, selon son degré d'être, la Forme éternellement et immuablement unie au Père de qui aussitôt elle tient d'être ce qu'Il est [3].

La matière est *dissimilitudo, informitas* : considérée en elle-même, sans son union à la forme, elle tend vers le néant [4]. Dans les *Confessions*, la matière informe

1. *Révisions*, I, XXVI (25), 2, *op cit.*, BA 12, p. 440-441.

2. Cf. *De Trin.*, XIV, XIII, 17, BA 16, p. 390-392.

3. *La Genèse au sens littéral*, I, IV, 9, *op. cit.*, BA 48, p. 90-95.

4. *Cf.* É. Zum Brunn, *Le Dilemme de l'être et du néant chez Saint Augustin : des premiers dialogues aux* Confessions, Paris, Études augustiniennes, 1969.

(*materia informis*) est l'élément de base, « chose informe proche du néant » (*informe prope nihil*), « un néant qui est quelque chose » (*nihil aliquid*) ou un « être qui est un non-être » (*est non est*)[1], autant d'expressions oxymoriques qui rendent compte de la difficulté avouée face à laquelle Augustin se trouve pour définir la matière. La matière est en vue de la forme, pour la forme, et n'existe qu'en étant informée. Il n'y a pas, lors de l'apparition de la matière, pleinement « création » et c'est la raison pour laquelle l'Écriture ne dit pas : « Qu'il y ait ». La matière est simple ébauche, *capacité* de toutes les formes (*capax formarium omnium*)[2].

C'est lorsque Dieu dit son Verbe qu'il dit pleinement la créature. Là, il n'est plus seulement principe qui fait surgir la matière à partir du néant, mais aussi « Verbe » qui ordonne tout être selon les formes qu'il contient. Le deuxième moment (logique et non temporel) de la création est celui qui confère à chaque être sa forme propre et ordonne tous les êtres, selon leur degré propre, à la nature immuable. Là, la créature existe parce qu'elle peut imiter celui de qui elle reçoit sa forme. Le monde créé est donc un monde d'images plus ou moins ressemblantes à leur modèle selon leur rang sur l'échelle des êtres[3] : ces images n'ont une densité ontologique que parce qu'elles sont liées à leur principe, le Verbe, Image et Ressemblance parfaite du Père. Les images sont semblables en raison de cette Ressemblance primordiale.

Il y a assurément ici des réminiscences néoplatoniciennes chez Augustin, aussi bien dans la conception de la matière que dans le rapport de mimésis entre les choses et le principe. Au sein de ce monde dans lequel les êtres sont reliés, verticalement et horizontalement par l'idée de ressemblance, Augustin fait une distinction de nature entre les êtres faits *par* la Ressemblance et l'être fait *à* la Ressemblance :

> C'est pourquoi, si l'univers est formé de choses semblables entre elles, de sorte que chacune soit ce qu'elle est, et qu'à elles toutes elles composent l'univers que Dieu a créé et gouverne, c'est assurément par la Ressemblance suréminente, immuable et inaltérable de celui qui a tout créé, qu'elles sont devenues telles qu'elles sont, belles par la similitude de leurs parties; et pourtant, tout n'a pas été fait à cette ressemblance, mais seulement la substance raisonnable; donc, tout a été fait par elle, mais tout n'a pas été fait *à cette Ressemblance*[4].

Le Verbe, Ressemblance parfaite, Forme de toutes les formes, rend raison de deux rapports de ressemblance : des choses entre elles, en ce qu'elles expriment, dans leur ordonnancement et sur un mode imparfait la Similitude première, et de chaque chose en elle-même, qui reçoit par le Verbe son être-même, sa forme ou

1. *Conf.*, XII, VI, 6, BA 14, p. 350-353. *Cf.* A. Solignac, « Note complémentaire 23 », p. 599-603.

2. *Ibid.*

3. *Cf.* É. Gilson, *Introduction à l'étude de saint Augustin*, Paris, Vrin, 2006, p. 275 : « L'inégalité et la disposition hiérarchique des essences se fonde donc sur l'inégalité des participations possibles à l'Être, dont chacune est représentée par l'une des idées de Dieu. »

4. *Sur la Genèse au sens littéral, livre inachevé*, XVI, 59, 5, BA 50, *op. cit*, p. 498-499.

son idée par quoi elle n'est pas pure matière. Seule la substance raisonnable dépasse ce rapport de participation à une forme contenue dans le Verbe pour être ressemblance de la Ressemblance parfaite : « [...] elle est elle-même la Ressemblance première, par participation à laquelle est semblable tout ce que Dieu a fait par son entremise »[1].

Augustin précise, dans les termes de la participation des images à leur modèle, que toute ressemblance participante est imparfaite et lacunaire, alors que la Ressemblance en tant que telle, en tant que Forme, est parfaite et peut donc être participée en donnant la ressemblance aux être semblables. L'homme est *image ressemblante et imparfaite* de Dieu : il est capable de perfection, capable de recevoir par grâce la Ressemblance suprême et increéée. L'imitation métaphysique du principe, du Verbe, se charge alors d'un sens moral et eschatologique.

L'homme apparaît comme cette créature tendue entre la « région de dissemblance »[2], doublée du péché, à laquelle il appartient de façon native par l'« homme extérieur », et sa vocation à la réalisation de la pleine ressemblance. De même que la matière est capable de la forme et n'existe qu'une fois qu'elle l'a reçue, de même, l'homme, capable de Dieu, n'a d'être véritable que lorsque celui-ci répand sa grâce[3].

Pour Augustin, seule la grâce peut insuffler en l'homme l'élan d'une imitation active du Verbe incarné. L'Incarnation du Christ est possibilité offerte de réconciliation : « En nous apportant la ressemblance de son humanité, il a effacé la dissemblance de notre iniquité. Devenu participant de notre mortalité, il nous a rendus participants de sa divinité »[4]. La conversion commence lorsque l'homme, dans un retour à l'intime, découvre qu'il est pour Dieu et non pour lui-même et qu'il s'efforce, par grâce, d'imiter non pas seulement un principe philosophique mais une Personne divine qui s'est abaissée en prenant la condition d'homme. Seul cet échange des ressemblances entre un Dieu qui consent à s'incarner et un homme à qui est donné la possibilité de se détourner de la « région de dissemblance » permet la réconciliation avec notre nature.

Il est question ici de notre salut, à savoir : comment rendre possible, par nos actes et avec le secours de la grâce, la destination de notre titre d'image : se rendre participants de la nature divine ? Est-ce la voie de l'imitation que Maître Eckhart sous-entend en parlant de l'identité entre être *imago Dei* et *capax Dei* ?

Le thème de l'*imitatio Dei*, ou, plus précisément, en un sens moral et sotériologique, celui de l'*imitatio Christi,* est amplement développé par Origène ; Eckhart hérite des deux traditions, grecque et latine.

1. *Sur la Genèse au sens littéral, livre inachevé*, XVI, 57, BA 50, p. 494-495.
2. *Conf.*, VII, X, 16, BA 13, p. 616-617. L'expression est reprise de Platon et de Plotin.
3. *Cf.* O. Boulnois, *Au-delà de l'image...*, *op. cit.*, p. 51.
4. *De Trin.*, IV, II, 4, BA 15, p. 344-346.

Origène

On trouve chez Origène l'expression « capere dei » et « capaces dei », dans le *Traité des Principes,* notamment : « [...] c'est l'œuvre de la sagesse de les enseigner [les créatures] et de les conduire à la perfection par l'Esprit Saint qui les affermit et les sanctifie continuellement, condition qui seule rend possible la réception de Dieu (*deum capere possunt*) »[1].

Cet état de réceptivité de Dieu est l'aboutissement de la montée progressive de la créature raisonnable sur une échelle de participation : les créatures reçoivent du Père l'être, du Fils la rationalité, de l'Esprit-Saint la grâce « de recevoir le Christ en tant qu'il est la Justice de Dieu »[2]. L'Esprit-Saint rend saintes par participation les créatures raisonnables qui le sont d'abord par accident. C'est, pour la créature, l'expérience de la sanctification, étape ultime et la plus parfaite que l'homme puisse atteindre en cette vie[3].

Dépeignant une ascension progressive de l'âme par la grâce de l'Esprit, Origène va jusqu'à risquer d'abolir la distance entre la créature et le Créateur, l'être divin par participation et l'être divin substantiel. La réception de Dieu ou sa capacité, sa connaissance, n'a donc pas le même sens que chez Augustin : chez ce dernier, elle est le propre de l'image, donnée par nature comme un élan intime vers Dieu. Chez Origène, elle se situe du côté de l'acte même de recevoir Dieu par grâce. Être capable de Dieu, c'est en avoir sa connaissance. C'est ce que confirme un autre passage, concernant l'état final de la restauration : « quand ils [les saints] auront été faits capables (*capaces*) de recevoir Dieu, Dieu sera en eux tout en tous »[4]. Un tel dynamisme est reçu de Dieu. L'homme n'est pas capable par nature de Dieu, il le devient par don divin.

Cet état de divinisation est décrit dans ces textes comme le résultat d'un effort de purification conjugué à celui, intellectif, des connaissances des mystères de l'Écriture. Par là, l'homme s'achemine vers la ressemblance. Le but de tout chrétien est, pour Origène, le passage du statut de simple croyant à celui de gnostique, au sens de celui qui a approfondi l'intelligence de l'Écriture et les mystères de la foi. Cette gnose, état du chrétien parfait ici-bas, désigne une connaissance par grâce qui ne s'accomplit pas sans effort moral, sans une conduite ascétique. Ce schéma est somme toute classique dans le milieu alexandrin de l'époque : les medioplatoniciens décrivent eux aussi, la remontée de l'âme vers le Principe comme une purification morale appuyée sur un discernement intellectuel. La différence origénienne tient à l'interprétation de la

1. *PArch.* I, 3, 8, SC 252, p. 164-165; *Cf.* G. Madec, « Capax dei », *in* C. Mayer (Hrsg.), *Augustinus Lexikon*, Basel, Schwabe, 1986-1994, vol. 1, fasc. 5/6, col. 728. : « Les formules "capere deum", "capax dei", se rencontrent déjà dans la traduction du Περὶ ἀρχῶν d'Origène, par Rufin, pour rendre *θεὸν χωρεῖν, θεοῦ χωρητικός*; Augustin a connu cette traduction qui date de 398; et il est possible qu'il soit redevable à Origène sur ce point. »

2. *PArch.* I, 3, 8, SC 252, p. 162-163.

3. Cf. *ibid.*, p. 162-165.

4. *Ibid.*, III, 6, 9, SC 268, p. 254-255.

révélation : le Verbe s'est fait chair afin qu'en l'imitant, nous puissions imiter la vie divine du Père lui-même.

Cette conception de l'*imitatio christi*, qui sera suivie par des siècles de spiritualité dont le point d'acmé est la *devotio moderna*, permet de comprendre de quelle façon, dans le cadre de la révélation chrétienne, le Verbe incarné est conçu en son rôle de « médiateur ». Il s'est abaissé jusqu'à notre humanité pour nous relever, soit : mais que devons-nous faire, de notre côté, pour que cette relève et cette élévation soient effectives ? Celles-ci passent par différentes voies. Eckhart, en insistant sur le détachement, prônera un accès singulier qui consistera à se détacher de toute forme de représentation – ou d'image, intérieure comme extérieure, quand bien même elle aurait Dieu pour origine.

Pour Origène, l'imitation du Christ est tout le chemin. Le Verbe incarné est la seule voie possible d'une réintégration de l'image en son Principe. L'imitation n'est pas conçue par Origène comme une action qui consisterait simplement à se conformer à un modèle extérieur. Si tel était le cas, l'action ne serait pas libre et conduirait à une forme d'hétéronomie de la volonté et de la personnalité. Au contraire : il envisage l'imitation comme cela seul qui peut nous rendre notre véritable nature, constituée par l'image du Verbe en nous. Le cheminement vers la ressemblance n'est donc ni du seul côté de l'effort humain, ni de celui du don surnaturel, mais dans une synergie des deux dans laquelle l'homme comprend pleinement son statut de créature de Dieu et y adhère par liberté [1].

Le don surnaturel de la grâce baptismale est la condition indispensable de ce parcours imitatif. Parce que l'imitation de Dieu commence par une rénovation sacramentelle qui, en nous lavant du péché et de la souillure contractée par l'âme unie à la chair, nous rend à notre véritable nature, elle ne peut être conçue sur un mode externaliste exclusivement moral. Le baptême en effet requiert, chez les adultes, une disposition intérieure appropriée qui permet la réception de la grâce sacramentelle : dès l'origine de la conversion, Origène associe effort personnel de purgation et don surnaturel [2].

L'aspect « négatif » du baptême est de nous laver du péché et de la souillure des actes charnels et des vices contractés. Mais plus profondément et positivement, l'homme reçoit dans le baptême une nouvelle filiation, celle du Père divin [3]. Comme l'a montré Hugo Rahner [4], toute la vie chrétienne, jusqu'à la naissance du Verbe dans l'âme qui en est son apothéose, sera une suite et un renouvellement du sacrement du baptême, par lequel, en nous conformant au Christ, nous cheminons vers la ressemblance. Par le baptême et par la grâce du Christ, nous mourons à notre homme extérieur et au diable, nous renaissons et recevons l'esprit d'adoption : avec le Christ, nous pouvons appeler Dieu notre « Père » et être ainsi les frères de celui qui est fils par nature. Le Christ en sa

1. *Cf.* H. Crouzel, *Théologie…*, *op. cit.*, p. 239.
2. Cf. *HomLc*, XXI, 4, SC 87, p. 294-295.
3. Cf. *ComJn.*, XX, 37, 339-341, SC 290, p. 322-325.
4. *Cf.* H. Rahner, *Symbol…*, *op. cit.*, p. 29.

kénose est donc l'artisan de notre salut : « Aussi, notre Sauveur, qui est l'image de Dieu, ému de pitié pour l'homme qui avait été fait à sa ressemblance et qu'il voyait se défaire de son image pour revêtir celle du malin, prit lui-même, poussé par la pitié, l'image de l'homme et vint à lui [...] »[1].

En s'incarnant, Dieu noue entre l'homme et lui-même une forme de pacte, un échange dont tout le bénéfice revient à la créature : se rendant conforme à l'homme, se faisant semblable à la chair qui porte le péché, il permet à sa créature de revêtir la divinité du Christ afin de lui ressembler comme fils. C'est cette union des deux natures dans le Christ qui se révèle être modèle de notre imitation[2].

L'Incarnation[3], parce qu'elle réalise l'union des deux natures divine et humaine, est le modèle total de l'imitation de l'homme. Il s'agit d'imiter, en premier lieu, l'homme Jésus jusqu'à s'élever à l'imitation du Verbe. Dieu se fait homme pour que l'homme revête et prenne la forme de Dieu : l'Incarnation est l'unique voie permettant la réalisation de notre humanité afin que l'image divine soit dégagée de toute scorie.

L'âme humaine du Christ, en raison de cette participation maximale aux vertus divines, est ce que l'on doit imiter en premier lieu. Unie à un corps, elle est une réalisation universelle de l'humanité sans péché. Plus encore : elle est le modèle par excellence de l'union mystique, c'est-à-dire la première unité corps-âme, qui se donne comme capitale, de l'union de l'humanité à la divinité. La participation au Logos passe par l'ennoblissement de notre humanité, par cette première imitation de l'âme du Christ, « ombre » du Verbe :

> L'ombre de notre corps est inséparable de notre corps, elle reçoit et reproduit sans déviation les mouvements et les gestes du corps : c'est pourquoi, je pense, pour désigner ainsi les actions et mouvements de cette âme qui adhérait au Christ sans séparation possible et faisait tout en suivant son impulsion et sa volonté, le prophète l'a appelée ombre du Christ Seigneur sous laquelle nous avons à vivre parmi les nations, quand, imitant cette âme, elles parviennent par la foi au salut[4].

De même qu'une ombre est inséparable du corps à laquelle elle appartient et en suit tous les mouvements, de même, l'âme de Jésus est l'« ombre » indissociable du Verbe, réalisant parfaitement sa volonté. Jésus est un modèle d'obéissance[5], d'humble soumission à la volonté divine ou encore d'*apatheia*[6]. Ainsi, il convient d'imiter la vie vertueuse du Christ en luttant contre toutes les formes

1. *HomGn.*, I, 13, SC 7 bis, p. 60-61.
2. *Cf.* M. Harl, *Origène et la fonction révélatrice...*, *op.cit.*, p. 284 et p. 116-117.
3. L'Incarnation ou l'"abaissement du Verbe" est pour Origène, objet de stupéfaction et d'humilité intellectuelle révérencieuse face à un tel prodige. Cf. *PArch.*, II, 6, 1-2, SC 252, p. 310-312.
4. *Ibid.*, II, 6, 7, SC 252, p. 322-323.
5. Cf. *ibid.*, III, 5, 6, SC 268, p. 228-231.
6. *Cf.* M. Harl, *Origène et la fonction révélatrice...*, *op.cit.*, p. 288 *sq.* ; H. Crouzel, *Théologie...*, *op. cit.*, p. 224 *sq.*

de vices, en entretenant la vertu d'humilité[1], et en donnant, ultime imitation, sa vie dans le martyre[2].

La connaissance du Verbe nous donne de comprendre que ce qui est imité en l'homme Jésus n'est possible qu'en raison de la coexistence en lui des deux natures, que suivre l'« ombre » du Verbe, c'est, en réalité, se laisser former par lui. Le Verbe n'est pas seulement un modèle extérieur, mais il est l'agent gracieux de notre formation. En effet, le Verbe s'identifie aux vertus, il est substantiellement toutes les vertus, de telle sorte que progresser en vertu selon le modèle de l'homme Jésus, c'est aussi et en même temps, en raison de la grâce de l'Incarnation, unir notre âme à lui et se rendre participant de sa divinité. L'Incarnation du Verbe est donc à la fois modèle d'imitation et médiation ontologique, substantielle, entre le divin et l'humain. En effet, l'Image parfaite, en s'abaissant, donne aux créatures formées selon son image, de pouvoir reformer en eux toutes les vertus et perfections jusqu'à atteindre la ressemblance, soit être en acte et de façon surnaturelle ce que le Verbe est par nature. Origène explique ainsi l'origine de la participation du multiple à l'unité :

> Ce qui a été dit de la Vérité et des vérités, nous le trouvons affirmé de même au sujet de la *Justice* et *des justices*. Car la Justice en soi, la Justice substantielle, c'est le Christ « qui est devenu pour nous de par Dieu Sagesse, Justice, sanctification, rédemption ». À partir de cette Justice, la justice qui est en chacun reçoit son emprunte, de sorte qu'il y a plusieurs justices en ceux qui sont sauvés. [...]
> C'est peut-être de cette manière qu'il faut chercher l'explication de ces mots « si vous cherchez la preuve que c'est le Christ qui parle en moi » : *en chaque saint se trouve en quelque sorte le Christ et, grâce à ce Christ unique, une multitude de christs vient à l'existence* : ils sont ses imitateurs, étant formés selon lui, qui est l'image de Dieu ; c'est pourquoi Dieu dit par son prophète : « Ne touchez pas à mes christs »[3].

Origène décrit ici la participation au Verbe, Vérité, Sagesse, Justice à la manière platonicienne d'une communication de nature. Dans le Christ se trouve l'unique Vérité, l'unique Justice et la Vie par excellence. Les multiples vérités, justices et vies trouvent donc leur origine et leur sens dans l'unité du Christ, Verbe incarné. Ainsi, celui qui est l'unique Fils et Christ par essence nous rend multiples fils et christs par participation. L'imitateur est « formé » par le Christ, ce qui atténue l'aspect moral de l'imitation en lui donnant le sens mystique de la présence agissante du Christ en l'âme du fidèle. L'imitation n'est pas une seule conformation des actes à un modèle ou à un exemple : la présence déiformante du Verbe en l'âme suppose qu'on le contemple. Il est à la fois mesure de notre être et attrait conformant notre action à son être substantiellement vertueux. L'imitation

1. L'épisode évangélique le plus marquant est, pour Origène, le lavement des pieds. Cf. *ComJn.*, XXXII, IV, 46, SC 385, p. 206-207.

2. Cf. *Exhortation au martyre*, XII, trad. fr. G. Bardy, Paris, éd. J. Gabalda et Fils, 1932, p. 219-221.

3. *ComJn.*, VI, VI, 39-42, SC 157, p. 158-161 (nous soulignons).

vertueuse, auparavant définie comme moyen cathartique d'approche du Verbe peut être, dans un second temps, considérée comme le résultat de la formation du Verbe en nous. Il y a ici une sorte de va et vient qui brouille le rapport naturel de cause à effet et qui amène à penser, qu'imitation, participation et contemplation sont trois activités contemporaines chez Origène [1].

Imitation, participation et contemplation deiforment, divinisent l'âme, là où elle recèle le selon-l'image en nous faisant être des christs ressemblants au Christ. L'ἡγεμονικόν, le νοῦς, sont les organes de la contemplation transformante. Dans le *Commentaire sur le Cantique des cantiques*, l'ἡγεμονικόν ou le νοῦς sont nommés le « visage » de l'âme : l'Épouse n'est admise à la contemplation du Verbe qu'après s'être purifiée de tout germe de vice par le recueillement et la fuite du monde sensible [2].

Pour résister aux passions et commencer une conversion, il faut d'abord rentrer en soi, c'est-à-dire se convertir vers soi-même, vers l'« homme intérieur ». L'âme, pour prendre conscience de sa nature divine, doit revenir à elle-même. C'est de cette façon et non par un affront volontaire, qu'elle peut se détourner des vices et passions. Ce retrait en soi qui ramène l'âme à sa nature divine est le commencement de la contemplation du Verbe, donné en une union, jusqu'à la vision du Père :

> C'est donc là, « sous le voile de la pierre », que le Verbe de Dieu invite l'âme devenue sa « compagne » à se diriger vers « l'avant-mur », comme nous l'avons déjà dit plus haut, pour contempler ce qui « ne se voit pas et est éternel », et là il lui dit : « Montre-moi ton visage », assurément pour voir si elle n'a plus rien du voile ancien sur son visage, mais si elle peut, d'un regard assuré, contempler la gloire du Seigneur, de manière à pouvoir dire elle aussi : « Et nous, nous avons vu sa gloire, une gloire que tient du Père le Fils unique, plein de grâce et de vérité » [3].

Le « voile de pierre » est interprété plus haut par Origène comme « les doctrines fermes et solides du Christ (*firma et solida Christi dogmata*) » [4]. Ce voile christique se substitue au voile des passions et rend l'âme capable de contempler la gloire du Seigneur, sans autre intermédiaire que la doctrine que le Verbe est lui-même. L'âme dans l'union au Verbe est réparée en son image qui devient ressemblance de l'Image parfaite et enfant du Père. Unie au Verbe dans ces noces mystiques, elle participe donc par cette grâce au lien unissant, dans la divinité, le Père et le Fils.

Augustin et Origène entendent donc la capacité réceptive de l'âme comme une puissance d'élévation mimétique. Cette imitation, inscrite en l'âme comme désir d'un retour de la « région de dissemblance » vers le Fils, est un mouvement réduisant jusqu'à son maximum, la différence ontologique du Créateur et de la créature.

1. *Cf.* H. Crouzel, *Théologie…., op. cit.*, p. 233.
2. Cf. *ComCt.*, IV, 2, 5, SC 376, p. 700-701.
3. *Ibid.,* 13, SC 376, p. 706-707.
4. *Ibid.*, 9, SC 376, p. 702-703.

L'*imitatio christi* n'est pas, de prime abord, un terme eckhartien. Maître Eckhart adopte et préconise, dès les *Entretiens spirituels*, une attitude de délaissement ou d'abandon plutôt que la conformation à un modèle. Pourtant, ce qu'il conceptualisera sous le terme de détachement (*Abegescheidenheit*) est une pleine imitation de l'être du Christ.

Imitation du Christ et détachement eckhartien

Le sens de capax dei *chez Maître Eckhart*

Les textes dans lesquels Maître Eckhart interprète de l'image de Dieu comme « capacité de Dieu » montre qu'il prend cette expression en un sens augustinien et non origénien :

> Augustin écrit : « Ce qui fait que l'âme est image de Dieu, c'est qu'elle est capable de Dieu », capable (*capax*) d'acquérir les perfections substantielles propres à l'essence divine : sagesse, providence, gouvernement, présidence et domination sur tout ce qui est en deçà de l'homme et de l'intelligence. Tel est le sens du présent passage : *Faisons l'homme à notre image et à notre ressemblance* [1].

Ce texte énonce deux qualités de l'image : le premier, traditionnel[2], rattache l'image, *capax Dei*, à l'idée du *dominium* originel sur la nature. La deuxième propriété réside dans la capacité de recevoir les attributs de la divinité elle-même[3] : « Elle [l'âme] est la maison de Dieu dans la mesure où elle saisit Dieu, "ce qui fait qu'elle est l'image de Dieu, c'est qu'elle est capable de Dieu" »[4].

Eckhart prend appui sur Lc 19, 41-47 : *Scriptum est : quia domus mea domus orationis est; Vos autem fecistis eam speluncam latronum*. La première interprétation donnée identifie la maison de Dieu à l'Église. La deuxième assimile la maison de Dieu à l'âme : la dignité de l'âme est sa capacité de saisir Dieu, ce qui est une nouvelle justification de la thèse augustinienne : l'âme est capable de Dieu en tant qu'image de Dieu. Les paragraphes suivants détailleront ce qu'elle peut ainsi saisir : « la fidélité ou la stabilité dans la foi », l'« humilité », la « sanctification ou la sainteté », l'« éclat de la sagesse ». Être la maison de Dieu signifie donc cette capacité d'accueillir les dons gracieux perfectionnant l'âme jusqu'à ce que, sanctifiée, elle soit digne de recevoir la lumière de la sagesse, don de l'Esprit.

> En outre, il faut aussi savoir que, comme l'enseigne le commentateur dans le *De substantia orbis*, la dimension ou la quantité, la rareté, la densité et les choses de ce genre, sont [des propriétés] communes aux corps célestes et aux corps corruptibles, néanmoins l'une et l'autre selon des notions différentes, [c'est-à-dire] selon

1. *In Gen. I*, *LW* I, p. 271, *OLME* 1, trad. mod. p. 386-387.
2. *Cf.* Augustin, *Sur la Genèse contre les Manichéens*, I, XVII, 28, *op. cit.*, BA 50, p. 222-223; *Sur la Genèse au sens littéral, livre inachevé*, XVI, 55, *op. cit.*, BA 50, p. 490-491.
3. *Cf.* Thomas d'Aquin, *ST*, Ia, q. 14 et q. 22-23.
4. *S* XXIV, 1, § 234, *LW* IV, p. 217-218; Mangin, trad. mod. p. 228.

une notion équivoque ou plutôt analogique, de telle sorte que là les dimensions suivent, tandis qu'ici elles précèdent la forme dans la matière. Ainsi, il faut dire à notre propos, qu'à bien plus forte raison, la lumière de la sagesse, sur quoi porte notre discours, est d'une toute autre notion, et qu'il faut en juger autrement que de la lumière corporelle. En effet, la lumière de la sagesse, sous la raison de la sagesse, n'est pas reçue dans les corps, non plus que dans l'âme rationnelle, comme [peut être reçue] une chose naturelle, ou un étant de la nature, mais dans le seul intellect, en tant qu'il est intellect, supérieur au « quelque chose » et « plus divin », selon que nous sommes « de la race de Dieu », Ac 17, selon que nous sommes à l'image de Dieu incréé. « Ce qui fait qu'elle est l'image de Dieu, c'est qu'elle est capable de Dieu », comme le dit Augustin. La raison est donc manifeste, pour laquelle la lumière de la sagesse ne peut s'éteindre : c'est par cela même qu'elle est reçue par l'intellect[1].

Le début de ce texte du *Commentaire de la Sagesse*, distingue, en suivant Averroès les corps corruptibles du monde sublunaire des corps célestes du monde supralunaire, qui ont chacun en leur ordre leur propre forme. Eckhart s'appuie sur l'analyse averroïste des dimensions indéterminées (*indeterminatae*) dans le *Sermo de substantia orbis*. Selon Averroès (et certains commentateurs du XIIIe siècle, dont Godefroid de Fontaines), la matière est pourvue d'une quantité de matière indéterminée, mais divisible ; c'est pourquoi elle peut devenir multiple et être le principe d'individuation des substances composées : elles « précèdent la forme dans la matière ». En revanche, les substances spirituelles ne peuvent pas dépendre de la matière pour être individuées, elles sont donc individuées par leurs formes propres. Ce n'est pas seulement l'équivocité entre ces deux concepts de dimension, mais le caractère premier de la forme, qui constitue la source de la comparaison eckhartienne. Dans les paragraphes précédents, Eckhart a défini la lumière de la sagesse (*lumen sapientiae*) comme le propre de la sagesse participante, reçue par l'âme, à la différence de la lumière divine participée et incréée (*lux increata*)[2]. Cette lumière transcendante, qui nous donne d'être participants de la lumière divine incréée, n'est reçue ni par le corps, ni par la raison en tant que puissance créée et déterminée de l'âme, mais par le seul intellect, *en tant qu'intellect*, à savoir, en tant qu'il est image divine de Dieu[3]. La « capacité de Dieu » est donc ici identifiée à l'image de Dieu en l'âme : pur intellect, elle est capable de recevoir la lumière de la sagesse divine. Être « capable de Dieu » est interprété par Eckhart comme la capacité que possède l'intellect, en raison de sa nature divine, de devenir participant de Dieu ; en effet, seul le semblable peut connaître le semblable : la transcendance de la forme est accessible à la seule transcendance de l'intellect. Le § 95, et plus loin, le § 261 le confirmeront, en s'appuyant sur Platon : « C'est ce qui fait que Platon prouve que l'âme est immortelle, par le fait qu'elle est capable de la sagesse et en est le sujet »[4].

1. *In Sap.*, § 94, *LW* II, p. 427-428.
2. Cf. *ibid.*, § 92-93, *LW* II, p. 425-427.
3. *Cf.* J. Casteigt, *Connaissance et vérité…*, *op. cit.*, p. 290-301.
4. *In Sap.*, § 95, *LW* II, p. 429. Cf. *Ibid.*, § 261, p. 593.

Platon prouve que l'âme est immortelle à partir de son appartenance au monde immuable des Formes : de même nature que lui, l'âme qui se sera efforcée tout au long de sa vie terrestre de se délier des passions, de mener la vie vertueuse et contemplative du philosophe, sera assimilée, en raison de ses efforts propres, à ce à quoi elle est apparentée par nature [1]. De même, l'intellect eckhartien est capable de Dieu au sens où, en se tournant vers Dieu et en se disposant à le recevoir, il reçoit, en raison de sa parenté avec lui, la lumière de la sagesse.

> [...] les biens temporels ne sont pas de vrais biens : le temps et l'indigence en font des biens, et c'est pourquoi ils ne rendent pas bon ou meilleur, comme on dit, et ils ne sont pas toujours utiles, mais souvent nuisibles, ils ne rendent pas plus parfaits ceux qui les possèdent, mais souvent les corrompent. Il en va autrement des biens spirituels : « la vertu en effet », comme le dit le philosophe, « rend bon qui la possède et rend bonne son œuvre ». À l'inverse, si les biens temporels rendaient bon celui qui les possède, de toutes façons, c'est le coffre [l'enveloppe] qu'ils rendraient bon, et non l'âme. [...] Comment en effet pourrait combler, intérieurement s'entend, ce qui demeure extérieur et non pas intérieur, sans entrer jamais ? En outre, comment ce qui est incomparablement plus petit que l'âme pourrait-il [la] combler ? Comme le dit le philosophe, « l'âme est en quelque sorte toute chose », et « ce qui fait qu'elle est l'image de Dieu, c'est qu'elle est capable de Dieu », comme le dit Augustin. « Comment un unique grain pourrait-il combler ce qui est capable de dix mille et dix mille fois dix mille ? » Chrysostome dit aussi au même endroit que celui qui désire ceci et cela, quand bien même ce serait des choses spirituelles, ignore ce qu'il désire. Aussi doit-il abandonner (*committere*) cela, sincèrement et absolument, à la volonté divine ; en effet, notre Père sait de quoi nous manquons, ce qui nous est nécessaire, Mt 6. Car, souvent, nous prenons pour du pain ce qui est pierre de scandale, comme cela a été dit plus haut [2].

Les biens temporels et terrestres ne sauraient, en raison de leur nature même, rassasier et combler l'âme. L'extérieur reste dissemblable de l'intérieur. Augustin est ici associé à deux autres références. Le passage du *Traité de l'âme* d'Aristote invoqué ici est un rappel de la nature méontologique et réceptive de l'âme intellective [3]. Il est associé à saint Jean Chrysostome qui dans l'homélie XVIII du *Commentaire de l'Évangile selon saint Matthieu* [4], engage les fidèles à l'amour des ennemis, selon le modèle qu'en offre le Christ, en abandonnant toute volonté propre à la volonté divine. L'expression *capax Dei* se dit donc de l'âme intellective, apte à recevoir Dieu une fois libérée et détachée de toute volonté propre.

Il est remarquable que la doctrine du détachement soit fondée sur deux autorités philosophiques convoquant ainsi une métaphysique fondatrice. Avec Aristote, Eckhart répète que l'âme n'est rien pour pouvoir être tout ;

1. Cf. *Le Phédon*, 84a-b, trad. fr. M. Dixsaut, Paris, GF-Flammarion, 1991, p. 250-251.

2. *In Ioh.* § 610, *LW* III, p. 532-533.

3. *Cf.* Aristote, *Traité de l'âme*, 431b21, *op. cit.*, p. 86 : « Nous dirons à nouveau que l'âme est, en un sens, tous les êtres. »

4. *Opus imperfectum in Matth., hom.* 18, *PG* 56, col 732.

conséquemment, dans l'ordre éthique, ce qui compte n'est pas l'acte vertueux extérieur, mais la disposition intérieure vertueuse qui y préside[1].

Être capable de Dieu pour Eckhart consiste à se rendre réceptif aux dons gracieux divins afin de participer aux attributs de l'essence divine. Cela passe par un abandon de la volonté humaine et une conversion vers la lumière divine, seule capable de combler, parce qu'elle lui est connaturelle, l'âme de l'homme. Il s'agit donc de réduire l'espace de dissemblance entre Dieu et l'homme, espace qui, au contraire, s'élargit à chaque fois que l'homme n'abandonne pas sa volonté propre.

C'est ce parcours de délaissement progressif et d'abandon de sa volonté propre au bénéfice de celle de Dieu qu'énonce le *Traité de l'homme noble*, en réduisant au nombre de six les sept étapes de progression intérieure décrite par Augustin dans le *De vera religione*[2] :

> Le premier degré de l'homme intérieur, de l'homme nouveau dit saint Augustin, c'est quand l'homme vit à l'imitation (*Vorbilde*) des hommes bons et saints, mais qu'il marche encore en se tenant encore aux chaises et aux murs et se nourrit encore de lait.
>
> Le second degré, c'est qu'au lieu d'avoir les yeux fixés uniquement sur des modèles extérieurs ou sur les gens de bien, il court et se hâte maintenant vers les enseignements et les conseils de Dieu et de la Sagesse divine, qu'il tourne le dos à l'humanité et, la face vers Dieu, quitte le giron de sa mère et sourit au Père céleste.
>
> Au troisième degré, l'homme se soustrait de plus en plus à sa mère et s'éloigne de plus en plus du giron maternel, échappe au souci et rejette toute crainte, au point que s'il avait la possibilité de faire le mal ou de porter tort à quelqu'un sans en recevoir pour autant aucun dommage, il n'en aurait pourtant aucune envie; par l'amour il est, en effet, lié à Dieu dans un zèle constant, jusqu'à ce que Dieu l'ait placé et établi dans la joie, la douceur et la béatitude là où lui répugne tout ce qui est dissemblable et étranger à Dieu.
>
> Au quatrième degré, l'homme croît et s'enracine de plus en plus dans l'amour et en Dieu, au point d'être toujours prêt à assumer, de bon gré et de bon cœur, avidement et joyeusement toutes sortes de contrariétés et d'épreuves, l'adversité et la souffrance.
>
> Au cinquième degré, l'homme vit absolument reclus en lui-même, dans la paix, reposant tranquille dans la richesse et la surabondance de la plus haute et indicible sagesse.
>
> Au sixième degré, l'homme est dépouillé de lui-même et transformé par l'éternité de Dieu, quand il est parvenu à l'entier et complet oubli de la vie temporelle avec tout ce qu'elle a de périssable, il a été entraîné et transfiguré en une image divine et est devenu un enfant de Dieu. Il n'y a pas d'autre degré, de degré supérieur; là est le

1. Cf. *Éthique à Nicomaque*, II, 5, 1106a22, *op. cit.*, p. 102-103 : « Si donc il en est ainsi dans tous les cas, l'excellence, la vertu de l'homme ne saurait être qu'une disposition par laquelle un homme devient bon et par laquelle son œuvre propre sera rendue bonne. »

2. Cf. *De vera religione*, XXVI, 49, trad. fr. J. Pegon, Paris, Desclée de Brouwer, 1951, BA 8, p. 92-93.

repos éternel et la béatitude. Car la fin dernière de l'homme intérieur et de l'homme nouveau est la vie éternelle [1].

Le texte décrit les étapes d'une intériorisation progressive en analogie avec les âges de la vie. Il reprend, somme toute, le modèle classique que l'on trouve déjà chez Origène des débutants, progressants et accomplis [2]. L'imitation des saints est la première étape. Conçue comme adhésion de la volonté à des modèles extérieurs, elle est vite abandonnée au profit des autres étapes. L'imitation des saints en effet correspond – avec allusion à saint Paul – au stade des débutants charnels se nourrissant de lait, qui n'ont pas encore accès à l'esprit [3]. Cela ne signifie pas que la sainteté ne réalise pas le vœu divin de la béatitude : c'est à chacun de percevoir, en son intimité, les souhaits divins. La volonté divine est universelle, mais se donne à une personne dans sa dimension singulière.

La deuxième étape décrit encore une forme d'extériorité puisque la volonté qui se règle sur les enseignements et conseils divins, en use afin de quitter son attachement terrestre (le « giron de sa mère ») : à ce niveau, l'homme a encore besoin d'un but donné à sa volonté. Il n'est pas encore libre et vide des représentations extérieures. Il envisage encore Dieu d'un point de vue terrestre et créé, en étant attaché aux commandements et enseignements divins.

La troisième étape se situe encore sur le plan de la vertu : ne plus avoir de désir contraire à ce qui m'apparaît comme bon – la définition même de la vertu comme disposition acquise selon Aristote.

Le quatrième degré est le début du détachement ; néanmoins, l'âme n'est pas encore dans une disposition d'apathie ou de délaissement qui lui ferait considérer toutes les choses qui lui adviennent comme égales. Elle vit encore la douleur et la souffrance. Le cinquième degré est, en revanche, le véritable détachement, la sérénité sur terre d'une âme pleinement présente à elle.

Le sixième degré est le détachement à son stade ultime d'union bienheureuse. L'homme est « noble » lorsque, entièrement dépouillé de lui-même, il est transfiguré « en une image divine ». La semence divine jetée en son âme a alors atteint son plein déploiement, l'être de la créature ayant totalement disparu.

Un point est remarquable : alors qu'Augustin distingue la béatitude *in via* de celle que l'on aura *in patria,* Maître Eckhart ne fait pas cas de cette distinction et permet l'accès à la béatitude dès ici-bas. Il n'y a entre les deux béatitudes qu'une différence de durée et d'intensité et non de nature.

1. *THN, DW* V, p. 499-500, Libera, p. 175-176.

2. Cf. *ComJn.*, I, 18, 198-200, II, 3, 22-33, SC 120, p. 158-159 et p. 220-229 ; H. Crouzel, *Origène et la..., op. cit.*, p. 474-493.

3. Cf. *S.* 49, *DW* II, p. 449, A.-H. 2, p. 124, [*S.* 21] : « Remarquez-le bien ! Ni Jean ni aucun parmi tous les saints ne nous est proposé comme une fin que nous devrions suivre, ou comme un but limité au-dessous duquel nous devrions rester. Le Christ, Notre-Seigneur, est notre seule fin que nous devons suivre [...] ».

*Le détachement, forme suprême de l'*imitatio Christi

L'imitation des saints, alors qu'elle était considérée comme une véritable initiation formatrice chez Origène [1], caractérise une vie de débutant et de novice. Eckhart y voit le risque de l'attachement au modèle et, pis encore, à soi-même en tant qu'auteur d'actes justes et bons.

Eckhart prolonge la réflexion sur l'imitation en lui donnant le nom de « détachement ». Il insiste sur le fondement métaphysique de l'imitation en liant kénose divine et abandon de l'ego. Ce sont certainement les *Entretiens spirituels*, « *Entretiens que le vicaire de Thuringe, prieur d'Erfurt, frère Eckhart, de l'ordre des Frères Prêcheurs, eut avec des fils spirituels qui lui posaient maintes questions pendant leurs discussions du soir* » [2] qui, en raison de leur forme, précisent le mieux le rapport à l'imitation préconisé par Eckhart. Confronté à des questions pratiques de spiritualité, Eckhart donne aux novices, à ses « enfants » des conseils ou instructions qui nous sont livrés sous la forme d'un manuel : il remplit parfaitement dans ce texte son rôle de *Lebemeister* et de *Lesemeister*.

Les *Entretiens spirituels*, distribués en vingt-trois chapitres, commencent avec la question de l'obéissance pour développer ensuite, chapitre par chapitre, des analyses sur les différentes vertus, qui, règles des ordres monastiques, peuvent être étendues à tous les hommes [3]. L'*imitatio christi* est à l'origine de toutes les règles monastiques et conventuelles qui tentent de reproduire et d'imiter le mode de vie évangélique qui était celui du Christ. Au XIIe et XIIIe siècles, elle prit de nouvelles formes, telles l'*amor carnalis christi* chez Bernard de Clairvaux.

C'est pourquoi les chapitres 1 à 8 traitent des vœux prononcés par les futurs dominicains lors de leur entrée dans l'ordre [4]. Eckhart ne fait pas le lien entre la discipline monastique et l'imitation du Christ. Une des raisons est qu'il n'entend pas parler seulement aux clercs, mais qu'il souhaite donner une portée universelle à son propos. Si son discours s'ancre dans la vie pratique et quotidienne de l'ordre dominicain, sa portée est universelle : au fur et à mesure des chapitres se constitue une véritable métaphysique. Obéissance, pauvreté, humilité, etc. ont, certes, une portée pratique ; mais ce qui intéresse Eckhart est ce qui les constitue métaphysiquement comme de véritables vertus et l'attitude conséquente que l'on doit avoir pour pouvoir les posséder en vérité et non pas seulement de manière extérieure. Ainsi, l'obéissance n'est-elle pas envisagée dans son aspect monastique et ascétique ; très vite, elle est associée au thème de l'abandon de sa volonté propre à la volonté divine : « Si l'homme sort (*ûzgat*) de lui-même dans l'obéissance, Dieu doit nécessairement entrer (*îngân*) en lui ; pour celui qui ne veut rien pour lui-même, Dieu doit vouloir de la même manière que pour lui-même [...] » [5].

1. Cf. *ComMt.*, X, 15, SC 162, p. 206-207.
2. *E.S.*, suscription, *DW* V, p. 185 ; Libera, p. 77.
3. *Cf.* K. Ruh, *Maître Eckhart*..., *op.cit.*, p. 37-38.
4. Eckhart ne mentionne pas cependant la chasteté.
5. *E.S.*, I, *DW* V, p. 187 ; Libera, p. 78.

La véritable obéissance consiste donc à « sortir » de soi afin de laisser la place libre pour Dieu, à « délaisser » sa volonté propre pour être soi-même le lieu de la volonté divine. À la sortie hors de soi correspond, en parallèle, l'entrée de Dieu. Ce n'est donc pas tant l'homme qui veut, à partir de sa volonté individuelle, que la volonté divine se manifeste en elle. L'obéissance véritable se trouve dans l'accomplissement de la volonté divine par l'abandon à Dieu de toute forme de volonté particulière, déterminée et créée. Plus : l'abandon ou le délaissement de sa volonté propre *contraint* Dieu à vouloir pour l'homme, de la même manière qu'il veut pour lui-même. Dieu ne peut que se saisir de l'homme comme suppôt de sa manifestation.

Le deuxième chapitre fait une analyse analogue : la véritable prière n'est pas celle qui sort de ma volonté ou de mon désir, mais d'un esprit libre (*ledic gemüte*) : « Un esprit libre est celui qui n'est troublé par rien et n'est attaché à rien, qui n'a lié le meilleur de lui-même à aucun mode et ne songe en rien à ce qui est sien ; complètement englouti dans la très chère volonté de Dieu, il est sorti (*ûzgegan*) de lui-même »[1].

En mentionnant l'« esprit libre », Eckhart s'empare d'un vocable marqué du danger de l'hérésie. Il y a une allusion certaine au courant du Libre Esprit auquel les inquisiteurs ont rattaché Marguerite Porète[2]. De fait, s'il y des concordances doctrinales, ni Marguerite Porète, ni Maître Eckhart ne parlent d'une divinisation dont l'âme seule serait l'actrice. L'esprit libre et la théogénésie sont les fruits du don gracieux de Dieu et non d'un homme qui entendrait *se faire* Dieu[3]. L'esprit vide et libre est l'âme capable de Dieu, capable de recevoir la volonté divine et toutes les perfections essentielles de la sagesse divine. Un tel esprit est le don de la grâce. Dans le troisième chapitre, Eckhart précisera comment atteindre cette libre vacuité :

> Commence donc tout d'abord par toi-même et laisse-toi (*lâz dich*). En vérité, si tu ne te fuis pas d'abord toi-même, tu auras beau fuir où tu voudras, tu trouveras des obstacles et de l'inquiétude partout. Certains cherchent la paix dans les choses extérieures, dans le choix d'un lieu de retraite, dans telle façon de faire, dans la société des hommes ou dans les œuvres, dans l'abandon de leur patrie, dans la pauvreté ou l'abaissement, – quelle qu'en soit la grandeur ou la nature, tout cela, pourtant, ne compte pas et ne donne pas la paix. Ils cherchent fort mal ceux qui cherchent ainsi[4].

L'optique eckhartienne est de tonalité augustino-plotinienne : le maître nous engage à la fois à une pratique de conversion et de retour en soi et à une forme de

1. *E.S.*, II, p. 190 ; Libera, p. 79.

2. *Cf.* O. Boulnois, « Qu'est-ce que la liberté de l'esprit ? La parole de Marguerite et la raison du théologien », dans S. L. Field, R. E. Lerner, S. Piron (dir.), *Marguerite Porète et* le Miroir des simples âmes. *Perspectives historique, philosophiques et littéraires*, Paris, Vrin, 2013, p. 127-154.

3. *Cf.* R. Guarnieri, *Il movimento del Libero Spirito, testi e documenti*, Roma, Edizioni di Storia e Letteratura, 1965.

4. *E. S.*, III, p. 193-194 ; Libera, p. 80.

libération purificatrice vis-à-vis de l'insertion native de notre moi créé dans le monde extérieur. Eckhart est clair et incisif : tout ce qui relève de l'action extérieure, des œuvres ou de la recherche de conditions de spiritualité optimales, tout cela est néant si l'on ne s'est pas délaissé, abandonné à la volonté de Dieu. L'imitation des saints, voire une certaine imitation servile et mal comprise du Christ, en fait partie. La même logique peut s'y appliquer : l'imitation en effet peut se cantonner à n'être qu'une conformation extérieure à un modèle, fruit de sa volonté propre, qui a pour conséquence une forme d'attachement, non seulement au modèle, mais aussi à soi-même.

Pourtant, dans les propos d'Eckhart concernant l'obéissance et l'abandon de sa volonté propre, on ne peut pas ne pas voir, sous-jacent, l'abandon de la volonté du Christ à celle du Père, tel qu'on le trouve en Mt 26, 39 : *Pater si possibile est transeat a me calix iste verumtamen non sicut ego volo sed sicut tu* et 26, 42 : *Pater mi si non potest hic calix transire nisi bibam illum fiat voluntas tua.* Cet abandon de la volonté humaine du Christ à celle du Père est ce à quoi nous devons nous conformer. Il est le cœur de la kénose divine : le Christ accepte l'abaissement de sa nature divine jusque dans l'acquiescement à son martyre. Cette forme d'imitation concerne la Passion, ou, plus précisément ce qui dans la Passion relève de la « prière d'agonie ». Ce cadre théologique, usuel aux XIIIe et XIVe pense la conformation de la volonté humaine du Fils à celle du Père qui pose d'épineuses questions théologiques concernant la nature théandrique du Fils et fonde théologiquement le « pâtir Dieu » dionysien [1].

C'est pourquoi le chapitre 16, traitant de la pénitence, distingue la pénitence accomplie au moyen des actes extérieurs, simulacre de pénitence dans l'implication qu'elle suppose de notre propre *ego*, et la véritable pénitence dont le modèle est la Passion du Christ, l'abandon de son moi humain propre :

> Beaucoup de gens estiment qu'ils doivent accomplir de grandes œuvres extérieures : jeûner, marcher pieds nus, etc., faire ce qu'on appelle pénitence. Mais la véritable pénitence, la meilleure de toutes, par laquelle on s'amende puissamment et au plus haut point, c'est que l'homme se détourne radicalement et totalement de tout ce qui n'est pas complètement Dieu ni de nature divine en lui-même et dans toutes les créatures, et, de façon inébranlable, fasse un retour total et parfait vers Dieu, de façon que sa ferveur et son désir soient grands. L'œuvre que tu fais avec le plus de dispositions semblables est aussi celle où tu es le plus juste. [...] Telle est la vraie pénitence. Elle nous est enseignée surtout et de façon la plus profitable par la chère Passion, la Pénitence parfaite de Notre-Seigneur Jésus-Christ. [...] [2].

Les actes de pénitence sont renvoyés à l'intention qui les préside : c'est elle qui permet de les mesurer axiologiquement et ontologiquement et de décider s'ils sont de véritables actes de contrition. La mesure n'est pas donnée par la quantité

1. *Cf.* Thomas d'Aquin, *ST*, IIIa, Cerf, t. 4; *Question Disputée sur l'union du Verbe incarné*, trad. fr. M.-H. Deloffre, Paris, Vrin, 2000. Le théandrisme rend possible la conformation.

2. *E. S.*, XVI, p. 244-247; Libera, p. 101-102.

ou la qualité des actes effectués, mais par la nature de la disposition qui initie l'action. Eckhart ne demande pas grand-chose mais il demande tout : s'abandonner soi-même afin de s'unir à la volonté christique et ce, *jusqu'à la Passion*. La « naissance du Verbe en l'âme » ne peut se faire qu'à cette condition : que l'homme assimile sa volonté à celle du Christ dans la « prière d'agonie », qu'il se renonce lui-même en étant assimilé à la Croix. C'est ici que réside la plus pure des pauvretés.

Le sermon 52 prend appui sur Mt 5, 3 : *Beati pauperes spiritu quoniam ipsorum est regnum caelorum*. Dans un esprit similaire aux *Entretiens spirituels*, mais néanmoins plus corrosif, il qualifie d'« ânes » ceux qui, aux yeux du monde, passent pour des « saints ». Ceux-ci ne sont pas pauvres, qui restent encore attachés à la mise en pratique de leur volonté[1]. Mais ce sermon se distingue encore par sa radicalité : « Celui-là est un homme pauvre qui ne veut rien, ne sait rien et n'a rien »[2]. Ne rien vouloir, ce n'est plus seulement rejeter les biens proposés à la volonté, ni même, rejeter sa volonté, mais plus encore; ne pas vouloir la volonté de Dieu, en tant que cette volonté divine est perçue du point de vue de l'extériorité créée[3]. La même radicalité est appliquée au savoir. Il ne s'agit pas seulement de vivre en ne sachant pas pourquoi l'on vit, afin de laisser vivre Dieu en soi. Plus : il faut vivre sans savoir si Dieu vit en soi, et comment il y vit[4]. Ne rien avoir enfin ne consiste pas seulement à se libérer de toute possession matérielle, ni même à se libérer de la possession d'un moi pour laisser place à Dieu. Par rapport aux *Entretiens spirituels*, il y a un passage à la limite de ce qui peut être pensé et dit de la pauvreté : de même que l'on ne doit rien vouloir, pas même la volonté divine, de même que l'on ne doit rien savoir, pas même la science divine, il nous faut ne rien avoir, pas même un support ou un lieu pour l'opération divine : non pas moi, mais Lui.

> Ce que Dieu cherche dans ses opérations, ce n'est point que l'homme ait en lui un lieu où Dieu puisse opérer; car il n'y a vraiment pauvreté en esprit que lorsque l'homme est à tel point libéré de Dieu et de toutes ses œuvres que Dieu, s'Il voulait opérer dans l'âme, devrait être Lui-même le lieu de son opération (*daz er selbe sî diu stat, dar inne er würken will*)[5].

L'homme pauvre est donc l'image de Dieu, l'image telle que nous en avons donné les caractéristiques. Il est le reflet ou le miroir poli et scintillant de la divinité. Il n'est pas le lieu où Dieu opère, mais il est lui-même Dieu, et Dieu n'a pas d'autre lieu que Dieu. La créature n'est pourtant pas anéantie ou dissoute en tant que telle ; elle reste, par sa nature créée, le support de la manifestation de Dieu. L'anéantissement en Dieu n'est pas l'annihilation de la conscience. Eckhart le rappelle souvent :

1. *S.* 52, *DW* II, p. 489 ; Libera, p. 349, [*S.* 18].
2. *Ibid.*, p. 488 ; Libera, p. 349.
3. Cf. *Ibid.*, *DW* II, p. 491-492 ; Libera, p. 350.
4. Cf. *Ibid.*, p. 494-495 ; Libera, p. 351.
5. *Ibid.*, p. 450 ; Libera, p. 353.

> Je l'ai dit bien des fois déjà : quelqu'un serait-il dans le ravissement comme jadis saint Paul, s'il apprenait qu'un infirme a besoin d'un peu de soupe qu'il pourrait lui donner, j'estime qu'il ferait bien mieux de renoncer, par charité, à son ravissement, et de servir l'indigent avec plus d'amour [1].

Si les œuvres ne sanctifient pas, elles restent néanmoins le signe de la véritable pauvreté en manifestant non pas ma volonté propre, mais l'agir divin à travers moi. La contemplation ne justifie aucune fuite du monde et de nos devoirs. C'est ici que la christologie eckhartienne se déploie comme ontologie du moi :

> La plus grande perfection, c'est que l'homme extérieur soit totalement maintenu. [Il l'est], du fait que l'être personnel [du Christ] lui prête son suppôt, tout comme la divinité et l'humanité sont un seul être personnel dans le Christ. Ainsi, en lui, je possède le suppôt de son être personnel (*in dem selben understantnisse habe des persönlichen wesens*); je deviens moi-même cet être personnel (*daz ich daz persönlich wesen selber si*), niant totalement la compréhension que [en dehors de lui] je puisse avoir de moi-même. De cette façon je suis spirituellement « un » selon mon [propre] fond, tout comme le fond [divin] est « un ». Voilà comment, selon l'être extérieur, je suis le même être personnel, totalement privé de de mon propre suppôt [2].

La mystique en son acmé est l'assomption de l'homme, corps et âme, par un seul sujet, celui qu'est le Christ. Le détachement n'est rien d'autre que l'imitation de la pauvreté du Christ, entendue au sens ontologique. Seul l'homme Jésus est médiateur, parce que lui seul est homme *et* Dieu. C'est la chair du Christ, son humanité qui, soutenant la nôtre, nous conduit à sa divinité, *notre* divinité. À la pauvreté de l'homme répond l'extrême dénûment ontologique d'un Dieu abaissé. L'être du Christ sustente mon être anéanti : par la grâce de son union hypostatique, il supporte mon incarnation. Image parfaite du Père, il réalise par sa mission temporelle en l'âme de l'homme, l'union de l'homme à Dieu : en notre âme, il peut naître et nous rendre fils en Lui.

1. *E.S.*, X., *DW* V, p. 221 ; Libera, p. 92.
2. *S.* 67, *DW* III, p. 134 ; A.-H. 3, p. 50, [*S.* 54] ; *Cf.* A. de Libera, *La mystique rhénane…, op. cit.*, p. 256.

CHAPITRE X

LA NAISSANCE DU VERBE DANS L'ÂME OU LA DIVINISATION

> Le plus grand don que nous ayons reçu de Dieu, c'est que nous soyons enfants de Dieu et qu'il engendre son Fils en nous (*daz wir gotes kint sîn und daz er sînen sun in uns geber*). L'âme qui veut être enfant de Dieu, et dans laquelle doit naître le Fils de Dieu, rien d'autre ne doit s'y engendrer. Engendrer, voilà le plus haut dessein de Dieu. Il n'est jamais satisfait avant d'avoir fait naître son Fils en nous. Et l'âme, de son côté, n'a de satisfaction en rien tant que le Fils de Dieu n'est pas né en elle [1].

Dans cette amorce du sermon allemand 11, Eckhart livre la quintessence de sa pensée métaphysique et mystique, nous révélant un Dieu personnel, qui engendre le Fils éternellement. Le désir humain de Dieu, la nostalgie de la nature incréée qui constitue l'être véritable est en même temps l'appel d'un Dieu-Père, afin de devenir Fils dans le Fils.

LE CHRIST MÉDIATEUR

La pensée eckhartienne de la divinisation est tout entière centrée sur la personne du Christ, du Fils éternel qui s'est fait homme. L'homme ne peut être fait Dieu par la grâce qu'en raison de ce don divin : parce que Dieu, dans son amour, a consenti à la kénose, l'homme, peut, en retour, être surélevé et divinisé. Le Christ est pleinement médiateur : conciliant dans l'unité de sa personne la divinité et l'humanité, il est celui qui permet à l'homme de participer à la vie essentielle, intratrinitaire, de la divinité. Ainsi, la grâce de l'Incarnation est en vue de la grâce d'inhabitation, le Verbe-Fils s'étant fait chair afin que nous soyons, par adoption, ce même Fils, frères du Christ. Souvenons-nous de la formule

1. *S.* 11, *DW* I, p. 176-177 ; Libera, p. 289, [*S.* 76].

d'Origène : « À quoi peut vous servir, en effet, que le Christ soit jadis venu dans la chair, s'il n'est pas venu aussi jusqu'en votre âme ? » [1].

Eckhart la reprend mot pour mot au § 117 du *Commentaire de l'Évangile de Jean*[2] et l'associe avec celle, tout aussi célèbre, de Maxime le Confesseur : « devenir par grâce ce que Dieu est par nature »[3]. Il fonde sur elles une métaphysique de la divinisation. Nous pouvons lire ainsi dans le *Commentaire de Jean*, pour l'exégèse de Jn 1, 12-13 : *Quotquot autem receperunt eum, dedit eis potestatem filios dei fieri, his qui credunt in nomine eius : qui non ex sanguinibus neque ex voluntate carnis, neque ex voluntate viri, sed ex deo nati sunt :*

> Le premier fruit de l'Incarnation du Christ, Fils de Dieu est que l'homme soit par grâce d'adoption (*per gratiam adoptionis*) ce qu'il est, lui, par nature, selon ce qui est dit ici : *Il leur a donné le pouvoir de devenir fils de Dieu*, et Co 3 : « Le visage découvert, réfléchissant comme en un miroir la gloire du Seigneur, nous sommes transformés en la même image de clarté en clarté » [4].

Et, plus loin, l'exégèse de Jn 2, 1 : *Et die tertia nuptiae factae sunt in Cana Galilaeae* :

> Il faut noter que de même que la matière est pour la forme, le corps pour l'âme, la femme pour l'homme – « l'homme en effet est la tête de la femme », 1 Co. 11, 3, ainsi – « le Verbe s'est fait chair » afin d'habiter en nous. D'où ce que dit Augustin au livre IV, chap. 20 de *La Trinité* : « puisque le monde, avec sa sagesse, n'a pu connaître Dieu sous le régime de la sagesse de Dieu », « il a plu à Dieu », « que le Verbe se fasse chair et habite en nous ». De là vient que, ayant parcouru ces choses qui devaient être dites par la raison du Verbe au premier chapitre, aussitôt dans le second chapitre Jean commence à parler des noces entre Dieu et l'âme, à la manière dont le Verbe fait chair habite en nous, disant : *Il y eut des noces à Cana, en Galilée*[5].

1. *HomLc.*, XXII, 3, SC 87, p. 302-303. Le thème de la naissance de Dieu en l'âme a connu un succès certain au XIIe siècle ; Bernard de Clairvaux dans le cinquième sermon sur l'Avent décrit trois venues du Christ : 1) dans la chair, 2) à la fin des temps 3) dans l'âme du fidèle. C'est le thème du « *medius adventus* ». *Cf.* Bernard de Clairvaux, *Sermons pour l'année*, SC 480, t. 1, trad. fr. M.-I. Huille, Paris, Cerf, 2004, p. 168-175 ; C. Stercal, *Il* « Medius adventus ». *Saggio di lettura degli scritti di Bernardo di Clairvaux*, Roma, Editiones Cistercienses, 1992.

2. Cf. *In Ioh.*, § 117, *LW* I, p. 101-102 ; *OLME* 6, p. 230-233 : « Il faut remarquer que, ainsi qu'on l'a dit plus haut, le premier fruit de l'incarnation du Verbe, qui est le Fils de Dieu par nature, est que nous soyons fils de Dieu par adoption. Car il serait de peu de prix pour moi que le Verbe se fût fait chair pour l'homme dans le Christ – en supposant qu'il soit séparé de moi – s'il ne s'était pas aussi fait chair en moi personnellement, afin que moi aussi je sois fils de Dieu. »

3. *Questions à Thalassios*, t. 1, Question 22, trad. fr. F. Vinel, Paris, Cerf, 2012, SC 529, p. 262-263. Cf. *OLME* 6, « Note complémentaire n° 5 » : « Être par grâce ce que Dieu est par nature » ; É.-H. Wéber, « Maître Eckhart et la grande tradition théologique », *in* H. Stirnimann, R. Imbach (Hrsg.), *Eckardus Theutonicus, homo doctus et sanctus,* « Dokimion » 11, Fribourg, Universitätsverlag, 1992, p. 97-105.

4. *In Ioh.*, § 106, *LW* III, p. 90-91 ; *OLME* 6, p. 206-209.

5. *Ibid.*, § 285, p. 238-239.

L'Incarnation est d'emblée pensée dans les termes origéniens des noces entre l'âme et Dieu, tel que le *Commentaire sur le Cantique des Cantiques* l'a développé. La reprise d'Origène est très claire, avec appui sur Jn 2, 1 : Dieu se fait homme afin que l'âme puisse s'unir au Verbe incarné. Eckhart l'explicite dans les termes de l'hylémorphisme aristotélicien [1] : de même que la matière est pure indétermination et attend d'être informée par la forme afin de constituer un tout substantiel, de même, nous accédons à la complétude de notre être par l'Incarnation. De même que dans l'union, femme et homme ne forment plus qu'un, de même, dans les noces spirituelles le Verbe-mari et l'âme-épouse sont un : « Car le Verbe de Dieu ne la dirait "ma compagne" pour aucun autre motif que si elle s'était unie à lui et était devenue avec lui "un seul esprit" et il ne la dirait "belle" que s'il avait vu son image "se renouveler de jour en jour" » [2].

Le paragraphe suivant poursuit dans un même esprit :

> Il faut savoir que peuvent être distinguées trois noces (*nuptiae*) : d'abord les noces charnelles, et celles-ci ont un père et une mère en ce monde. À leur sujet il est écrit ici au sens littéral : *il y eut des noces*. Deuxièmement il y a les noces entre Dieu et notre nature, et celles-ci ont un père dans le ciel, mais une mère en ce monde. Il est écrit à leur sujet : « le Verbe s'est fait chair ». Troisièmement, il y a les noces entre Dieu et l'âme, au sujet desquelles il est écrit : « et il a habité en nous ». Ces noces n'ont ni père ni mère en ce monde, selon ce qui est dit plus bas en Jean 14, 30 : « le prince de ce monde n'a rien en moi », à savoir ni père ni mère dans ce monde ; et plus bas, au chapitre 17 il dit au sujet des apôtres : « vous n'êtes pas du monde, de même que moi je ne suis pas du monde » [3].

Eckhart déploie ici, à propos de ce même thème origénien, les trois sens que l'on peut donner aux « noces » : le littéral, l'allégorique, le tropologique ou mystique. Les premières noces concernent les noces charnelles et la génération naturelle. Le terme de « noces » sert en deuxième lieu à caractériser le théandrisme christique et fait allusion à la Vierge, épouse et mère de Dieu. Les troisièmes noces sont celles entre Dieu et l'âme, décrites par Eckhart au moyen du verset 15 du Prologue de Jean, *et habitavit in nobis* comme une inhabitation. Pour que Dieu habite en nous, pour être digne de telles noces spirituelles, l'homme, l'homme extérieur, doit être mort au monde et à toute attache mondaine. Le § 288 conclura :

> Au sujet des secondes noces il faut remarquer que Dieu-Verbe, le Fils, a assumé la nature humaine, pour nous enseigner que nous pouvons devenir les fils de Dieu, [comme il le dit] ci-dessus en premier : « il leur a donné le pouvoir de devenir les

1. *Cf.* Aristote, *Traité de l'âme*, II, 1, 412b 4-6, *op. cit.*, p. 68 : « Si donc c'est une définition générale, applicable à toute espèce d'âme, que nous avons à formuler, nous dirons que l'âme est l'entéléchie d'un corps naturel organisé. »

2. *ComCt.*, IV, 2, *SC* 376, p. 678-681.

3. *In Ioh.*, § 286, *LW* III, p. 239-240.

fils de Dieu » ; et plus loin au même endroit : « le Verbe s'est fait chair et il a habité en nous »[1].

Le vocabulaire mystique du *Cantique des cantiques*, tel qu'une longue tradition l'a interprété à la suite d'Origène sert à Eckhart pour décrire l'union des deux natures réalisée en la personne du Christ, puis, celle qui lui fait suite : l'union de l'âme à Dieu.

Les aspects historiques ou purement humains du Christ intéressent peu Eckhart; métaphysiquement, l'important n'est pas l'humanité du Christ mais sa personne, constituée par son théandrisme. Nous pouvons lire dans le *Commentaire de Jean* cette exégèse de Jn 16, 7 : *Expedit vobis, ut ego vadam; enim non abiero, paraclitus non veniet ad vos; si autem abiero, mittam eum ad vos* :

> La raison en est que l'amour, même du Christ homme, en tant qu'il [l'amour] est une créature, entrave ou retarde l'amour de Dieu, selon ceci *infra* au même chapitre : « encore un peu, et vous ne me verrez plus ». Il faut en effet que la puissance réceptive tant dans la nature que dans la connaissance, soit nue ou bien dans le sens ou bien dans l'intellect et qu'il y ait un unique objet formel; cela est d'autant plus vrai de l'amant, puisque l'amour est, tout spécialement, en raison de sa nature, unitif. [...] C'est pourquoi aussi la loi et l'Évangile commandent d'aimer Dieu de tout cœur. C'est ce qui est dit ici : si je ne pars pas, le Paraclet ne viendra pas vers vous. En effet, l'amour de l'humanité [du Christ] et de sa présence charnelle retardait la sincérité de l'amour de sa divinité[2].

Nous l'avons vu : Dieu ne peut séjourner qu'en une âme totalement libre et vide. L'amour de l'humanité du Christ est, comme toute image du monde, une attache. C'est la différence qu'Origène établissait entre le Verbe en sa nature divine, et l' « ombre » du Verbe : le croyant, pour passer à la perfection, doit savoir dépasser son attachement à l'ombre du Christ[3]. De même, dans le sermon allemand 86[4], Marie est aux pieds du Christ en raison d'un attachement humain que Jésus engage à dépasser. L'amour, fût-il celui de l'homme Jésus, est ce qui, en engageant notre volonté, nous lie affectivement au monde et forme une attache[5].

Chez tout humain, c'est l'union de *ce* corps et de *cette* âme qui le constitue comme personne; la personnalité provient chez le Christ d'une union supérieure et surnaturelle. S'il est en tant qu'homme union d'une âme et d'un corps, il est, en tant que Christ, dans son théandrisme, union de cette première unité avec la divinité. La nature humaine du Christ est surélevée a un mode supérieur d'exister dès sa conception dans le sein de la Vierge Marie. C'est l'union surnaturelle avec la divinité qui fait de lui cette personne absolument singulière : la nature humaine est en lui exhaussée.

1. *In Ioh.*, § 288, p. 240.
2. *ibid.*, § 655, *LW* III, p. 569-570.
3. Cf. *ComJn*, II, VI, § 49-50, SC 120, p. 236-239. *Cf.* M. Harl, *Origène...*, *op. cit.*, p. 191-198.
4. Cf. *S.* 86, *DW* III, p. 481 ; A.-H 3, p. 171.
5. *Cf.* B. McGinn, *The mystical...*, *op. cit.*, p. 115-116.

L'œuvre en langue vernaculaire pense indissociablement la grâce de l'Incarnation en lien avec la grâce d'inhabitation. Cela est indiscutable mais nécessairement partial et partiel : Eckhart, commentateur des Sentences à Paris a certainement dû se confronter à la question de la double nature du Christ et des actes du Christ-homme. En ce sens la christologie eckhartienne qui pourraît n'apparaître que comme fonctionnelle[1], ne l'est pas[2].

Certes, lorsqu'il parle du mode d'union du Verbe incarné, c'est aussitôt pour nous enjoindre à l'union, ou plutôt l'unité, avec le Christ. Ainsi, dans le sermon allemand 46 :

> Or remarquez-le ! Nul ne peut connaître le Père sinon son Fils unique. En effet, celui-ci dit de lui-même : « Nul ne connaît le Père, sinon son Fils, et nul ne connaît le Fils, sinon son Père ». C'est pourquoi, si l'homme doit connaître Dieu, en quoi consiste son bonheur éternel, il doit être avec le Christ un Fils unique du Père, et c'est pourquoi, si vous voulez être heureux, vous devez être un fils, non pas beaucoup de fils, mais *un* fils. [...]
> Comment l'homme doit-il parvenir à être un Fils unique du Père ? Remarquez-le ! Le Verbe éternel n'assuma pas cet homme-ci ni cet homme-là, mais il assuma une nature humaine libre, indivise (*ungeteilte*), qui était simple, sans trait particulier, car la forme simple de l'humanité est sans figure. Et c'est pourquoi, lorsque la nature humaine fut assumée par le Verbe éternel, simplement, sans figure particulière, l'image du Père qu'est le Fils éternel est devenue la figure de la nature humaine. Car aussi vrai que Dieu est devenu homme, aussi vrai l'homme est devenu Dieu. Et ainsi la nature humaine est transfigurée du fait qu'elle est devenue l'image divine qui est l'image du Père. Et ainsi, si vous devez être un seul Fils (*éin sun sîn*), il faut que vous soyez détachés et séparés de tout ce qui introduit en vous une différence. Chaque être humain est un accident (*zuoval*) par rapport à la nature humaine, et c'est pourquoi séparez-vous de ce qui est en vous accident et prenez-vous selon la nature humaine libre, indivise.
>
> [...] C'est pourquoi, si vous voulez être un seul Fils, détachez-vous de tout « ne pas » (*von allem nihte*) car « ne pas » crée la différence. Comment ? Remarquez-le ! Parce que tu « n'es pas » cet homme-là, ce « ne pas » crée une différence entre toi et cet homme-là. Et ainsi, si vous voulez être sans différence, séparez-vous du « ne pas (néant) (*sô scheidet von nihte*)[3].

La structure du sermon se remarque grâce aux injonctions : « Daz merket ! », « Remarquez-le ! » qui aident les auditeurs à saisir les trois moments de la pensée du prêcheur. Le premier relie l'unité que nous devons posséder par le Christ avec la nature du Verbe en tant qu'Image émanée du Père. La connaissance réciproque du Père et du Fils concerne la vie divine, là où le Père engendre éternellement le Fils. Eckhart en déduit que l'homme doit, pour sa béatitude éternelle, « être avec le Christ un Fils unique du Père ». L'Incarnation est la médiation nécessaire pour

1. *Cf.* B. McGinn, *The mystical..., op. cit.,* p. 120.
2. *Cf.* R. Schneider, « The functional Christology of Meister Eckhart », *Recherches de Théologie ancienne et médiévale* XXXV, 1968, p. 291-322.
3. *S.* 46, *DW* II, p. 378-382 ; A.-H. 2, légèrement modifiée, p. 101-102, [*S.* 42].

que nous puissions réaliser cette filiation éternelle dans l'intimité divine. Le Verbe est par nature Fils, nous le sommes par la grâce du Christ. L'identification de l'homme au Fils est donc l'identification à l'unique lien d'émanation du Fils.

Le deuxième « Remarquez-le ! » introduit aux moyens de cette identification. Puisque le Verbe incarné est notre médiateur, Eckhart nous rend attentif à la nature de sa Personne. Le Verbe a assumé la nature humaine, caractérisée par Eckhart comme une détermination formelle : elle est « la forme simple de l'humanité sans figure ». L'humanité assumée par le Christ n'est ni ceci ni cela, elle ne possède aucune des déterminations accidentelles qui sont le propre des créatures. Chaque être humain créé est, par rapport à cette pure forme de l'humanité, un accident, une déterminité inessentielle. La même différence ontologique entre l'*esse primum* et l'*esse secundum*, l'*esse increatum et indistinctum* et l'*ens hoc et hoc* des créatures joue ici. En assumant la nature humaine, le Christ nous offre le don de pouvoir être rehaussé dans notre nature. Par l'Incarnation, nous sommes élevés à une dignité supérieure en notre humanité créée. L'âme du Christ-homme est, par la grâce sanctifiante habituelle, surélevée au niveau de la nature divine du Verbe. Cette grâce qui se donne en premier lieu au Christ nous est donnée à sa suite, comme grâce capitale, afin que nous soyons nous-mêmes aptes à cette élévation. Et, de même que le Fils en son humanité participe par grâce à sa propre divinité, de même, nous pouvons, participer à la divinité.

Le Christ a assumé une nature « libre et indivise » ; il l'a « prise », « acceptée » (*nemen*) telle quelle. Le troisième « Remarquez-le ! » invite à se séparer du « ne pas » à savoir tout ce qui créée de la différence, par la négative, avec l'autre. De la même manière que Dieu est « Négation de la Négation » [1], négation de tout ce qui en lui engendrerait division et distinction, de même, chaque chrétien doit nier de lui-même ce qui le distingue de l'autre, tout « ne pas » qui l'empêche de devenir un seul Fils à la suite du Christ en se dépouillant de toutes ses accidentalités.

On retrouve ici le thème déjà développé par Origène, puis Augustin de l'« échange des ressemblances ». Dans le *Commentaire de Jean*, Origène affirme que « pour nous, "le Verbe s'est fait chair pour demeurer parmi nous", car nous ne sommes capables d'abord de le recevoir que de cette manière » [2] : l'Incarnation est le relèvement de notre humanité

> Note : quand certains s'aiment beaucoup, ils ont l'habitude d'échanger leurs vêtements. Dieu assuma notre vêtement de façon à ce qu'il soit vraiment, proprement et substantiellement homme, et que l'homme soit Dieu dans le Christ. Or la nature assumée [par Dieu] est commune à tous les hommes, ni plus ni moins. Il est donc donné à tout homme de devenir fils de Dieu, certes substantiellement dans le Christ, mais en lui-même de façon adoptive par la grâce [3].

1. Cf. *S.* 77, DW III, p; 334-344 ; A.-H 3, p. 115-120, [*S.* 4] ; F. Nef, *La force du vide*, « L'ordre philosophique », Paris, Seuil, 2011.

2. *ComJn.*, I, XVIII, § 107, SC 120, p. 117. *Cf.* M. Harl, *Origène …*, *op. cit.*, p. 238-242.

3. *S.* LII, § 523, *LW* IV ; Mangin, p. 418-419.

Cet échange des vêtements suppose que l'on vive à la suite du Christ, jusqu'à abolir notre « ne pas » dans la personne du Christ. Le délaissement, le détachement sont, certes, des attitudes intellectuelles et spirituelles qui s'ancrent dans un rapport de compréhension intellective du monde créé comme monde inessentiel. Les implications pratiques sont sans appel : pour que Dieu naisse en l'âme, il faut que l'homme meure à lui-même. Cette mort est une conformation à la Passion du Christ. La kénose ne s'arrête pas à Noël : la Passion est son second moment nécessaire. La conformation à la Passion du Christ est la médiation nécessaire pour lui être uni. Seulement alors, lorsque nous sommes pauvres de nous-mêmes aussi radicalement que le Christ s'est abaissé, nous pouvons être christoformés.

Le passage dans lequel saint Paul, dans l'*Épître aux Philippiens* 2, 6-9, définit l'idée de kénose comme abaissement et anéantissement de Dieu jusqu'à la croix est explicitement cité et repris par Eckhart ; filant la métaphore de l'échange des vêtements, le maître est clair sur ce point. Nous ne pouvons revêtir le vêtement du céleste que si nous renonçons à nos oripeaux terrestres :

> Ainsi le Christ nous recommandant son amour, alors que nous étions mortels et dans la détresse, « [lui qui] pour nous s'est fait pauvre, alors qu'il était riche, afin de vous enrichir de sa pauvreté » 2 Co 8, 9. « Lui qui est de la forme de Dieu, il n'a pas revendiqué le droit d'être traité comme l'égal de Dieu, mais il s'est dépouillé en prenant la forme d'esclave, et s'est fait semblable à l'homme » « il s'est abaissé lui-même » « jusqu'à la mort, oui, jusqu'à la mort sur la croix », Phi 2, 6-8. Et c'est ce que l'on doit déplorer ici, que l'homme ait crainte (*erubescit*) de porter la robe et le vêtement de la passion du Christ, vêtement que le Christ portait, alors qu'il était en notre compagnie sur terre ; alors que cependant, un homme, chez nous, considère qu'il est fort honoré lorsqu'il porte la robe d'un roi terrestre, dont le roi lui-même est revêtu [1].

Le centre du sermon allemand 49, *Beatus venter, qui te portavit, et ubera, quae suxisti* [2], explicite comment cet échange de vêtements et de dignité est rendu possible en alléguant une parole du Christ en Jn 12, 24-25 : *Amen amen dico vobis nisi granum frumenti cadens in terram mortuum fuerit ; ipsum solum manet si autem mortuum fuerit multum fructum adfert*. Eckhart comprend d'abord le grain de blé tombé en terre comme l'âme humaine et créée du Christ, enfouie dans l'humanité : « dès que le corps et l'âme comprirent qu'ils étaient là, en ce même instant il comprit que s'étaient unis en lui la nature humaine et la nature divine, vrai Dieu et vrai homme, un Christ qui est Dieu » [3].

1. *In Ioh.*, § 683, *LW* III, p. 599.
2. Lc 11, 27.
3. *S.* 49, *DW* II, p. 439-440 ; A.-H 2, p. 121, [*S.* 21].

Dans un deuxième temps, ce grain de blé, âme du Christ, est compris dans le moment de la Passion :

> « Mon âme est triste jusqu'à la mort ». Il ne voulait pas parler de sa noble âme, selon qu'elle contemple spirituellement le Bien suprême avec lequel elle est unie en sa personne et qu'il est lui-même selon l'union et selon la personne ; même dans sa suprême souffrance, il contemplait ce bien sans cesse selon sa puissance supérieure, aussi proche et absolument qu'il le fait maintenant, et aucune tristesse ne pouvait y pénétrer, ni souffrance, ni mort. Car, en vérité, lorsque le corps mourut de douleur sur la croix, son noble esprit (*edel geist*) vivait en cette présence. Mais dans la partie où le noble esprit était uni comme puissance intellectuelle aux sens et à la vie du corps saint, dans cette mesure, Notre-Seigneur nommait son esprit créé une âme, en tant qu'elle donnait la vie au corps, était unie aux sens et à la puissance intellectuelle ; selon ce mode et dans cette mesure, son âme « était triste jusqu'à la mort », avec le corps, car le corps devait mourir [1].

La Passion du Christ n'est pas la mort de sa divinité : la partie supérieure de l'âme du Christ reste dans l'état de vision béatifique [2]. Le « noble esprit » du Christ, son intellect actif et séparé, n'est pas altéré par la Passion. Cest l'âme comme forme du corps et l'intellect patient ou matériel qui en est une partie, qui est, en raison de son inséparabilité d'avec le corps, éprouvée par la Passion. Le Christ subit sa Passion en mourant à cette vie terrestre : c'est à cette mort qu'il convie les fidèles.

L'âme humaine ne peut devenir féconde qu'en s'assimilant à l'humanité noble du Christ, en l'assumant comme son âme a consenti à assumer les défaillances de notre humanité. L'âme noble du Christ a renoncé à sa divinité. L'âme créée de l'homme doit renoncer à son « ne pas » pour s'assimiler à celle du Christ :« Ainsi le grain de blé, ton âme, devient fécond dans le noble champ de l'humanité de Jésus-Christ et y périt de telle sorte qu'il se renonce totalement lui-même » [3].

Ce renoncement passe par la souffrance (*lîdenne*), que l'on doit accueillir, et plus encore, vouloir de la même volonté que le Christ a accepté sa Passion. Toute souffrance est minime en comparaison avec cette souffrance christique, qui sert de mesure et de pôle mobilisant le vouloir humain : « Aussi minime doit te paraître toute ta souffrance (*dînes lîdennes*) comparée à la grande souffrance de Jésus-Christ » [4].

1. *S.* 49, *DW* II, p. 440-441 ; A.-H 2, p. 121.

2. Thèse classique de la théologie médiévale. *Cf.* Thomas d'Aquin, *ST.*, IIIa, q. 46, art. 7 et 8. Selon sa nature divine, le Christ conserve la vision béatifique ; mais il ne la possède pas selon son intellect humain.

3. *S.* 49, p. 445 ; A.-H 2, p. 123, [*S.*21].

4. *Ibid.* Cf. *LCD*, *DW* V, p. 491.

La dimension sacrificielle du Christ est donc essentielle et irréductible : notre filiation divine a un lien d'essence avec le sacrifice de la Croix:

> C'est parce que le Fils de Dieu, tant qu'il restait dans l'éternité et la déité, ne pouvait pas souffrir (*leiden*), que le Père céleste l'a envoyé dans le temps, pour qu'il devînt homme et pût souffrir. Si tu veux donc être fils de Dieu et ne pas souffrir, tu as entièrement tort [1] !

L'homme divin et déiforme pâtit (*lîden*) Dieu en son intellect, au sens aristotélicien d'un intellect réceptif. Néanmoins, la dimension noétique se charge d'une portée sotériologique qui fait place à la valeur de la souffrance. Le pâtir (*lîden*) Dieu a comme condition de possibilité la souffrance (*lîden/leiden*).

Ce que la « naissance du Verbe dans l'âme » peut bien signifier

Eckhart rapporte, dans de nombreux textes, la naissance du Verbe en l'âme à sa source origénienne. Origène développe ce théologoumène de deux points de vue : d'un point de vue ecclésial, en assimilant l'Église à la Vierge-Mère donnant naissance au corps mystique des croyants; d'un point de vue individuel, le cœur, régénéré par le sacrement du Baptême, est le lieu de l'inhabitation du Logos[2]. Eckhart ne retient de ce thème que son aspect individuel, en laissant de côté sa dimension ecclésiale.

Origène insiste sur la dimension acétique et morale de cette naissance : le Verbe ne peut prendre naissance qu'en une âme qui se sera purifiée par une vie en conformité avec celle du Christ, jusqu'au baptême du sang. En même temps, ce sont les œuvres, fruits de notre conversion et de notre formation qui donnent à voir la qualité de l'âme, de l'arbre qui porte les fruits. Le Logos ne naît pas par le moyen des bonnes œuvres, mais celles-ci sont le résultat de sa présence en nous.

La naissance du Logos demande donc une préparation de l'âme. Mais pouvons-nous réellement différencier les deux moments distincts de la préparation et de la naissance? Le Verbe n'est pas né, ni n'est né une fois pour toutes (*semel*) : il naît dans le présent, toujours ou sans cesse (*semper*), éternellement (*êwiclîche*), sans relâche (*âne underlâz*), de tout temps (*alzemâle*).

Une naissance qui est éternelle et sans relâche n'en est pas une : c'est une naissance paradoxale qui n'a pas pour terme la délivrance d'un nouveau-né[3]. À la différence d'une naissance, qui, activité transitive, donne lieu à une réalité extérieure, l'engendrement est une activité immanente et intransitive. À proprement parler, il conviendrait donc de dire : « engendrement éternel » et non « naissance éternelle ». Pourtant, Eckhart décrit par ailleurs le phénomène de l'engendrement

1. *LCD*, *DW* V, p. 490 ; Libera, p. 160.
2. *Cf.* H. Rahner, *Symbol der Kirche…*, *op. cit.*, p. 29.
3. *Cf.* K. Flasch, *Maître Eckhart…*, *op. cit.*, p. 79.

dans les termes aristotéliciens d'une « génération instantanée », terme et fin d'une altération :

> La procession ou production et émanation dont nous parlons a pour lieu propre, à titre premier et principal la génération. La génération se fait sans mouvement et ne se produit pas dans le temps, au contraire, c'est la fin et le terme du mouvement, car elle regarde la substance de l'être de la chose. C'est pourquoi elle ne passe pas dans le non-être ni ne glisse dans le passé. [...] C'est pourquoi, en Dieu, le Fils, le *Verbe dans le Principe*, naît toujours, est toujours né (*semper nascitur, semper natus est*). C'est ce que dit le mot suivant *était : Dans le Principe était le Verbe*. En effet, *était* exprime trois choses : la substance, puisque c'est un verbe substantif; de plus, le passé ; enfin, l'imparfait. Et puisque c'est un substantif, *le Verbe* est la substance même du Principe; puisque c'est au passé, il est toujours né; puisque c'est un imparfait, il naît toujours. De là vient qu'en chacune des quatre premières phrases dans lesquelles Jean parle du Verbe, il emploie toujours ce verbe était pour la forme du substantif, du passé et de l'imparfait[1].
>
> En outre, il est certain que ni la justice, ni même le juste en tant que tel, ne sont soumis au mouvement et au temps, et pas davantage la vie ni la lumière. Voilà pourquoi c'est ainsi que le juste naît toujours de la justice elle-même en étant toujours né du principe qui le fait juste, comme il en va aussi de la génération et de la conservation de la lumière dans le milieu spatial : par un processus continu du fait même qu'il est discontinu (*continue, quia non continue*)[2].

Dans une pensée originale du temps, Eckhart concilie l'instantanéité de l'engendrement avec son éternité. L'engendrement instantané du Verbe en l'âme est inscrit dans notre temps *et* identique à l'engendrement éternel du même Verbe *in principio*. Avec Thomas, Eckhart note en effet que l'imparfait *erat* signifie l'éternité et la substantialité[3]. Les deux concilient les données scripturaires du *Prologue de Jean* – *In principio erat Verbum* – et une analyse philosophico-théologique de la substance divine fondée sur des remarques grammaticales. Si seul le présent est apte à désigner l'immutabilité de la substance divine, le temps imparfait sert, parce qu'il désigne un état qui a été mais qui continue d'être, à qualifier l'immutabilité de la substance divine en rapport distinctif avec les réalités muables créées.

Dieu créé le monde, et le temps avec lui[4]. La vie dans le Principe n'a pas de temps, est hors temps. *In principio*, le parfait, le présent et le futur sont confondus dans ce qu'on peut appeler un « instant essentiel »[5]. Ou encore : l'engendrement du Verbe est un perpétuel maintenant que l'on appelle « éternité », le « maintenant

1. *In Ioh.*, *LW* IIII, § 8, p. 8-9 ; *OLME* 6, p. 35-39.
2. *Ibid.*, § 18, p. 15 ; *OLME* 6, p. 50-53.
3. Cf. *Commentaire de l'Évangile de Jean*, c. 1, lect. 1, § 39, *op. cit.*, p. 72.
4. Cf. *In Gen. I,* § 7, *LW* I, p. 190; *OLME* 1, p. 248-249; Augustin : *Conf.*, XI, X, 12, BA 14, p. 290-293 et XI, XIII, 16, p. 296-299.
5. *Cf.* É. Zum Brunn, A. de Libera, *Maître Eckhart, Métaphysique..., op. cit.*, p. 105-106.

de l'éternité »[1]. L'engendrement du Verbe est un engendrement qui se fait sur le mode extra-temporel du toujours et du maintenant[2].

La difficulté se précise lorsqu'il s'agit de penser l'engendrement du Fils, non plus dans l'éternité de la vie divine, mais dans l'âme de l'homme, créé et soumis à la temporalité. Le § 8 du *Commentaire de Jean* se termine sur cette conclusion : le juste toujours naît en étant toujours né de la Justice par un « processus continu du fait même qu'il est discontinu ». La lumière illumine le milieu tout entier et continument d'un seul coup; sa propagation dans le milieu par contre est « discontinue », elle ne se fait pas partie par partie, une partie informant causalement l'autre. La lumière pénètre d'un seul coup le milieu sans s'y enraciner. De même le Fils naît en l'âme instantanément, dans un instant continué; cependant, un instant n'est pas la cause de l'autre. Le Fils naît et lorsqu'il naît, sa présence est un laps de temps qui se caractérise par un moment insécable et non mesurable. Mais, parce que cette naissance a lieu dans des réalités analogiques et inférieures, elle n'est pas identique à l'éternité du Fils : le temps dans lequel le Fils s'engendre n'est pas cause de l'engendrement suivant. Le moment de l'engendrement n'est pas le fait du sujet engendré, mais du Fils qui s'engendre.

De fait, cette expérience de la génération qui se fait dans l'instant est souvent décrite dans les termes dionysiens d'un « pâtir Dieu »[3].Qu'est-ce qu'Eckhart appelle, à la suite de Denys l'Aréopagite[4], le « pâtir Dieu » ? Eckhart décrit cette expérience, dans certains passages, comme l'expérience ultime de la divinisation :

> Pour que l'âme soit divine, il faut qu'elle soit élevée. Si un homme devait atteindre le sommet d'une tour, il faudrait qu'il soit élevé aussi haut que la tour : ainsi la grâce doit élever l'âme jusqu'à Dieu. L'œuvre de la grâce est d'attirer, et d'attirer pleinement, et celui qui ne la suit pas est malheureux. Cependant, l'âme ne se satisfait pas de l'œuvre de la grâce – car celle-ci est une créature – avant de parvenir là où Dieu agit selon sa propre nature, où le maître d'œuvre agit selon la noblesse de l'instrument, c'est-à-dire dans sa propre nature, où l'œuvre est aussi noble que le maître d'œuvre, et celui qui se répand et ce en quoi il s'est répandu sont tout un. Saint Denys dit que les choses supérieures se répandent (*ergiezent*) sur les choses inférieures, et elles s'unissent dans les choses supérieures. Ainsi l'âme est unie et enclose en Dieu, alors la grâce lui échappe, en sorte qu'elle n'agit plus avec la grâce mais divinement en Dieu[5].

1. Cf. *S.* 38, *DW* II, p. 231, A-H 2, p. 49, [*S.* 6] : « C'est le "maintenant" de l'éternité ou l'âme connait toutes choses en Dieu, nouvelles et fraiches et présentes dans la même joie que j'ai maintenant présentes. »

2. *Cf.* É. Zum Brunn, A. de Libera, *Maître Eckhart, Métaphysique…., op. cit.,* p. 104.

3. Cf. *id.* « Un homme qui pâtit Dieu », dans *Voici Maître Eckhart…, op.cit.,* p. 269-284.

4. *Cf.* Pseudo-Denys l'Aréopagite, *Les noms divins*, c. 2, § 9, 648a-b, *PG* 3, col. 673-674, *op. cit.*, p. 86.

5. *S.* 82, *DW* III, p. 429-430; A.-H. 3, p. 147, [*S.* 77].

La grâce est ici conçue dans sa dimension créée, « créature » offerte gracieusement afin de surélever l'âme. Elle est donnée à titre transitif et opératoire. *Medium* créé, la grâce, dans ce texte, n'a d'autre fin que de disparaître en son titre de créature pour laisser place à la forme de Dieu. Eckhart, dans son œuvre, ne mentionne que très peu la grâce créée, définie par Thomas comme un accident ou « forme accidentelle »[1]. Sa métaphysique de l'image inamissible et divine de Dieu en l'âme en donne les raisons. L'intellect étant, par nature, « surnaturel », le recours à la grâce créée est inutile[2]. Le sermon 82 recourt précisément à la grâce créée pour indiquer la différence entre le cheminement de l'âme vers Dieu et son état d'arrivée : l'instrument devient inutile dès que l'œuvre est réalisée. La grâce opère donc à titre de préparation : or, tant que l'âme est active, c'est-à-dire pleine d'images, elle n'est pas encore vide et ne peut recevoir l'action divine. À cette action divine correspond la réceptivité ou passivité de l'âme : « Notre béatitude ne repose pas sur nos opérations, mais au contraire sur le fait que nous pâtissons (*lîden*) Dieu »[3]. La souffrance (*leiden*) est préparation au pâtir (*lîden*). Elle en est sa condition de possibilité. C'est ce qu'Alain de Libera nomme avec bonheur la « physique de la grâce »[4].

Les concepts d'« altération » et de « génération » sont des paradigmes effectifs dans les ordres de la nature, de l'art, de la morale et de la grâce. Tout ce qui précède l'acquisition de la forme relève de l'altération alors que tout ce qui est informé relève de la génération. L'altération est marquée par l'imperfection, le temps, le changement, la corporéité, la division, le multiple, la souffrance et la tristesse, le cheminement progressif et laborieux. Eckhart subsume toutes ces qualités sous le paradigme de l'Ancien Testament. La génération, par contre, est marquée par la perfection, l'éternité, la joie, l'arrivée, la liberté. Le paradigme ici est le Nouveau Testament ou l'Incarnation.

Tous les phénomènes marqués par l'« altération » ne se déroulent pas en vain, mais préparent à la « génération » et disposent à recevoir la forme. De même que sans exercices, difficultueux en leur début, nous ne serions jamais vertueux[5], l'engendrement du Verbe présuppose des actes préparatoires. L'altération n'est pas pure négativité, elle est une disposition à la réception de la forme. Sans altération, pas de génération[6].

La génération ou engendrement est une plénitude et non une opération *in tempore*. Elle se donne dans un instant que nous qualifierions d'extra-temporel, échappant au nombre et à la mesure, au devenir nombré selon l'avant et l'après. Néanmoins, il demeure impossible de déterminer l'instant précis de la génération. Du point de vue du récepteur, il n'est pas possible, *objectivement*, de repérer

1. Cf. *ST*., Ia-IIae, q. 110, art. 2, sol. 2 et 3.
2. *Cf.* K. Flasch, *D'Averroès à Maître Eckhart...*, *op. cit.*, p. 130-131.
3. *S.* 102, *DW* IV, 1, p. 422-424; Mangin, p. 153-154, [*S.* 13], Nous soulignons.
4. É. Zum Brunn, A. de Libera, *Maître Eckhart, Métaphysique.... op. cit.*, p. 74-126; *OLME* 6, p. 365-371 : « Note complémentaire n° 1 » : « Altération et génération : la physique de la grâce ».
5. *Cf.* Aristote, *Éthique à Nicomaque*, II, 1, 1103a 20-26, *op. cit.*, p. 87-88.
6. *Cf.* É. Zum Brunn, A. de Libera, *Métaphysique...*, *op. cit.*, p. 94.

l'instant même de la génération : « On peut donc dire que la génération n'est pas de ce monde et que l'altération qui la précède est la montée continue vers cette sortie intérieure »[1].

Ce passage de l'altération à la génération, de la souffrance à la plénitude de la joie est une reprise des analyses aristotéliciennes du changement, et corrobore l'idée selon laquelle les différents domaines du savoir sont en concordance.

> Il est clair aussi que, si l'on ne fait pas appartenir le point du temps qui divise l'antérieur et le postérieur, toujours au postérieur, pour la chose en question, la même chose sera à la fois étant et non étant, et, une fois advenue, ne sera pas étant. Le point est donc commun aux deux, et à l'antérieur et au postérieur, il est le même et un par le nombre mais pas par la définition, car de l'un il est fin, de l'autre début. Mais pour la chose en question, il appartient toujours à l'affection postérieure. Soit le temps ACB et la chose D. Elle est blanche au temps A, n'est pas blanche au temps B ; donc en C elle est blanche et non blanche, car il est vrai de dire qu'elle est blanche en n'importe quel endroit de A, puisqu'elle était blanche pendant tout ce temps, et non blanche en B ; mais C est dans les deux. Il ne faut donc pas admettre qu'elle soit blanche dans tout A mais excepter l'instant final C. Or, celui-ci est déjà le postérieur et, si le non blanc advenait et si le blanc périssait pendant tout le temps A, il a fini d'advenir ou de périr au temps C. Par conséquent, il est vrai de dire que la chose est blanche ou non blanche pour la première fois en ce point-là. Sinon, une fois advenue, elle ne sera pas, et, ayant péri, elle sera, ou bien elle sera nécessairement à la fois blanche et non blanche et, en général, à la fois étant et non étant[2].

Le temps est, selon Aristote, la succession selon l'antérieur et le postérieur. Il suppose la sensation de deux instants et d'un intermédiaire. L'instant est comparable au point : il n'est pas compris comme un arrêt, il ne divise pas le temps au sens où il serait un terme, mais il ne le divise que par là-même où il le continue : en C, la chose qui était blanche en A et qui sera non blanche en B, n'est ni blanche ni non-blanche. C est à la fois la fin d'un état et le commencement d'un autre : en C, dans ce « maintenant », le mobile est à la fois blanc et non blanc. Cela a aussi pour conséquence l'affirmation que l'instant n'a pas de temps, étant pensé par analogie au point, comme une limite, un intermédiaire. Le point est la limite entre deux segments, l'instant la limite entre deux états, l'altération et la génération. Mais cela contrevient au principe de contradiction.

Du point de vue du mobile cependant, en C, il y a soit privation, soit possession de la forme : soit la chose est non blanche, soit elle est blanche, mais le sujet ne peut supporter en même temps les contraires. Pour le mobile, le dernier instant avant le changement n'est pas un moment du temps mais son terme. Le *Commentaire de la physique* d'Aristote fait par Thomas est sous-entendu ici :

1. *Cf.* É. Zum Brunn, A. de Libera, *Métaphysique…, op. cit.*, p. 97.
2. Aristote, *Physique*, VIII, 8, 2b 9-25, trad. fr. A. Stevens, Paris, Vrin, 1999, p. 308.

> Ensuite lorsqu'il dit : en outre, le temps et le mouvement, etc. ; il réfute l'argument reçu du temps et du mouvement. Et il dit que le temps et le mouvement ne sont pas infinis en acte, parce rien du temps n'est en acte si ce n'est l'instant présent ; ni rien du mouvement n'est en acte, si ce n'est quelque chose d'indivisible : mais l'intellect appréhende la continuité du temps et du mouvement en recevant l'ordre de l'avant et de l'après : de telle sorte que ce qu'il a d'abord reçu du temps ou du mouvement ne reste pas. D'où il n'est pas nécessaire de dire que le temps, ni le mouvement, en leur entier, soient infinis en acte [1].

Si l'instant présent était lui-même divisible, il appartiendrait à la fois au futur et au passé, ce qui aurait comme absurde conséquence qu'un moment pourrait aussi bien appartenir au passé qu'au futur. Il faut donc admettre qu'en C l'altération prend fin et se mue en génération. L'instant C est l'« instant de la génération », la fin du temps de l'altération. La génération est introduction de la forme :

> Ensuite, lorsqu'il dit : et la quiddité etc., il montre que le physicien considère aussi la fin. Et il dit que même la forme et la quiddité appartiennent à la considération du physicien, suivant qu'elles sont encore la fin et la cause de la génération. Il a été dit ci-dessus que la forme et la fin coïncident en une même chose ; et parce que la nature agit pour quelque chose, comme on le prouvera plus bas, il est nécessaire qu'appartienne au physicien la considération de la forme, non seulement en tant que forme, mais aussi en tant que fin. Si en effet la nature n'agissait pas pour quelque chose, le physicien considèrerait la forme en tant qu'elle est forme, mais non en tant qu'elle est fin [2].

Avec Thomas, Eckhart identifie la privation à la disposition à la forme : une fois achevé, le temps de l'altération nécessite, au sens d'un impératif ontologique, le moment de la venue de la forme ou de la génération.

Cette pensée du temps de l'altération au sens d'un avènement, d'une intension progressive productrice de l'être formel peut être complétée par ce qu'Aristote formule au dans l'*Éthique à Nicomaque.* Aristote distingue les actes qui sont parfaits à n'importe quel moment de leur durée, tels la vision et le plaisir, des actions qui, telle la construction d'une maison, sont imparfaites dans chacune de leurs étapes. Le mouvement en ce cas,

> [...] n'est parfait à aucun moment de sa durée, mais que les multiples mouvements partiels dont il est composé sont imparfaits et différents en espèce, puisque c'est le point de départ et d'arrivée qui les spécifient. Du plaisir au contraire, la forme est parfaite à n'importe quel moment. – On voit ainsi que plaisir et mouvement ne sauraient être que différents l'un de l'autre, et que le plaisir est au nombre de ces choses qui sont des touts parfaits. Cette conclusion pourrait aussi résulter du fait qu'il est impossible de se mouvoir autrement que dans le temps, alors qu'il est possible de ressentir le plaisir indépendamment du corps, car ce qui a lieu dans l'instant est un tout complet [...] [3].

1. Thomas d'Aquin, *In libros physicorum*, lib. 3, lectio 13, n. 5 (notre traduction).
2. *Ibid.*, lib. 2, lectio11, n. 6.
3. *Éthique à Nicomaque*, X, 3, 1174b 1-9, *op.cit.*, p. 493-494.

> Le plaisir achève l'acte, non pas comme le ferait une disposition immanente au sujet, mais comme une sorte de fin survenue par surcroît, de même qu'aux hommes dans la force de l'âge vient s'ajouter la fleur dans la jeunesse [1].

Le mouvement ou l'altération sont des activités préparatoires au plaisir. Mais s'ils en sont la condition de possibilité, ils sont insuffisants, en tant que tels, pour le causer. Le plaisir advient « par surcroît », comme quelque chose d'inattendu ou d'inespéré. Le plaisir se donne, et la totalité des conditions réunies pour le susciter n'est pas suffisante pour qu'advienne sa présence. Certes, la disposition à la forme est aussi, à son degré maximal d'intensification, une nécessitation : néanmoins rien, du côté du sujet altéré, ne garantit l'instant du changement.

Ce dernier appartient, chez Eckhart, à la liberté divine. Le Verbe s'engendre en l'âme, il est reçu par elle, indépendamment de toute action de sa part. L'instant de la naissance est l'instant reçu de la grâce déiformante : c'est la raison pour laquelle, elle ne se donne qu'à l'homme entièrement renoncé et pauvre.

La naissance du Verbe dans l'âme est éternelle parce qu'instantanée, de cet instant qui, donné par le surcroît de la lumière de grâce, fait s'inscrire l'éternité dans le temps. Eckhart semble très proche des analyses aristotéliciennes comparant la saisie par l'intellect humain du souverain Bien et la pleine entéléchie de la Pensée divine se pensant elle-même. La Pensée divine est en son acte d'auto-saisissement, incorruptible et immuable. Cet état, l'homme peut l'avoir, dans la contemplation, par intermittence, sans que l'on puisse vraiment en rendre raison :

> Il en est de la Pensée divine comme il en est, pendant quelques moments fugitifs, de l'intelligence humaine (ou plutôt de l'intellect de tout être composé) : cet intellect ne possède pas son bien à tel moment ou à tel autre, mais c'est dans un instant indivisible qu'il saisit ce souverain Bien, qui lui est extérieur, tandis que la Pensée divine pense ainsi, mais se pense elle-même, pendant toute l'éternité [2].

Dans cette conformité instantanée et fugitive à l'état permanent du premier moteur, l'intellect humain goûte l'éternité en étant, dans son activité, en dehors du monde sublunaire de la génération et de la corruption. L'intellect est donc en lui-même capable du divin, c'est-à-dire, capable de jouir par instants de la même vie que celle qui caractérise la vie divine. Le bonheur de l'homme aristotélicien est amphibique.

L'avènement progressif du Verbe en l'âme est un don fait à l'âme entièrement réceptive. En ce sens, il est aussi *un événement absolument singulier* et sans reproduction possible par la causalité efficiente. Ici, c'est aussi bien le concept dionysien d'*exaiphnès* qui permet de penser une telle expérience, qui a lieu dans le temps créé, soit, mais qui n'est pas de nature créée [3].

1. *Ibid.*, X, 4, 1174b30-32, *op. cit.*, p. 496.
2. *Métaphysique*, Λ, 9, 1075a 5-10, *op. cit.*, p. 705-706.
3. *Cf.* M. de Gandillac, « La "dialectique" de Maître Eckhart », *La mystique rhénane*, ... *op. cit.*, p. 79.

Cependant le maître n'ignore pas l'ontologie de la création qui institue cette dissemblance ou discontinuité entre le Créateur et la créature. Envisager que le Verbe puisse naître dans une réalité créée relève de la monstruosité, d'une impossible composition de niveaux ontologiques. C'est pourquoi le Verbe ne prend pas naissance en l'âme, en tant qu'elle est une créature, mais dans ce lieu inassignable, reflet de la vie divine incréée qu'Eckhart se plaît, nous l'avons vu, à nommer de diverses manières : intellect, étincelle, etc. En ce sens l'intellect est un « prodige ».

Le temps de la naissance du Verbe est le temps hors-temps, le « maintenant de l'éternité » où Dieu créé toutes choses en son Verbe, en lui-même :

> De là, septièmement, ce verset de Jean 1 : « Dans le Principe était le Verbe ». Le Verbe, le fruit, était dans le principe, c'est-à-dire dans la fleur. Donc, dans les choses divines, le fruit est dans la fleur et il est la fleur.
> Il faut donc remarquer que pour le vertueux le fruit est le fait lui-même d'œuvrer vertueusement, et non d'avoir œuvré. Car la vertu et le bien consistent dans l'acte. C'est pourquoi avoir œuvré ne serait nullement le fruit de la vertu, si avoir œuvré n'était pas œuvrer, si le fruit n'était pas dans la fleur [1].

Ce qui se passe sous le mode de la continuité dans la vie divine est donné à l'homme de manière discontinue et intermittente. Dans les choses divines, il y a un acte permanent d'engendrement, sans la distance du passage de la puissance à l'acte entre la fleur et le fruit. Dans la vie intradivine, la fleur est le fruit, l'altération est la génération, le commencement la fin. Le juste, le vertueux, l'homme en qui le Verbe s'engendre, est, au moment de cette naissance, identique à cette vie intradivine. Cette identité n'est pas une négation de notre condition créée. Parce que nous restons des créatures, nous ne pouvons être assimilés à la vie divine que par instants. Avec Origène, Eckhart dit donc bien que nous ne sommes pas identiques à la vie éternelle divine, hors du monde créé, mais que, au sein même de notre condition, Dieu s'engendre en des instants complets en eux-mêmes. Pour Origène comme pour Eckhart, ce n'est pas l'œuvre de vertu qui cause la naissance du Verbe. Mais c'est parce que le Verbe s'engendre qu'il fait de nous ses frères, des hommes vertueux dont la vertu se manifeste dans l'acte.

Il y a donc bien une forme de discontinuité – le Verbe se donne par instant et par grâce, indépendamment de notre volonté – mais aussi une continuité qui caractérise la perfection de l'acte d'engendrer en tant que tel [2]. C'est par cet acte que nous sommes, non pas unis, mais un avec l'essence divine [3]. L'unité avec Dieu que nous avons *in via* ne se différencie pas en nature de celle dont nous bénéficierons *in patria*. Elle est qualitativement la même : seule notre insertion dans le monde créé transforme l'éternité de la vision en éternité intermittente. C'est parce que cette divinité en acte est reçue par un lieu incréé au sein du créé auquel

1. *In Eccl.*, § 22, *LW* II p. 249 ; Brunner, p. 27.
2. *Cf.* V. Lossky, *Théologie négative …*, *op. cit.*, p. 368.
3. Cf. *S.* 101, *DW* IV, 1, p. 351-352 ; Mangin, p. 133-134, [*S.* 13].

la créature appartient nécessairement que cette unité reçue ne permane pas et ne fait pas se confondre les ordres.

On peut voir dans cet engendrement du Verbe en l'âme le paradigme parfait de la consonance des ordres de la nature et de la grâce et l'acception eckhartienne de l'adage thomasien : « La grâce ne détruit pas la nature, mais l'accomplit »[1]. Il y a le même rapport métaphysique entre Dieu et l'être qu'il confère aux créatures, l'actif qui se donne au passif sans y séjourner ou s'y enraciner, qu'entre l'engendrement du Verbe et sa réception passive par le fond de l'âme. Dieu est la cause formelle et essentielle des créatures : elles reçoivent de lui aussi bien leur quiddité que leur être formel créaturel. L'image de Dieu en l'âme, incréée et incréable, est, pour l'homme viateur, image du Verbe-Fils recouverte par les déterminations créées. L'être de l'image, en tant qu'image, est identique à l'image qu'est le Fils. Mais l'homme viateur n'est pas cette image comme telle : l'âme est féconde et engendre le Fils à partir de sa condition de créature. L'être, comme la grâce, sont des prêts, continus dans l'acte de se prêter, discontinus en raison de l'être propre de la créature. Ainsi : *si* l'homme n'était rien d'autre qu'image, ayant anéanti sa nature créée, il *serait*, comme le Verbe, incréé et incréable[2]. Eckhart emploie le conditionnel et formule un vœu, une prière, une demande dont il sait qu'elle ne sera comblée totalement que dans la patrie céleste.

Le Verbe naît en l'âme comme est il est engendré en la déité. De même qu'en elle, il y a une seule essence et trois Personnes, de même, l'unité instantanée et continue du Verbe et de l'âme en son fond est, certes, un effacement des « ne pas » créés, mais non du *fait* même de la créature. Le maintien des deux niveaux de l'incréé et du créé interdit toute assimilation confondante entre Dieu et la créature. C'est dans l'essence que Dieu et homme ne font qu'un. Mon statut de créature permane et si Dieu se donne à l'âme passive, totalement et entièrement, celle-ci reste en lien avec la corporéité créée. L'image tient en effet tout de son modèle, mais elle reste autre en son propre support. De même qu'in *divinis*, l'hypostase du Fils donne à l'image son titre propre, de même, dans la création, la substance créée est le lieu de dépôt, de réception de l'image divine. Néanmoins, mon suppôt créée est lui aussi subsumé, supporté et comme transcendé de manière immanente par l'Incarnation du Christ. En lui, il m'est donné de réaliser et mon humanité créée, et la part incréée qui est en moi.

Cette naissance est, pour Origène, une « fête de la Trinité tout entière ». La joie de Dieu est à son comble lorsque la conversion du pécheur est accomplie, lorsque la grâce s'actualise pleinement dans la naissance du Verbe. Eckhart reprend cette idée d'une fête, qui semble correspondre à ces affirmations : la justification de l'injuste est une œuvre plus grande que celle de la création tout entière : « Puisque la grâce est, en tant que telle, surnaturelle, par cela même, la justification de

1. Cf. *E.S*, *DW* V, p. 288-289 ; Libera, p. 120.
2. Cf. *S.* 12, *DW* I, p. 193-194 ; Libera, p. 295-296, [*S.* 90].

l'impie est l'œuvre de la grâce et est plus grande que toute œuvre de la nature dans le ciel ou sur la terre, sans quoi la grâce ne serait ni serait dite surnaturelle [...] »[1].

L'œuvre de justification est supérieure à celle de la création car elle est la réalisation du projet divin : la grâce première, celle de la création n'a d'autre but que de nous ramener à notre nature véritable. Ce point engagerait une réflexion théologique sur la mission des Personnes divines en l'âme qu'Eckhart traite, comme à son habitude en continuité *et* en rupture avec la tradition.

1. *In Ioh.*, *LW* III, § 193, p. 516-517.

CONCLUSION

Origène perce l'œuvre d'Eckhart et fait luire la pensée du maître. Des aspects essentiels de l'œuvre du maître ne peuvent être bien compris sans le recours à ce fascinant Père grec. La méthode exégétique d'Eckhart doit à Origène, – peut-être même de façon excessive – la concentration sur le sens parabolique ou spirituel de l'Écriture qui, seul, intéresse Eckhart. Par cette inlassable recherche du sens spirituel, Eckhart peut fonder, à partir de l'Écriture et en suivant Origène, deux réflexions centrales et essentielles : celle de la présence dans le fond de l'âme de l'image de Dieu et celle de la divinisation, conçue en lien avec cette inamissible présence du divin. Si Eckhart ne répète pas Origène, il place au centre de sa réflexion les thèses de l'Alexandrin.

Il est toujours délicat et difficile de mesurer l'ampleur de l'influence d'un auteur sur un autre. Il convient en effet de respecter leur pensée respective, en les appréciant sans les dénaturer par un historicisme délétère, tout en repérant des problématiques philosophiques tenaces et centrales. Certes, les passages que le maître retient se répètent à travers l'œuvre latine et allemande. Mais quels passages ! Visant l'essentiel, sans souci de précaution d'orthodoxie dogmatique, Eckhart s'appuie avec toute sa conviction théologique et spirituelle sur l'un des premiers penseurs du christianisme.

Envisager l'œuvre eckhartienne à partir de l'une de ses sources permet une approche archéologique qui oblige le lecteur ou le chercheur à repenser des thèmes bien connus. Ceux-ci ne sont pas révolutionnaires et n'exhument pas des thèmes cachés de la pensée d'Eckhart. Les questions de l'exégèse, de l'image et de la naissance du Verbe sont familières à tout lecteur du maître. Mais, puisque ce qui est bien connu peut être aussi le plus mal connu, la recherche d'une source et de sa postérité historique permet de repenser à nouveaux frais des thèmes qui, répétés et relayés de commentateur en commentateur, perdent leur vivacité première.

L'appui eckhartien sur la méthode allégorique ou parabolique d'Origène permet de comprendre à quel point l'Écriture est, pour le maître, l'autorité première et indépassable. Il ne s'agit pas d'un appui sur un texte dont la lettre aurait *a priori* une valeur morale d'autorité. Mais, parce que l'Esprit-Saint s'y révèle pleinement, l'Écriture est le puits vivant d'où toute pensée découle.

L'Écriture est pour Maître Eckhart, non pas un objet d'étude philosophique, mais la source de toute vraie philosophie. Elle est en elle-même norme et clé : valeur de vérité puisque toute vérité se mesure à la vérité révélée; norme de compréhension anthropologique puisque l'homme en son fond est image de Dieu; critère ontologique de la nature du monde créé, en son rapport avec l'incréé.

Eckhart prend appui sur la révélation afin de l'éclairer et de nous ramener à la profondeur de ses sens. La philosophie eckhartienne ne peut se comprendre que dans une perspective intimement chrétienne, celle qui fait usage de l'intellect jusqu'à la reconnaissance des réalités qui le dépassent. Il ne fait pas de doute que pour lui, comme pour Origène, toute vérité qui, en tant que telle, a une portée universelle, a son origine en Dieu. La Révélation en est une manifestation; elle est norme et plénitude de vérité puisque le Logos s'y dit et s'y révèle en se faisant chair. Cela ne signifie donc pas que les discours purement philosophiques ou rationnels soient d'une moindre vérité. Vrais en leur genre, ils participent de la pleine vérité christique.

Il n'y a aucun soupçon de double vérité chez Eckhart, ni d'apologie affective et partisane de la foi chrétienne. Le Christ est mesure de vérité, mais toute vérité, quelle qu'elle soit conserve sa valeur de vérité. Tout homme peut avoir accès à la pleine vérité par et dans le Christ, mais la méconnaissance du Christ ne signifie ni erreur ni hérésie. Le fondement philosophique du Verbe reste philosophique.

La question de l'image de Dieu en l'homme se situe dans une semblable problématique. Tout lecteur de la Bible peut se convaincre de l'inamissibilité de l'image divine en lisant, entre autres, la *Genèse* et les *Épîtres* de Paul. Origène interprète l'Écriture en faisant de l'homme l'image de l'Image; Augustin affirme, *a contrario*, que l'image est profondément et essentiellement trinitaire. Eckhart entend réfléchir en ces simples termes : si Dieu s'est incarné en vue de notre propre divinisation, qu'est-ce qui, en toute cohérence, rend possible ontologiquement et métaphysiquement une telle théogénésie? Une image divine créée pourrait-elle recevoir la divinité increée? Si oui, il y aurait incohérence.

La question n'est pas purement verbale, mais elle concerne le but assigné par Eckhart à la vie humaine. Ici, il faut avouer que la position d'Eckhart est difficile, non seulement philosophiquement, mais aussi moralement : l'homme en tant que tel n'a de dignité et de valeur que parce que, lié en son intimité à Dieu, il est capable de se tourner vers lui comme en sa source et son fondement

À la différence d'Augustin et de ses disciples, Maître Eckhart ne noue pas la problématique de la grâce au péché originel. La grâce n'est pas pensée comme la compensation du péché mais comme le déploiement d'une nature primordiale, enfouie, mais non perdue ou détruite par notre être-là de créature. La création se place sous le signe d'une perte ou d'une chute d'un lieu essentiel. La raison de la création apparaît en filigrane dans les écrits d'Eckhart. Dans une optique classique, l'homme est créé et vit en vagabond sur terre afin de jouir pleinement de sa qualité de fils de Dieu. Ce point est compréhensible chez Augustin et chez Thomas. Lorsqu'on lit Eckhart, une question terrible, abyssale et somme toute banale se pose : pourquoi Dieu a-t-il créé le monde et l'homme en particulier ? À quoi bon tout ceci ?

La naissance du Verbe en l'âme serait notre raison et notre récompense, pensée, évidemment, sans visée de compensation. Origène insiste sur le Verbe, acteur de toute vertu en nous. Eckhart, davantage sensible et méfiant vis-à-vis de toute psychologie de tonalité affective, nous convoque à une épure de nous-mêmes qu'il nomme « détachement » ou « délaissement ». Lorsqu'Origène pense notre rédemption par et dans le Christ, expiant sur la croix nos péchés, Eckhart le relaye : la souffrance est condition du « pâtir Dieu ». Elle nous rend conformes au Christ, et, par là, nous contraint à dépasser tout ce qui peut être la marque d'une distinction. Ici encore, Eckhart pense l'humain à partir de son fond divin.

La consolation des épreuves, la recherche de la vérité, le questionnement métaphysique sur notre nature sont toujours renvoyés au seul et à l'unique. Dieu est tout et tout est en Dieu. À partir de là il semble extrêmement délicat et difficile d'envisager la pensée eckhartienne sous des rubriques autonomes et circonscrites. La pensée d'Eckhart se tient dans une théologie, qui fait de l'homme un être tendu vers le divin, sans quoi il tombe dans le néant.

Tous les lecteurs d'Eckhart le savent : il suffit de tirer un fil de sa pensée pour voir se dérouler l'écheveau en entier. Le légitime désir d'exhaustivité, l'entrain et l'enthousiasme qui s'ensuivent lorsque l'on découvre l'admirable architecture eckhartienne servent de moteurs. Mais un choix réfléchi de thèmes est nécessaire pour assurer une forme de scientificité. C'est ce que permet une lecture à partir des sources, qui, non seulement inscrit un auteur dans l'histoire d'une pensée et d'une tradition, mais force aussi à l'analyse de certains points névralgiques.

Origène est le père de l'exégèse grecque et latine. Il apparaît être le contrepoids à l'influence prégnante d'Augustin. Non que ce dernier en ressorte minoré; mais l'imprégnation d'un auteur par un autre ne se mesure pas uniquement au nombre des citations. Augustin est bien sûr pour Eckhart une source d'inspiration théologique et doctrinale. Mais affirmer qu'une source est un point fort ne légitime pas à nier ou rabaisser les autres; en affirmant l'importance d'Origène, nous ne réduisons pas celle d'Augustin : nous la mettons en perspective.

Origène est tout autant mobilisé comme un appui ayant valeur d'autorité que comme source d'une pensée vivante. Bien souvent Eckhart utilise Augustin, comme d'autres, comme argument d'autorité; il le détourne en fonction de ses vues propres. L'analyse littérale de l'Écriture, dont la nécessité est affirmée par Augustin, est négligée par Eckhart et les principes de l'exégèse augustinienne ne sont pas ceux d'Eckhart. Lorsqu'il s'y réfère, c'est plus pour légitimer sa position propre que pour développer une continuité spirituelle de pensée. Par contre, sans mentionner la volonté d'Origène de sauver la lettre et l'histoire de l'Écriture, il reprend ses analyses allégoriques en les faisant totalement siennes. Là où Augustin est convoqué allusivement et de façon instrumentale, Origène est longuement cité et repris pour ses thèses propres.

Cette recherche patiente permet de prendre position dans des débats actuels autour de Maître Eckhart. Kurt Flasch et sous un mode plus nuancé Loris Sturlese insistent sur la rationalité eckhartienne, désirant salubrement et légitimement contrebalancer l'idée d'un Eckhart « mystique ». Nous affirmons que la mystique n'est pas déficit mais quintessence d'une raison, au sens eckhartien d'intellect, parvenue à son terme; que la raison atteint précisément l'apogée de sa fonction propre lorsqu'elle est face à ce qui la dépasse. Il est vrai que cette dénomination reste très nébuleuse dans la bouche de ceux qui l'emploient. Alain de Libera notamment l'a souligné : la philosophie n'est pas l'antonyme de la mystique, comme en témoignent Plotin et Proclus par exemple. Ou pour employer une expression spinoziste, la mystique n'est pas pour Eckhart l'« asile de l'ignorance »[1], un concept fourre-tout qui nous abstiendrait à bon frais de penser.

L'analyse du concept d'« image de Dieu » l'indique fortement. En dépit de la tradition augustinienne vivace à son époque, Eckhart pense, en lien avec Origène et, plus largement, avec la patristique grecque, l'image de Dieu comme image de l'Image, le Verbe, Premier-Né de toute créature. Il s'appuie ici sur Origène pour affirmer une thèse encore plus percutante : nous ne sommes pas à l'image de l'Image, mais l'image essentielle de Dieu en nous est identique à ce Verbe proféré *in divinis*. Seul le fait de la création, différence ontologique entre Dieu et la créature, indépassable selon les ressources propres du créé, interdit de faire du système eckhartien un système panthéiste dans lequel Dieu serait substance et les réalités secondaires des modes de celle-ci.

Sauver Eckhart du panthéisme est apparu comme le mot d'ordre d'une *intelligentsia* eckhartienne tenant à tout prix à rallier Eckhart a l'orthodoxie théologique et magistérielle. Mais, à y regarder de près, il y a une forme de panthéisme chez Eckhart. Non pas celui qui identifie Dieu au créé, mais celui qui discerne à même le créé, dans un lieu intime et incréé une part divine inamissible. Divin et inamissible, ce lieu le plus secret de l'âme n'est révélé que par la naissance de celui qui y trouve le terreau de sa fertilité, le sens, déclaré dans l'Évangile, de son Incarnation. Il y a chez Eckhart un « panthéisme de la grâce », une appartenance essentielle à Dieu et qui, quoique l'on en dise, fait peu de part à la vie humaine créaturelle autonome : elle est pour Eckhart davantage un exercice subalterné à la vraie vie qu'une vie autonome et autotélique.

C'est pourquoi Eckhart parle de la « naissance éternelle du Verbe dans l'âme ». Ici aussi, il s'agit d'un lieu commun des commentateurs d'Eckhart. La « naissance du Verbe dans l'âme » est souvent convoquée comme une thématique fluide. L'analyse historique et conceptuelle montre combien cette affirmation est lourde de sens, engageant une métaphysique de l'être et du temps. L'analyse de la « naissance éternelle » est délicate puisqu'elle contraint à appliquer les catégories spatio-temporelles valables dans la sphère créée à un domaine incréé qui ne se soumet pas aux catégories de l'espace et du temps.

1. *Cf.* Spinoza, *Éthique*, I, Appendice.

Ce thème est l'exemple-type d'un domaine qui, dépassant les limites de notre intellect créé, demande impérieusement que l'on s'acharne à l'éclaircir.

Les différents débats traditionnels concernant l'analyse du concept même de « naissance » précisent et déterminent la position eckhartienne. Que le Verbe se soit fait chair pour qu'il naisse de nouveau en nous est un thème connu. Mais les modalités de cette naissance le sont beaucoup moins. Augustin, dans une perspective éternitaire, ne pouvant dépasser le hiatus entre le monde divin et le monde créé, pense cette naissance sous le mode problématique d'un passé, éternel dans la vie divine. Le Fils est engendré et né de toute éternité dans la vie divine : dans la vie intra-divine elle-même, il est essentiel de penser les termes d'une « naissance », qui rende compte *et* du passé, *et* de l'éternité : la venue du Verbe en l'âme est par là-même pensée par Augustin comme le déploiement d'un possible et non comme un événement inattendu. De la même manière, la cité terrestre est envisagée dans les termes d'un progrès et d'une histoire, qui fait de la venue du Verbe dans l'âme et dans la cité un avènement plus qu'un événement. Augustin tient compte de la dimension historique, ce qui lui permet de penser une eschatologie.

Penser la naissance du Verbe en l'âme comme un avènement semblerait être pour Eckhart un vœu contraire à toute foi véritable. Si je dois me disposer à recevoir le Verbe, ce dernier se donne dans un instant sur lequel aucune prise n'est possible puisqu'il relève de la grâce et de l'éternité : œuvrer pour cette naissance est, en ce sens, le meilleur moyen pour qu'elle n'advienne pas. Dans la naissance du Verbe en l'âme, seul Dieu est acteur et aucun paramètre humain ne peut déterminer sa venue. Il y a, bien évidemment, une préparation de l'âme qui tient dans le détachement ou le délaissement. Néanmoins, cette naissance, si elle est la consécration d'une préparation intérieure, est davantage la venue inattendue de la grâce divine qu'aucun laps de temps ne saurait prétendre mesurer. Eckhart, prend appui sur Origène pour penser le lien furtif et délicat entre l'instant qui naît à partir du temps et l'éternité qui se donne.

C'est pourquoi il n'y a pas chez Eckhart de doctrine eschatologique. Ce qui est promis *in patria* et ce que l'homme peut vivre *in via* sont essentiellement identiques et ne diffèrent que par les rappels de notre condition créée. La thèse eckhartienne est singulière : nous sommes de part en part à Dieu et de Dieu ; la création est de ce fait un détour qui nous donne la grâce de la compréhension.

BIBLIOGRAPHIE

Édition critique des œuvres complètes de Maître Eckhart

MEISTER ECKHART, *Die deutschen und lateinischen Werke*, hrsg. im Auftrage der Deutschen Forschungsgemeinschaft, Stuttgart, Kohlhammer Verlag, 1936-.

LW : Die lateinischen Werke

LW I/1 : *Prologi in Opus tripartitum; Expositio Libri Genesis secundum recensionem Cod. Amplon.fol 181 [E], et Codd. Cusani 21 et Treverensis 72/1056 [CT]; Liber parabolarum Genesis,* hrsg. und übesetz von K. Weiss, Bd. I/1, 1964.

LW I/2 : *Prologi in Opus tripartitum et Expositio libri genesis secundum recensionem Cod. Oxoniensis Bodleiani Laud misc 222 [L]. Adiectae sunt recensiones E et CT denuo recognitae; Liber parabolarum Genesis editio altera*, hrgs. von L. Sturlese, 1987-1992.

LW II : *Expositio Libri Exodi,* hrsg. und übersetz von K. Weiss; *Sermones et Lectiones super Ecclesiastici cap. 24, 23-31*, hrsg. und übersetzt von H. Fischer, J. Koch; *Expositio Libri Sapientiae*, hrsg. und übersetz von H. Fischer, J. Koch; *Expositio Cantici Canticorum cap. 1, 6*, hrsg. und übersetz von H. Fischer, J. Koch, Bd. II, 1954-1992.

LW III : *Expositio sancti Evangelii secundum Iohannem*, hrsg. und übersetzt von K. Christ, B. Decker, J. Koch, H. Fischer, L. Sturlese, A. Zimmermann, Bd. III, 1936-1989; *Indices*, hrsg. von L. Sturlese, 1994.

LW IV : *Sermones*, hrsg. und übersetzt von E. Benz, B. Decker, J. Koch, Bd. IV, 1956.

LW V : *Collatio in Libros Sententiarum*, hrsg. und übersetzt von J. Koch; *Quaestiones Parisienses*, hrsg. und übersetzt B. Geyer; *Sermo die beati Augustini habitus*, hrsg. und übersetzt von B. Geyer; *Tractatus super Oratione Dominica*, hrsg. und übersetzt von E. Seeberg, L. Sturlese; *Sermo Paschalis*, hrsg. und übersetzt von L. Sturlese; *Acta et regesta vitam magistri Echardi illustrantia*, hrsg. und kommentiert von L. Sturlese; *Mag. Echardi Responsio ad articulos sibi impositos de scriptis et dictis suis*, hrgs. von L. Sturleses, Bd. V, 1936-.

LW VI : *Indices in opera omnia magistri Echardi : index auctoritatum s. scripturae ; index auctorum; index generalis rerum; vocabularius latino-germanicus* (*lateinisch-mittelhochdeutsch*) *de rebus philosophicis et theologicis.*

DW : Die deutschen Werke

DW I : *Predigten* 1-24, hrsg. und übersetzt von J. Quint, 1958.
DW II : *Predigten* 25-59, hrsg. und übersetzt von J. Quint, 1968-1971.
DW III : *Predigten* 60-86, hrsg. und übersetzt von J. Quint, 1973-1976.
DW IV/1 : *Predigten* 87-105, hrsg. und übersetzt von G. Steer, 1997.
DW IV/2 : *Predigten* 106-110, 2003, hrsg. und übersetzt von G. Steer, 1997.
DW V : *Traktate : Liber « Benedictus »* : I. *Daz buoch der götlîchen troestunge* ; II. *Von dem edeln Menschen*, *Die rede der underscheidunge*, *Von abegescheidenheit*, hrsg. und übersetzt von J. Quint, 1963.

Traductions françaises des œuvres latines

Commentaire du livre de l'Exode, traduction, introduction par P. Gire, « Cahiers de l'Institut catholique de Lyon » 2, Lyon, Association des facultés catholiques de Lyon, 1980.

L'Œuvre latine de Maître Eckhart, Commentaire de la Genèse précédé des prologues, vol. 1, texte latin, introduction, traduction et notes par F. Brunner, A. de Libera, É.-H. Wéber, É. Zum Brunn, Paris, Cerf, 1984.

L'Œuvre latine de Maître Eckhart, Commentaire sur le prologue de Jean, vol. 6, texte latin, introduction, traduction et notes par A. de Libéra, É.-H. Wéber, É. Zum Brunn, Paris, Cerf, 1984.

Les Questions parisiennes 1 et 2, in *Maître Eckhart à Paris. Une critique médiévale de l'ontothéologie*, études, textes et traductions par É. Zum Brunn, Z. Kaluza, A. de Libera, P. Vignaux, É.-H. Wéber, « Bibliothèque de l'École des hautes études. Section des sciences religieuses » LXXXVI, Paris, P.U.F., 1984.

Sermons et Leçons sur l'Ecclésiastique, traduit du latin et commenté par F. Brunner, texte établi avec la collaboration éditoriale d'A. de Libera, Genève, Ad Solem, 2002.

Commentaire du Notre Père, traduit du latin et présenté par É. Mangin, en collaboration avec D. Dupré-Latour, suivi de la *Prière* de Maître Eckhart [*Super oratione dominica*], traduite du moyen haut allemand par G. Pfister, postface de M.-A. Vannier, « Les carnets spirituels », Orbey, Arfuyen, 2005.

La mesure de l'amour. Sermons parisiens, introduction, traduction et notes par É. Mangin, Préface de P. Gire, Paris, Seuil, 2009.

L'Œuvre des sermons. Erfurt-Paris-Strasbourg-Cologne, traduction, introduction et notes par J. Devriendt. Préface de M.-A. Vannier, « Sagesses chrétiennes », Paris, Cerf, 2010.

Le commentaire du Livre de la Sagesse, introduction par M.-A. Vannier, traduction par J. Devriendt et J.-C. Lagarrigue, « Sagesses médiévales », Paris, Les Belles Lettres, 2015.

Le livre des paraboles de la Genèse, introduction par M.-A. Vannier et M. Mauriège, traduction par J. Devriendt et J.-C. Lagarrigue, « Sagesses médiévales », Paris, Les Belles Lettres, 2016.

Traductions françaises des œuvres allemandes

AUBIER, F., MOLITOR, J., *Maître Eckhart, Traités et Sermons*, avec une *Introduction* de M. de Gandillac, Paris, Aubier-Montaigne, 1942.

PETIT, P., *Œuvres de Maître Eckhart. Sermons-Traités*, Paris, Gallimard, 1942.

SCHÜRMANN, R., *Maître Eckhart ou la joie errante*. Sermons allemands, traduction et commentaire, Paris, L'Expérience intérieure, 1972.

ANCELET-HUSTACHE, J., *Les Traités*, Paris, Seuil, 1971 ; *Sermons* 1-30, Paris, Seuil, 1974 ; *Sermons* 31-59, Paris, Seuil, 1978 ; *Sermons* 60-86, Paris, Seuil, 1979.

JARCZYK, G., LABARRIÈRE, J.-P., *Les Sermons*, traduction et présentation, « Spiritualités vivantes », Paris, Albin Michel, 2009.

LIBERA, A. DE, *Traités et Sermons*, traduction, introduction, notes et index, Paris, GF-Flammarion, 1993, 3e édition corrigée et mise à jour, 1995 ; *Le grain de sénevé, suivi du Commentaire sur le Grain de sénevé*, traduction du moyen haut allemand et du latin, présentation, « Les cahiers spirituels », Orbey, Arfuyen, 2004.

MANGIN, É, *Le Silence et le Verbe*. Sermons 87-105, présentation, traduction et notes, Paris, Seuil, 2012.

Apocryphes

MAYRISCH DE SAINT-HUBERT, A., *Telle était sœur Katrei... Traités et Sermons*, Paris/Neuchâtel, Cahiers du Sud/La Baconnière, 1954.

PFISTER, G., *Les dialogues de Maître Eckhart avec sœur Catherine de Strasbourg*, Préface de M.-A. Vannier, Orbey, Arfuyen, 2004.

Œuvres d'Origène

Die griechischen christlichen Schriftsteller der ersten drei Jahrunderte (*GCS*) : Origenes Werke, hrsg. im Auftrage der Kirchenväter-Comission der königl. preussischen Akademie der Wissenschaften, Leipzig, J. C. Hinrichs'sche Buchandlung, 1899-1941.

– Erster Band, *ΕΙΣ ΜΑΡΤΥΡΙΟΝ ΠΡΟΤΡΕΡΠΤΙΚΟΣ ; ΚΑΤΑ ΚΕΑΣΟ* (I-IV), hrsg. von P. Koetschau, 1899.

– Zweiter Band, *ΚΑΤΑ ΚΕΑΣΟ* (V-VIII) ; *ΠΕΡΙ ΕΥΧΗΣ*, hrsg. von. P. Koetschau 1899.

– Dritter Band, *Die Jeremiahomilien ; Die selbständigen Fragmente aus der Prophetenkatene ; Die griechisch erhaltene Homilie über I Sam. 28, 3-25*, hrsg. von. E. Klostermann, 1901.

– Vierter Band, *Johannescommentar ; Buchstücke aus Catenen*, hrsg. von E. Preuschen, 1903.

– Fünften Band, *ΠΕΡΙ ΑΡΧΩΝ ; De Principiis* Rufino interprete, hrsg. von Dr. Paul Koetschau, 1913.

– Sechster Band, *Die 16 Genesishomilien ; Die 13 Exodushomilien ; Die 16 Leviticushomilien*, hrsg. von W. A. Baehrens, 1920.

– Siebenter Band, hrsg. von Prof. Dr. W. A. Baehrens, 1921 : *Die 28 Numerihomilien ; Die 26 Josuahomilien ; Die 9 Judiceshomilien.*

– Achter Band, *Die Homilie zu I. Sam. 2 ; Die zwei Homelien zum Hohelied ; Der Kommentar zum Hohelied ; Die acht Jesaiahomilien ; Die Jeremiahomilien ; Die 14 Ezechielhomilien*, hrsg von. W. A. Baehrens, 1925.

– Neunter Band, *Die Lukashomilien ; Fragmenta.* hrsg. von M. Rauer, 1930.

– Zehnter Band, *Matthäuserklärung* I. *Die griechisch erhaltenen Tomoi*, hrsg. von. E. Klostermann, 1935.

– Elfter Band, *Matthäuserklärung* II. *Die lateinische Übersetzung der Commentariorum Series*, hrsg. von. E. Klostermann 1933, zweite bearbeite Auflage hrsg. von U. Treu, 1976.

– Zwölfter Band, 1, *Matthäuserklärung* III. *Fragmente und Indices*, erste hälfte. hrsg. von E. Klostermann 1941 ;

– Zwölfter Band, 2, *Matthäuserklärung* III. *Fragmente und Indices*. hrsg. von E. Klostermann, zweite durchgesehene Auflage besorgt von U. Treu, 1968.

Origenis opera omnia, Patrologiae Graecae, éd. J.-P. Migne, t. XI-XVII, Paris, 1857-1862.

Traduction des œuvres en français sur le grec

Commentaire sur saint Jean, t. I, Livres I-V, texte grec, avant-propos, traduction et notes par C. Blanc, Paris, Cerf, SC 120, 1966; t. II, Livres VI et X, texte grec, avant-propos, traduction et notes par C. Blanc, Paris, Cerf, SC 157, 1970; t. III, Livre XIII, texte grec, avant-propos, traduction et notes par C. BlancParis, Cerf, SC 222, 1975; t. IV, Livres XIX et XX, texte grec, avant-propos, traduction et notes par C. Blanc, Paris, Cerf, SC 290, 1982; t. V, Livres XXVIII et XXXII, texte grec, avant-propos, traduction et notes par C. Blanc, Paris, Cerf, SC 385, 1992.

Commentaire sur l'Évangile selon Matthieu, t. I, livres X et XI, introduction, traduction et notes par R. Girod, Paris, Cerf, SC 162, 1970.

Contre Celse, t. I, Livres I et II, introduction, texte critique, traduction et notes par M. Borret, Paris, Cerf, SC 132, 1967; t. II, Livres III et IV. II, introduction, texte critique, traduction et notes par M. Borret, Paris, Cerf, SC 136, 1968; t. III, Livres V et VI, introduction, texte critique, traduction et notes par M. Borret, Paris, Cerf, SC 147; 1969; t. IV, Livres VII et VIII, introduction, texte critique, traduction et notes par M. Borret, Paris, Cerf, SC 150, 1969; t. V, introduction générale, tables et index par M. Borret, Paris, Cerf, SC 227, 1976.

De la prière et *Exhortation au martyre*, introduction, traduction et notes par G. Bardy, Paris, J. Gabalda et Fils éditeurs, 1932.

Entretien d'Origène avec Héraclide, introduction, texte, traduction et notes par J. Scherer, Paris, Cerf, SC 67,1960.

Homélies sur Jérémie, t. I, Homélies I-IX, traduction par P. Husson et P. Nautin, édition, introduction et notes par P. Nautin, Paris, Cerf, SC 232, 1976; t. II, Homélies XII-XX, traduction par P. Husson et P. Nautin, édition, introduction et notes par P. Nautin, Paris, Cerf, SC 238, 1977.

Homélies sur Samuel, Homélies II-IV (fragments) et V-VI, édition critique, introduction, traduction et notes par P. et M.-T. Nautin, Paris, Cerf, SC 328,1986.

Lettre d'Origène à Grégoire le Thaumaturge, Texte grec, introduction, traduction et notes par H. Crouzel, Paris, Cerf, SC 148, 1969.

Traduction des œuvres en français sur le latin

Traductions de Rufin

Commentaire sur le Cantique des cantiques, t. I, Livres I-II, texte de la version latine de Rufin, introduction, traduction et notes par L. Brésard et H. Crouzel avec la collaboration de M. Borret, Paris, Cerf, 1991, SC 375; t. II, Livres III-IV, texte de la version latine de Rufin, traduction, notes et index par L. Brésard et H. Crouzel avec la collaboration de M. Borret, Paris, Cerf, SC 376, 1992.

Commentaire sur l'Épître aux Romains, t. I, Livres I-II, texte critique établi par H. Bammel, introduction par M. Fédou, traduction, notes et index par L. Brésard, Paris, Cerf, SC 532, 2009; t. II, Livres III-V, texte critique établi par H. Bammel, introduction par M. Fédou, traduction, notes et index par L. Brésard, Paris, Cerf, 2010, SC 539; t. III, Livres VI-VIII, texte critique établi par H. Bammel, introduction par M. Fédou, traduction et notes par L. Brésard et M. Fédou, index par L. Brésard, Paris, Cerf, 2010, SC 543; t. IV, Livres IX-X, texte critique établi par H. Bammel, introduction par M. Fédou, traduction et notes par L. Brésard et M. Fédou, index par L. Brésard, Paris, Cerf, SC 555,2012.

Homélies sur l'Exode, texte latin, introduction, traduction et notes par M. Borret, Paris, Cerf, SC 321, 1985.

Homélies sur la Genèse, introduction de H. de Lubac et L. Doutreleau, texte latin, traduction et notes de L. Doutreleau, Paris, Cerf, SC 7 bis, 1976.

Homélies sur Josué, texte latin, introduction, traduction et notes par A. Jaubert, Paris, Cerf, SC 71, 1960.

Homélies sur les Juges, introduction, traduction, notes et index par P. Messié, L. Neyrand, M. Borret, Paris, Cerf, SC 389, 1993.

Homélies sur le Lévitique, t. I, Homélies I-VII, texte latin, introduction, traduction et notes par M. Borret, Paris, Cerf, SC 286, 1981; t. II, Homélies VIII-XVI, texte latin, traduction, notes et index par M. Borret, Paris, Cerf, SC 287, 1981.

Homélies sur les Nombres, t. I, Homélies I-X, texte latin de W. A. Baehrens, nouvelle édition par L. Doutreleau, d'après l'édition d'A. Méhat et les notes de M. Borret, Paris, Cerf, SC 415, 1996; t. II, Homélies XI-XIX, texte latin de W. A. Baehrens, nouvelle édition par L. Doutreleau, Paris, Cerf, SC 442, 1999; t. III, Homélies XX-XXVIII, texte latin de W. A. Baehrens, nouvelle édition par L. Doutreleau, Paris, Cerf, SC 461, 2001.

Homélies sur les Psaumes 36 à 38, texte critique établi par E. Prinzivalli, introduction, traduction et notes par H. Crouzel et L. Brésard, Paris, Cerf, 1995, SC 411.

Homélies sur Samuel, Homélie I. Édition critique, introduction, traduction et notes par P. et M.-T. Nautin, Paris, Cerf, SC 328, 1986.

Traité des Principes, t. I, Livres I et II. Introduction, texte critique de la version de Rufin, traduction par H. Crouzel et M. Simonetti, Paris, Cerf, SC 252, 1978; t. II, Livres I et II. Commentaire et fragments par H. Crouzel et M. Simonetti, Paris, Cerf, SC 253, 1978; t. III, Livres III et IV, introduction, texte critique de la philocalie et de la version de Rufin, traduction H. Crouzel et M. Simonetti, Paris, Cerf, SC 268, 1980; t. IV, Livres III et IV, commentaire et fragments par H. Crouzel et M. Simonetti, Paris, Cerf, SC 269, 1980; t. V. Compléments et index par H. Crouzel et M. Simonetti, Paris, Cerf, SC 312, 1984.

Traité des Principes, introduction et traduction M. Harl, G. Dorival, A. le Boulluec, Paris, Études augustiniennes, 1976.

Traductions de Jérôme

Homélies sur Ezéchiel, texte latin, introduction, traduction et notes par M. Borret, Paris, Cerf, SC 352, 1989.

Homélies sur Jérémie, Homélies latines, traduction par P. Husson et P. Nautin, édition, introduction et notes par P. Nautin, Paris, Cerf, SC 238, 1977.

Homélies sur Luc, texte latin et fragments grecs, introduction, traduction et notes par H. Crouzel, F. Fournier, P. Périchon, Paris, Cerf, SC 87, 1962.

Sources origéniennes d'Eckhart

AUGUSTIN D'HIPPONE, *Quaestiones in heuptateuchum, PL* 34.

HIERONYMUS, *Translatio homiliarum origenes in Jeremiam, PL* 25, trad. fr. par l'Abbé Bareille, Paris, Louis Vivès, 1879; *In Ezechielem Commentariorum, PL* 25, trad. fr. par l'Abbé Bareille, Paris, Louis Vivès, 1879.

LYRANUS (NICOLAS DE LYRE), *Biblia sacra cum glossa ordinaria*, t. I-VI, Anvers, J. Meursius, 1634.

PIERRE LOMBARD, *Sententiae in IV libris distinctae*, Grottaferrata-Rome, 1971 et 1981. Édition française : *Les quatre livres des Sentences.* Premier livre, introduction, traduction, notes et tables par M. Ozilou, « Sagesses chrétiennes », Paris, Cerf, 2012 ; Deuxième livre, introduction, traduction, notes et tables par M. Ozilou, « Sagesses chrétiennes », Paris, Cerf, 2013 ; Troisième livre, introduction, traduction, notes et tables par M. Ozilou, « Sagesses chrétiennes », Paris, Cerf, 2014.

THOMAS D'AQUIN, *Expositio (et lectura) super Evangelium s. Ioannis*, éd. Marietti, Turin-Rome, 1952. Édition française : *Commentaire sur l'Évangile de saint Jean*, t. 1, Le prologue, la vie apostolique du Christ, préface de M.-D. Philippe, traduction et notes sous sa direction, Paris, Cerf, 1998 ; t. 2, traduction et notes sous la direction de M.-D. Philippe, Rimont, Les amis de saint Jean, 1982.

– *Catena aurea super IV Evangelia*, t. I et II, cura di P. Angelici Guarienti, Taurini-Romae, Marietti, 1953.

Auteurs cités ou consultés

ARISTOTE, *Éthique à Nicomaque,* nouvelle traduction avec introduction, notes et index par J. Tricot, Paris, Vrin, 1967 ;

– *La Métaphysique*, t. I et II, Nouvelle édition entièrement refondue avec commentaire par J. Tricot, Paris, Vrin, 1991-1992.

– *Physique,* trad. fr. A Stevens, introd. L. Couloubaritis, Paris, Vrin, 1999.

– *Traité de l'âme*, Texte établi par J. Janone, traduction et notes de E. Barbotin, Paris, Les Belles Lettres, 1932.

AUGUSTIN D'HIPPONE, *La cité de Dieu, Livres I-V. Impuissance sociale du paganisme*, texte de la quatrième édition de B. Dombart et A. Kalb, introduction générale et notes par G. Bardy, trad. fr. G. Combès, Paris, Desclée de Brouwer, BA 33, 1959; *Livres VI-X. Impuissance spirituelle du paganisme*, texte de la quatrième édition de B. Dombart et A. Kalb, introduction générale et notes par G. Bardy, trad. fr. G. Combès, Paris, Desclée de Brouwer, BA 34, 1959 ; *Livres XI-XIV. Formation des deux cités*, texte de la quatrième édition de B. Dombart et A. Kalb, introduction générale et notes par G. Bardy, trad. fr. G. Combès, Paris, Desclée de Brouwer, BA 35, 1959 ; *Livres XV-XVIII. Luttes des deux cités. Formation des deux cités*, texte de la quatrième édition de B. Dombart et A. Kalb, introduction générale et notes par G. Bardy, trad. fr. G. Combès, Paris, Desclée de Brouwer, BA 36, 1960; *Livres XIX-XXII. Triomphe de la cité céleste*, texte de la quatrième édition de B. Dombart et A. Kalb, introduction et notes par G. Bardy, trad. fr. G. Combès, Paris, Desclée de Brouwer, BA 37, 1960.

– *Commentaire des Psaumes*, Psaumes 1-16, sous la direction de M. Dulaey, avec I. Bochet, A.-I. Bouton-Touboulic, P.-M. Hombert, É. Rebillard, Paris, Institut d'Études augustiniennes, BA 57/A, 2009.

– *Les Confessions,* Livres I-VII, texte de l'édition de M. Skutella, introduction et notes par A. Solignac, traduction de E. Tréhorel et G. Bouissou, Paris, Desclée de Brouwer, BA 13, 1962; Livres VIII-XII, texte de l'édition de M. Skutella, introduction et notes par A. Solignac, traduction d'E. Tréhorel et G. Bouissou, Paris, Desclée de Brouwer, BA 14,1962.

– *La doctrine chrétienne*, texte critique de l'édition CCL, revue et corrigé, introduction et traduction de M. Moreau, annotations et notes complémentaires d'I. Bochet et G. Madec, Paris, Institut d'Études augustiniennes, BA 11/2,1997.

– *Ennarationes in Psalmos*, éd. J.-P. Migne, Paris, *PL* 36/37, 1841.

– *La Genèse au sens littéral,* t. I, Livres I-VII, traduction, introduction et notes par P. Agaësse et A. Solignac, Paris, Desclée de Brouwer, BA 48, 1972; t. II, Livres VIII-XII, traduction, introduction et notes par P. Agaësse et A. Solignac, Paris, Desclée de Brouwer, BA 49, 1972.

– *La Genèse au sens littéral, livre inachevé*, introduction, traduction et notes de P. Monat, Paris, Institut d'Études Augustiniennes, BA 50, 2004.

– *La Genèse contre les manichéens,* traduction P. Monat, introduction par M. Dulaey, M. Scopello, A.-I. Bouton-Touboulic, annotations et notes complémentaires de M. Dulaey, Paris, Institut d'Études Augustiniennes, BA 50, 2004.

– *Les Révisions*, Texte de l'édition bénédictine. Introduction, traduction et notes par G. Bardy, Paris, Desclée de Brouwer, BA 12, 1950.

– *La Trinité,* t. I, Livres I-VII, texte de l'édition bénédictine, traduction et notes par M. Mellet et T. Camelot, introduction par E. Hendrikk, Paris, Desclée de Brouwer, BA 15, 1955; t. II, Livres VIII-XV, texte de l'édition bénédictine, traduction par P. Agaësse, notes en collaboration avec J. Moingt, Paris, Desclée de Brouwer, BA 16, 1955.

– *La vraie religion*, texte de l'édition bénédictine, traduction, introduction et notes par J. Pegon, Paris, Desclée de Brouwer, BA 8, 1951.

– *Livre des 83 questions*, texte de l'édition bénédictine, introduction, traduction et notes par G. Bardy, J.-A. Beckaert, J. Boutet, Paris, Desclée de Brouwer, BA 10, 1952.

DENYS L'ARÉOPAGITE, *Œuvres complètes du Pseudo-Denys l'Aréopagite*, traduction, préface et notes par M. de Gandillac, « Bibliothèque philosophique », Paris, Aubier, 1943.

GRÉGOIRE DE NYSSE, *Les Béatitudes,* trad. fr. J.-Y. Guillamin et G. Parent, introduction, notes, plan de travail, traduction des Béatitudes 1, 2, 3 de A.G. Hamman, nouvelle édition revue et remise à jour, « Les Pères dans la foi », Paris, Migne, 1997.

GUILLAUME DE SAINT-THIERRY, *Lettre aux frères du Mont-Dieu* (*Lettre d'or*), introduction, texte critique, traduction et notes par J. Déchanet, Paris, Cerf, SC 223, 1985.

MAÏMONIDE, *Le Guide des Égarés*, traduit de l'arabe par S. Munk, préface de C. Birman, « Les Dix Paroles », Paris, Verdier, 1979.

PLATON, *Le Cratyle*, présentation et traduction inédite, introduction, notes, bibliographie et index par C. Dalimier, Paris, GF, 1998.
– *Le Phédon,* traduction nouvelle, introduction et notes par M. Dixsaut, Paris, GF, 1991.
– *Le Parménide,* traduction inédite, introduction et notes par L. Brisson, Paris, GF, 1994.
– *La République*, traduction inédite, introduction et notes par G. Leroux, Paris, GF, 2002.
THOMAS D'AQUIN, *Commentaria in octo libros physicorum Aristotelis*, ed. Leonina, t. II, 1884.
– *Quaestiones disputatae de veritate*, ed. Léonine, t. XXII, 1-3, Rome, Editori di San Tommaso, 1970-1975 ; édition française : *Questions diputées De verit*ate, t. I-II, texte latin de la Comission Léonine, revue par R. Busa et E. Alarcón, trad. fr. A. Aniorté, Le Barroux, Éditions Sainte-Madeleine, 2011.
– *Summa contra Gentiles*, ed. Leonina, t. XIII-XV, Roma, 1918-1930.
– *Summa Theologiae*, Editiones Paulinae, Rome, 1962, 2e éd. corr. 1988 ; édition française sous la dir. d'A. Raulin, *Somme théologique,* t. I-IV, Paris, Cerf, 1984-1986.
– *Super Boethium de Trinitate*, éd. Léonine, t. L, Rome-Paris, 1992.

Études sur la présence d'Origène dans l'œuvre d'Eckhart

COMOTH, K., « Hegemonikon. Meister Eckharts Rückgriff auf Origenes », *in* L. Lies (Hrsg.), *Origeniana Quarta, Die Referate des 4. Internationalen Origeneskongresses (Innsbruck, 2.-6 September 1985*), Innsbruck-Wien, Tyrolia-Verlag, 1987, p. 265-269.
MCGINN, B., « The spiritual Heritage of Origen in the West. Aspects of Origen's Influence in the Middle Ages », *in* L.F. Pizzolato, M. Rizzi (eds.), *Origene, maestro di vita spirituale*, Milan, Vita e Pensiero, 2001, p. 263-289.
– « Origène », dans M.-A. Vannier, W. Andreas Euler, K. Reinhardt, H. Schwaetzer (dir.), *Encyclopédie des mystiques rhénans d'Eckhart à Nicolas de Cues et leur réception*, Paris, Cerf, 2011, p. 904-906.
RUBINO, E., « "...ein grôz meister" Eckhart e Origene », in L. Sturlese (Hrsg.), *Studi sulle fonti di Meister Eckhart*, vol. II, Fribourg, Academic Press Fribourg, 2012, p. 141-165.
RAHNER, H., « Die Gottesgeburt. Die Lehre der Kirchenväter von der Geburt Christi aus dem Herzen der Kiche und der Gläubigne », *Zeitschrift für kathologische Theologie* 59, 1935, p. 333-418, repr. in *Symbol der Kirche. Die Ekklesiologieder Väter,* Salzburg, O. Müller Verlag, 1964, p. 11-87.
VANNIER, M.-A., « Eckhart, lecteur d'Origène », *Irenikon* 88/4, 2015, p. 483-496.

Études, commentaires et littérature critique

Origène

CROUZEL, H., « Origène », *DS* XI, col. 933-961.
– *Origène et la connaissance mystique*, Paris, Desclée de Brouwer, 1961.
– *Origène et la philosophie*, Paris, Aubier, 1962.
– *Théologie de l'image de Dieu chez Origène*, Paris, Aubier, 1956.
DANIÉLOU, J., *Origène*, Paris, La table ronde, 1948.
DORIVAL, G., « L'apport d'Origène pour la connaissance de la philosophie grecque », dans R. J. Daly (éd.), *Origeniana Quinta*, Louvain, Peeters, 1992, p. 189-216.

HARL, M., *Origène et la fonction révélatrice du Verbe incarné*, Paris, Seuil, 1958.

– « Les trois livres de *Salomon* et les trois parties de la philosophie dans les Prologues des Commentaires sur le *Cantique des Cantiques* (d'Origène aux chaînes exégétiques grecques) », in *Texte und Untersuchungen zur Geschichte der Altchristlichen Literatur*, Bd. 133, Berlin, Akademik-Verlag, 1987.

NAUTIN, P., *Origène. Sa vie et son œuvre*, Paris, Beauchesne, 1977.

LECLERCQ, J., « Origène au XIIe siècle », *Irenikon* 24, 1951, p. 425-439.

LETTIERI, G., « Origene interprete del "Cantico dei Cantici". La rizoluzione mistica della metafisica valentinania », *in* L. F. Pizzolato, M. Rizzi (eds.), *Origene. Maestro di vita spitituale*, Milan, Vita e Pensiero, 2001.

LUBAC, H. (DE), *Histoire et Esprit, l'intelligence de l'Écriture d'après Origène*, Paris, Aubier, 1950.

O'LEARY, J. S., *Christianisme et philosophie chez Origène*, « Philosophie et Théologie », Paris, Cerf, 2011.

Maître Eckhart

ANCELET-HUSTACHE, J., *Maître Eckhart et la mystique rhénane*, « Maîtres spirituels », Paris, Seuil, 1956.

BOULNOIS, O., « Le moi et Dieu selon Maître Eckhart », *Théologiques* 16/2, 2008, p. 49-66.

– « Sans qualités. Le moi pauvre selon Augustin, Bernard, Eckhart », dans C. Erisman, A. Schniewind (éd.), *Compléments de substance. Études sur les propriétés accidentelles offertes à Alain de Libera,* Paris, Vrin, 2008, p. 299-321.

BRUNNER, F., *Maître Eckhart. Approche de l'œuvre,* préface d'A. de Libera, compléments bibliographiques par W. Wackernagel, Genève, Ad Solem, 1999.

– *Études sur Maître Eckhart*, préface de D. Schulthess, Paris, Hermann, 2012.

CASTEIGT, J., *Connaissance et Vérité chez Maître Eckhart. Seul le juste connaît la justice*, Paris, Vrin, 2006.

– « "Sous l'écorce de la lettre". De la parabola, comme procédé rhétorique et herméneutique hérité de Maïmonide, à l'opérateur métaphysique qu'est l'*imago* dans le Livre des paraboles de la Genèse de Maître Eckhart », dans J. Casteigt (dir.), *Maître Eckhart*, « Les Cahiers d'Histoire de la Philosophie », Paris, Cerf, 2012, p. 256-297.

– « "Ni Conrad, ni Henri". Le fond de la personne est-il personnel, impersonnel ou sans fond dans les sermons allemands de Maître Eckhart? Au-delà du sujet, l'impersonnel? », *Archives de philosophie* 76/3, 2013, p. 425-440.

CHARDONNENS, D., « Le statut de l'image de Dieu dans la théologie de Maître Eckhart », *Revue Thomiste* 98/3, 1998, p. 411-443.

DOBIE, R. J., « Reason and revelation in the thought of Meister Eckhart », *The Thomist* 67, 2003, p. 409-438.

DUCLOW, D. F., « Meister Eckhart's latin biblical exegesis », *in* J. M. Hackett (ed.), *A companion to Meister Eckhart*, Leiden-Boston, Brill, 2013, p. 321-336.

FISCHER, H., « Zur Frage nach der Mystik in den Werken Meister Eckharts », dans *La Mystique rhénane*, Colloque de Strasbourg 16-19 mai 1961, Paris, P.U.F., 1963, p. 109-132.

FLASCH, K., *D'Averroès à Maître Eckhart. Les sources arabes de la « mystique » allemande*, texte français établi par J. Schmutz, Paris, Vrin, 2008.

– *Maître Eckhart*, traduction de l'allemand C. König-Pralong, Paris, Vrin, 2011.

– « Le Dieu de Maître Eckhart », dans J. Casteigt (dir.), *Maître Eckhart*, « Les Cahiers d'Histoire de la Philosophie », Paris, Cerf, 2012, p. 11-20.

FRIEDLANDER, A. H., « Maître Eckhart et la tradition juive : Maïmonide et Paul Celan », dans É. Zum Brunn (éd.), *Voici Maître Eckhart*, Paris, Jérôme Million, 1994, p. 385-399.

GIRE, P., *Maître Eckhart et la métaphysique de l'Exode*, « Patrimoines Christianisme », Paris, Cerf, 2006.

– *Maître Eckhart ou la vie absolue*, Paris, Parole et Silence, 2015.

GANDILLAC, M. (de), « La dialectique de Maître Eckhart », *La Mystique rhénane*, Colloque de Strasbourg 16-19 mai 1961, Paris, P.U.F., 1963, p. 59-94.

HOF, H., *Scintilla animae. Eine Studie zu einem Grundbegriff in Meister Eckharts Philosophie mit besonderer Berücksichtigung des Verhältnisses der eckhartschen Philosophie zu neuplatonischen und thomistischen Anschauung*, Bonn-Lund, Hanstein, 1976.

IVANKA, E. (VON), *Plato Christianus, La réception critique du platonisme chez les Pères de l'Église,* trad. de l'allemand É. Kessler révisée par R. Brague et J.-Y. Lacoste, Paris, P.U.F., 1990.

JARCZYK, G., LABARRIÈRE, J.-P., *Maître Eckhart ou l'empreinte du désert*, « Spiritualités vivantes », Paris, Albin Michel, 1995.

KOCH, J., « Sinn und Struktur der Schriftauslegung Meister Eckharts », *Meister Eckhart, der Prediger. Festschrift zum Eckhart-Gedankjahr*, U. M. Nix-R. Öchslin, hrsg. im Auftrag der Dominikaner-Provinz Teutonia, Freiburg, Herder, 1960, p. 82-84.

LIBERA, A. (DE), *Le problème de l'être chez Maître Eckhart : logique et métaphysique de l'analogie*, « Cahiers de la revue de théologie et de philosophie » 4, Genève-Lausanne-Neuchâtel, 1980.

– « Albert le Grand et Maître Eckhart : les raisons d'une "mystique" », *Communio*, XVII, n° 2-3, 1992, p. 83-98.

– « Mystique et philosophie : Maître Eckhart », dans *Voici Maître Eckhart*, É. Zum Brunn (éd.), Paris, Jérôme Million, 1994, p. 319-340.

– *La mystique rhénane d'Albert le Grand à Maître Eckhart*, Paris, Seuil, 1994.

– *Eckhart, Suso, Tauler et la divinisation de l'homme*, Paris, Bayard, 1996.

– « L'Un ou la Trinité ? », *Revue des sciences religieuses* 70/1, 1996, p. 31-47.

– *Maître Eckhart et la mystique rhénane*, Paris, Cerf, 2010.

– « L'Un ou la Trinité ? L'héritage dionysien de Maître Eckhart. Sur un aspect trop connu de la théologie eckhartienne », dans J. Casteigt (dir.), *Maître Eckhart*, « Les Cahiers d'Histoire de la Philosophie », Paris, Cerf, 2012, p. 41-62.

— et ZUM BRUNN É., *Métaphysique du Verbe et théologie négative*, préface de M.-D. Chenu, Paris, Beauchesne, 1984.

LOSSKY, V., *Théologie négative et connaissance de Dieu chez Maître Eckhart*, Paris, Vrin, 1998.

MANGIN, É., *Maître Eckhart ou la profondeur de l'intime*, Paris, Seuil, 2012.

– *La nuit de l'âme. L'intellect et ses actes chez Maître Eckhart,* Paris, Vrin, 2017.

– « Balbutiement du Verbe et poétique de la chair. Écriture et rationalité chez Maître Eckhart », *Revue des sciences religieuses* 87/2, 2013, p. 239-252.

– « Maître Eckhart : Penser à la limite », *Études* 418, n° 3, 2013, p. 339-349.

MCGINN, B., *The mystical thought of Meister Eckhart. The man from whom God hid nothing*, New York, The Crossroad Publishing Company, 2013.

MIQUEL, P., « La Naissance de Dieu dans l'âme », *Revue des sciences religieuses* 35/4, 1961, p. 378-406.

MOJSISCH, B., *Meister Eckhart. Analogie, Univozität und Einheit*, Hamburg, Felix Meiner, 1983.

– « "Ce moi" : la conception du moi de Maître Eckhart », *Revue des sciences religieuses* 70/1, 1996, p. 18-30.

– « Maître Eckhart. De l'unité à l'unité. Processualité de la raison », dans J. Casteigt (dir.), *Maître Eckhart*, « Les Cahiers d'Histoire de la Philosophie », Paris, Cerf, 2012, p. 63-78.

MÖSCH, C. F. : « *Daz disiu geburt geschehe* ». *Meister Eckharts Predigtzyklus Von der êwigen geburt und Johannes Taulers Predigten zum Weihnachtsfestkreis*, Fribourg, Academic Press, 2006.

PELLEGRINO, G., « …"alsô ist hie sant Augustînus gelîchet einem guldîgen vazze" : Il *De Trinitate* di Agostino nell'opera di Meister Eckhart », *in* L. Sturlese (ed.), *Studi sulle fonti di Meister Eckhart*, vol. I, Fribourg, Academic Press Fribourg, 2008, p. 39-70.

PELSTER, F., « Ein Gutachten aus den Eckehart-Prozess in Avignon », *in* A. Lang, J. Lechner, M. Schmaus (Hrsg.), *Aus der Geistewelt des Mittelalters, Studien und Texte Martin Grabmann zur Vollendung des 60. Lebensjahres von Freunden und Schülern gewidmet*, Munster, Aschendorff, 1935.

REFFKE, E., « Eckhartiana IV. Studien zum Problem der Entwiklung Meister Eckharts in Opus Tripartitum », *Zeitschrift für Kirchengeschichte* 57, 1938, p. 19-95.

RUH, K., *Initiation à Maître Eckhart, théologien, prédicateur, mystique*, trad. de l'allemand J. de Bourgknecht et A. Nadeau, présentation R. Imbach et A. Nadeau, Paris, Cerf, 1997.

SCHNEIDER, R., « The functional Christology of Meister Eckhart », *Recherches de Théologie ancienne et médiévale* XXXV, 1968, p. 291-322.

SCHWARTZ, Y., « Meister Eckharts Schriftauslegung als Maimonidisches Projekt », *in* G. K. Hasselhof, O. Fraisse (eds.), *Moses Maimonides (1138-1204) His Religious, Scientific, and Philosophical Wirkungsgeschichte in Different Cultural Contexts*, Würzburg, Ergon, 2004.

– « Maître Eckhart et Moïse Maïmonide. Du rationalisme judéo-arabe à la théologie vernaculaire chrétienne », dans J. Casteigt (dir.), *Maître Eckhart*, « Les Cahiers d'Histoire de la Philosophie », Paris, Cerf, 2012, p. 229-255.

STURLESE, L., « Mysticism and Theology in Meister Eckhart's Theory of the Image », *Eckhart Review* 2, March 1993, p. 18-31.

– Eckhart, *Tauler, Suso. Filosofi e mistici nella Germania medievale*, Firenze, Le Lettere, 2010.

– « Y a-t-il eu un corpus des sermons allemands de Maître Eckhart ? Observations liturgiques au sujet de questions d'actualité en histoire de la philosophie », dans J. Casteigt (dir.), *Maître Eckhart*, « Les Cahiers d'Histoire de la Philosophie », Paris, Cerf, 2012, p. 79-103.

— et VINCENT, M., *Meister Ecckhart, the German Works : 64 Homilies for the Liturgical Year*, 1 : *De Tempore*, Leuven, Peeters, 2019.

THÉRY, G., « Édition critique des pièces relatives au procès d'Eckhart contenues dans le manuscrit 33b de la bibliothèque de Soest », *Archives d'histoire doctrinale et littéraire du Moyen Âge* I, 1926, p. 129-268.

– *Contribution à l'histoire du procès d'Eckhart*, Première phase (1325-1326), Ligugé (Vienne), Aubin, 1926.

– « Le Commentaire de Maître Eckhart sur le Livre de la Sagesse », *Archives d'histoire doctrinale et littéraire du Moyen Âge* III, 1928, p. 321-443 et IV, 1930, p. 233-394.

TRUSEN, W., *Der Prozess gegen Meister Eckhart. Vorgeschichte, Verlauf und Folgen*, « Rechts und Staatswissenschaftliche Veröffentlichungen der Görres-Gesellschaft » 54, Paderborn-München-Wien-Zürich, Schöningh, 1988.

– « Zum Prozess gegen Meister Eckhart », *in* H. Stirnimann R. Imbach (Hrsg.), *Eckardus Theutonicus, homo doctus et sanctus*, Nachweise und Berichte zum Prozess gegen Meister Eckhart, « Dokimion » 11, Fribourg, Universitätsverlag, 1992, p. 7-30.

VANNIER, M.-A., « L'homme noble, figure de l'œuvre d'Eckhart à Strasbourg », *Revue des sciences religieuses* 70/1, 1996, p. 73-89.

– *Noël chez Eckhart et les mystiques rhénans*, « Les Carnets spirituels » 45, Orbey, Arfuyen, 2005.

– *Maître Eckhart prédicateur*, Paris, Beauchesne, 2019.

– (dir.), *La naissance de Dieu dans l'âme chez Eckhart et Nicolas de Cues*, Paris, Cerf, 2006.

VANNINI, M., « La Justice et la génération du Logos dans le Commentaire eckhartien à l'Évangile selon saint Jean », dans É. Zum Brunn (éd.), *Voici Maître Eckhart*, Paris, Jérôme Million, 1994, p. 143-162.

WACKERNAGEL, W., *Ymagine denudari. Éthique de l'image et métaphysique de l'abstraction chez Maître Eckhart*, Paris, Vrin, 1991.

– « L'être des images », dans É. Zum Brunn (éd.), *Voici Maître Eckhart*, Paris, Jérôme Million, 1994, p. 455-472.

WÉBER, É.-H., « Maître Eckhart et la grande tradition théologique », *in* H. Stirnimann und R. Imbach (Hrsg.), *Eckardus Theutonicus, homo doctus et sanctus,* Nachweise und Berichte zum Prozess gegen Meister Eckhart, « Dokimion » 11, Fribourg, Universitätsverlag, 1992, p. 97-105.

– « Petite étincelle et fond de l'âme », dans É. Zum Brunn (éd.), *Voici Maître Eckhart*, Paris, Jérôme Million, 1994, p. 105-118.

– « La théologie de la grâce chez Maître Eckhart », *Revue des sciences religieuses* 70/1, 1996, p. 48-72.

– « Le Christ selon Maître Eckhart », *in* É. Emery Jr-J (ed.), *Christ among the medieval dominicans*, Notre Dame (Ind.), University of Notre Dame, p. 414-429.

WEISS, K., « Meister Eckharts biblische Hermeneutik », dans *La Mystique rhénane*, Colloque de Strasbourg 16-19 mai 1961, Paris, P.U.F., 1963, p. 96-108.

WINKLER, E., *Exegetische Methoden bei Meister Eckhart*, Tübingen, J.C.B. Mohr, 1965.

Ouvrages d'ensemble et études sur des aspects particuliers

AUERBACH, E, *Le Haut Langage*, trad. fr. R. Kahn, Paris, Belin, 2004.

BOCHET, I., « Les règles pour l'interprétation de l'Écriture : le De doctrina christiana d'Augustin », *Connaissance des Pères de l'Église*, 131, Septembre 2013, p. 41-51.

BOULNOIS, O., *Au-delà de l'image. Une archéologie du visuel au Moyen Âge, V^e-XVIe siècle*, « Des travaux », Paris, Seuil, 2008.

– « *Philosophia christiana*. Une étape dans l'histoire de la rationalité théologique », dans I. Bochet (éd.), *Augustin philosophe et prédicateur, hommage à Goulven Madec.*

Actes du colloque international organisé à Paris les 8 et 9 septembpre 2011, Paris, Institut d'Études Augustiniennes, 2012.

– « Qu'est-ce que la liberté de l'esprit ? La parole de Marguerite et la raison du théologien », dans S. L. Field, R. E. Lerner, S. Piron (dir.), *Marguerite Porète et* le Miroir des simples âmes. *Perspectives historique, philosophiques et littéraires*, Paris, Vrin, 2013, p. 127-154.

BRAY, N., « "disputat pulchre et diffuse Tullius". Eckhart e Cicerone », *in* L. Sturlese (ed.), *Studi sulle fonti di Meister Eckhart,* vol. II, Fribourg, Academic Press Fribourg, 2012, p. 39-71.

COURCELLE, P., « Tradition néo-platonicienne et traditions chrétiennes de la "région de dissemblance" », *AHDLMA*, Paris, Vrin, 1958.

DAHAN, G., *L'exégèse chrétienne de la Bible en Occident médiéval, XIIe-XIVe siècle*, « Patrimoines », Paris, Cerf, 1999.

– « Le commentaire médiéval de la Bible. Le passage au sens spirituel », dans *Le commentaire entre tradition et innovation*, Actes du colloque international de l'institut des traditions textuelles (Paris et Villejuif, 22-25 septempre 1999), Paris, Vrin, 2000, p. 213-229.

– *Lire la Bible au Moyen Âge. Essais d'herméneutique médiévale*, Genève, Droz 2009.

DROZ, G., *Les mythes platoniciens*, « Sagesses », Paris, Seuil, 1992.

FLASCH, K., *Introduction à la philosophie médiévale*, trad. fr. J. de Bourgknecht, Paris, Cerf, 1992.

GILSON, É., *Introduction à l'étude de saint Augustin*, 2e éd., Paris, Vrin, 2003.

– *Le Thomisme. Introduction à la philosophie de saint Thomas d'Aquin*, 6e édition revue et augmentée, Paris, Vrin, 2010.

– « Regio dissimilitudinis, de Platon à saint Bernard de Clairvaux », *Mediaeval studies* IX, 1947, p. 108-130.

GROSS, J., *La divinisation du chrétien d'après les Pères grecs. Contribution historique à la doctrine de la grâce,* Paris, J. Gabalda et Cie Éditeurs, 1938.

GUARNIERI, R., *Il movimento del Libero Spirito, testi e documenti*, Rome, Edizioni di Storia e Letteratura, 1965.

– « Frères du Libre Esprit », *Dictionnaire de spiritualité*, t. V, col 1241-1268.

HADOT, I., *Arts libéraux et philosophie dans la pensée antique*, Paris, Études Augustiniennes, 1984.

HADOT, P., « Les divisions des parties de la philosophie dans l'Antiquité », *Museum helveticum* 36/4, 1979, p. 201-223.

– *Qu'est-ce que la philosophie antique ?,* « Folio essais », Paris, Gallimard, 1995.

– *Éloge de la philosophie antique* : leçon inaugurale de la Chaire d'histoire de la pensée hellénistique et romaine faite au Collège de France, le vendredi 18 février 1983, Paris, Allia, 2012.

JOLIVET, R., *Essai sur les rapports entre la pensée grecque et la pensée chrétienne*, Paris, Vrin, 1955.

KOBUSCH, Th., « Die Begründung eines neuen Metaphysiktyps durch Origenes », *in* W. A. Bienert & U. Kühneweg (Hrsg.), *Origeniana septima, Origenes in den Auseinandersetzungen des 4. Jahrunderts*, « Bibliotheca Ephemeridum Theologicarum Lovaniensium » 137, Leuven, Peeters, 1999, p. 61-68.

LUBAC, H. (DE), *Exégèse médiévale. Les quatre sens de l'Écriture*. t. 1-4, Paris, Aubier, 1959-1964.

LIBERA, A. (de), *Penser au Moyen Âge*, Paris, Seuil, 1991.

– *La Philosophie médiévale*, « Premier Cycle », Paris, P.U.F., 1993.

– *Raison et foi : archéologie d'une crise, d'Albert le Grand à Jean-Paul II*, Paris, Seuil, 2003.

LOTTIN, O., « La syndérèse chez Albert le Grand et saint Thomas d'Aquin », *Revue de néo-scolastique et de philosophie* 30/17, 1928, p. 18-44.

MARION, J.-L., *Au lieu de soi. L'approche de saint Augustin*, « Épiméthée », Paris, P.U.F., 2008.

NYGREN, A., *Erôs et agapè : la notion chrétienne de l'amour et ses transformations*, t. I-III, trad. fr. P. Jundt, avertissement de L. Luciani-Zidanne et préface de M. Goguel, Paris, Cerf, 2009.

SMALLEY, B., *Study of the Bible in the Middle Age*, Oxford, B. Blackwell, 1952.

SPICQ, C., *Esquisse d'une histoire de l'exégèse latine au Moyen Âge*, Paris, Vrin, 1944.

TARDIEU, M., « ΨΥΧΑΙΟΣ ΣΠΙΝΘΗΡ. Histoire d'une métaphore dans la tradition platonicienne jusqu'à Eckhart », *Revue des Études augustiniennes* 21, 1975, p. 225-255.

TROTTMANN, C., *La vision béatifique des disputes scolastiques à sa définition par Benoît XII*, Rome, École française de Rome, 1995.

WÉBER, É.-H., *Le Christ selon saint Thomas d'Aquin*, Paris, Desclée, 1988.

ZUM BRUNN, É., *Le Dilemme de l'être et du néant chez Saint Augustin : des premiers dialogues aux* Confessions, « Recherches Augustiniennes », Paris, Études augustiniennes, 1969.

ZUMSTEIN, J., « Parabole », dans J.-Y. Lacoste (dir.), *Dictionnaire critique de théologie*, troisième édition revue et augmentée, Paris, P.U.F., 1998, p. 1024.

Collectifs

Encyclopédie des mystiques rhénans d'Eckhart à Nicolas de Cues et leur réception, dans M.-A. Vannier, W. A. Euler, K. Reinhardt, H. Schwaetzer (dir.), éd. fr. M.-A. Vannier, préface de B. McGinn, Paris, Cerf, 2011.

In Principio. Interprétation des premiers versets de la Genèse, Paris, Études Augustiniennes, 1973.

La mystique rhénane, Colloque de Strasbourg, 16-19 mai 1961, Paris, P.U.F., 1961.

Maître Eckhart, sous la dir. de J. Casteigt, Paris, Cerf, 2012.

Philosophie et théologie au Moyen Âge, Anthologie t. II, sous la dir. d'O. Boulnois, « Philosophie & Théologie », Paris, Cerf, 2009.

Studi sulle fonti di Meister Eckhart, sous la dir. de L. Sturlese, 2 vol., Fribourg, Academic Press Fribourg, 2008-2012.

Voici Maître Eckhart, textes et études réunis sous la dir. d'É. Zum Brun, Paris, Jérôme Millon, 1994.

TABLE DES MATIÈRES

ACHEVÉ D'IMPRIMER
EN DÉCEMBRE 2019
SUR LES PRESSES
DE
L'IMPRIMERIE F. PAILLART
À ABBEVILLE

DÉPÔT LÉGAL : 4e TRIMESTRE 2019
No. IMP. 16411